ウェルビーイング実現の
主体を育む
家庭科教育の理論

大学家庭科教育研究会 編

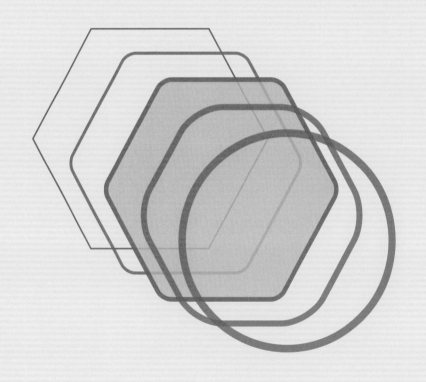

ドメス出版

はじめに

2024年の元日、最大規模の地震（M7.6）が北陸地方の能登半島を襲った。4000年に一度ともいう地殻変動により、市、町、村は壊滅的な被害を受け、多くの避難所が開設されて人々の困窮が伝えられた。阪神淡路大震災や東日本大震災と同様に、破壊されたのは、人々の「生活」である。飲料水、食料が不足し、寒さへの対策、トイレの整備や衛生、感染症などが深刻化するなか、目の前の問題に対して支援者と被災者が協働し、知恵を絞り対策をとる様子が刻々報道された。なによりも命を守り、少しでもよりよい生活、すなわちウェルビーイング（well-being）を保障していくことが最優先の関心事となった。そうしたなか、学校再開後の授業に向けて、家庭科教師たちは地震を体験した生徒たちの実感を生かした住生活の学習などを考え始めていた。また被災した県以外の教師たちからは「防災時の食」などについての授業実践や学校家庭クラブで取り組んだ報告資料などが届けられた。被災地にあって、「体験を無駄にせず、『自分ごと』の生活の学びをつくりたい」「今こそ家庭科の出番だ」との想いは、多くの家庭科関係者の実感であったろう。

家庭科には大きく3つの特徴がある。一つは、「生活」に焦点を当てた包括的な学習領域を有していること、二つめは、生活の実態をみつめ、よりよい生活（ウェルビーイング）をつくる実践力の涵養を教科の目標に位置づけていること、三つめは、その能力が、知識やスキルの活用力だけでなく、生活を改善、改革する問題解決力や批判的思考力を意味していることである。このように、家庭科はその内容、目標、獲得したい力が、すべて「生活」の場に向かって開かれており、「よりよい生活」への試行錯誤は、そのための学習と直結している。これらが、教師の「家庭科の出番」との想いやエネルギーの背景にある。

本書『ウェルビーイング実現の主体を育む家庭科教育の理論』は、大学家庭科教育研究会（以下、大家研）が、発足50年を機に、よりよい生活をつくる主体（生活主体）としての子どもの力をどう育むかに視点を当て、会員各自の研究関心をもとに議論を重ね、その成果をまとめたものである。

大家研ではこれまでもほぼ10年ごとに書籍を刊行してきた。特に40周年の

『市民社会をひらく家庭科』では、家庭科での学びを市民社会で活かし、家庭と社会とをつなげて生活を創造する「市民性」を身につける家庭科の可能性について論じた。それから約10年たった今日、経済格差や貧困、環境破壊や温暖化による気候変動の影響は、地球規模でその深刻さを増し、持続可能な社会の構築は待ったなしの課題となった。本書がテーマとした「ウェルビーイング」は、SDGsを掲げる国連の主導のもと、各国が自国の社会・経済政策を通して、こうした課題を乗り越える価値と行為の方向性を示す重要なキーワードとなっている。同時に、市民としての個人にとって、また次世代を担う子どもたちにとっても、価値や行動の羅針盤の役割を果たすものであり、教育指針としてのEducation 2030（OECD）では教育活動の到達点にウェルビーイングが描かれている。その一方で、冒頭で述べたように家庭科にとってウェルビーイングは、目新しいものではなく、従来から教科理念に直結したものである。

　本書は、時代の要請の下で大きな意味を付託されたウェルビーイングに焦点を当て、その意味するところを探るとともに、改めてウェルビーイングの主体を育む家庭科教育の可能性や課題、意義などを明らかにすることを目指した。

　本書は以下の5部構成である。

　第Ⅰ部では、ウェルビーイングの主体を育む家庭科について世界の動向や教育改革との関わりも含めて総括的に論じた。第Ⅱ部ではジェンダー、子どもの貧困、多文化共生など今日的課題について家庭科と関わらせながら論述した。第Ⅲ部では、家庭科の学習内容や授業についての提案や分析、省察を、第Ⅳ部は教師の力量形成を目指す試みについて報告した。第Ⅴ部は、大家研のこれまでの研究を見通す試みとして、「生活の科学的認識」「家庭科における総合」「男女共学家庭科」について省察した。

　家庭科教育は、生活を大事にする市民社会の形成に深く関わる教科である。本書をご一読いただく方々が家庭科教育への理解や関心を深め、教科の今日的意味や可能性について、ともに議論の輪に加わっていただければ幸甚である。

　2024年3月　　　　　　　　　　編集委員一同を代表して

　　　　　　　　　　　　　　　　　　　　　　荒井　紀子

ウェルビーイング実現の主体を育む家庭科教育の理論

*

もくじ

装丁　市川美野里

第Ⅰ部　ウェルビーイングの主体を育む家庭科

第1章　家庭科における生活主体形成と ウェルビーイング

はじめに

　ウェルビーイング（Well-being）という用語は、SDGs（持続可能な開発目標）とともに、ここ数年来、多くのメディアで取り上げられ、教育だけでなく、経済、社会の方向性を示す重要なキーワードとして使われるようになってきている。他方で、ウェルビーイングは、家政学、家庭科教育にとっては新しいものではなく、従来から専門分野の目標に関わる用語として重視されてきた。本報告では、このウェルビーイングの意味や近年のウェルビーイングへの関心の焦点化について整理し、改めて家政学、家庭科教育にとっての意味や課題について考えてみたい。

1　ウェルビーイングとは

　ウェルビーイングは直訳すると「善いあり方」であり、「誰かにとって本質的に価値のある状態、ある人にとって究極的によい状態」（Stanford Encyclopedia of Philosophy）、「健康で幸せであると感じることのできる状態」（Cambridge Dictionary）などと捉えられている。

　国際的な定義としては1947年の WHO 憲章で、健康は「病気でないとか弱っていないというだけでなく、<u>肉体的にも、精神的にも、そして社会的にも、すべてが満たされた状態にあること</u>」（日本 WHO 協会訳、下線筆者）と定義されている。下線部は原文では、physical, mental and social well-being であり、この定義によって、健康の意味の中に、肉体的、精神的、社会的な安寧や福祉の視点（ウェルビーイング）が加えられた。

　このウェルビーイングの視点は、1990年代以降の国連の「持続可能な開発」の実現に向けた取り組みの基本的な理念として定着しており、特に2015年9月

に国連で採択された「持続可能な開発のための2030アジェンダ（Transforming our world: The 2030 Agenda for Sustainable Development）」において、目指すべき方向を表わすキーワードとして用いられている。具体的には採択決議文の「我々のビジョン」において、「身体的、精神的、社会的なウェルビーイングが保証され、全てのレベルにおいて質の高い教育、保健医療、社会保護に公平かつ普遍的にアクセスできる世界」が、アジェンダの目指すべき世界像であると述べられている[1]。ここで持続可能な開発目標（Sustainable Development Goals：SDGs）として設定された17の開発目標はいずれも人の生活のウェルビーイングと関わっているが、とりわけゴール3「すべての人に健康と福祉を」（Ensure healthy lives and promote well-being for all at all ages）では、標題の用語にウェルビーイングが用いられ、続くターゲットにおいて、その中身が様々な用語を尽くして説明されている。

　このように「ウェルビーイング」は、「よりよい」生活を表わす冠となる用語として用いられてきており、国の内外、国際間のこれからの自然、経済、社会の方向性を示す言葉として、「持続可能性」と並ぶキーワードといえる。こうした背景のもと、日本において、特に2020年のコロナ禍以降、SDGsと関わる変革的な行動指針を示す用語として、官民を挙げて多用されるようになっている。

　経済格差や子どもの貧困、最低賃金、過重労働などの社会問題が、この「ウェルビーイング」の視点からみることで、その歪みや不公平性がより明瞭になり、是正の方向を共通認識できるという側面がある。その一方で、この用語は時代のキーワードであるゆえ、一種の響きのよい流行語として、組織のアピールや商業のキャッチコピーなどに多用され消費されている面も見逃せない。実態を伴わない言葉の消費で終わらせないためには、ウェルビーイングという用語の「全ての人にとっての身体的、精神的、社会的なよりよい状態」がめざすものを、各事象や問題に応じて見定め、公平性、人権の視点から持続的に追求、実践し、結果を検証する試みを、諸科学や教育も含めて粘り強く展開していくこと、その主体としての本気度が問われている。

2　家政学とウェルビーイング

(1)日本の家政学の定義から

日本の家政学にとって、ウェルビーイングは、学問分野のアイデンティティとも関わる重要なキーワードである。その基本的な見解は、1984年の家政学将来構想において、「家政学は、家庭生活を中心とした人間生活における人と環境との相互作用について、人的・物的両面から、自然・社会・人文の諸科学を基盤として研究し、生活の向上とともに人類の福祉に貢献する実践的総合科学である」（日本家政学会家政学将来構想特別委員会報告書、下線筆者）[2]と示されている。すなわち、家政学は、「人にとって価値ある状態、その人らしい最適な状態」（ウェルビーイング）について、生活の人的・物的の両側面から科学し、その実現に向けて方法を探究し実行する志向性を持つ学問領域と捉えることができる。

(2)国際家政学会の家政学の定義から

国際家政学会（International Federation for Home Economics：以下、IFHE）は1908年の創立から100年たった2008年のスイス大会において「21世紀における家政学（Home Economics in the 21st Century）[3]と題するポジション・ステートメントを発表した。その中で家政学は「個人・家族・コミュニティにとって最適で持続可能な生活を実現するために、様々な分野から得られる人間科学（Human Science）に関わる研究分野であり専門職である」と定義されている。また、ホームエコノミストは、個人・家族・コミュニティがエンパワーメントし、ウェルビーイングを高めることを心がけており、日常生活に焦点を当て、個人レベル、社会レベル、グローバルレベルでのウェルビーイングを高めることは、家政学の本質的な側面である――と記している。さらにその文脈で、研究・活動領域を以下の4領域で説明している。

①家政学専門家を養成する領域　②日常生活での実践的領域　③家庭科教育カリキュラムの実践領域　④社会的領域：個人・家族・コミュニティがエンパワーメントとウェルビーイングを達成し、生活を変革し、持続可能

　な未来への政策を促進・発展させる領域

　　　　　　　　　　　　（引用文上のウェルビーイングの下線：筆者）

　以上のように、国際家政学会が、家政学の定義や使命について公式表明したポジション・ステートメントには、「個人・家族・コミュニティのエンパワーメントとウェルビーイングの実現」の文言が繰り返し述べられている。「ウェルビーイング」が昨今、時代のキーワードとして圧倒的な情報量のもとで注目されているが、家政学においては既にみたように、「ウェルビーイング」が1980年代より国内外で中核に位置する目標概念として共通理解されてきたことが確認できる。

3　世界の学力論とウェルビーイング
——OECD Education 2030をもとに——

(1) Education 2030の教育指標にみるウェルビーイング

　1990年代以降、ＥＵを中心に、次世代の子どもたちの教育に関わる議論が活発化した。特に不確実な未来の環境、社会、経済の諸問題に柔軟かつ強靱に対峙できる能力の育成が課題とされ、この30年、多くのプロジェクトのもとで、生涯を通じて身につける能力論が提起されている。そのうち、ウェルビーイングとの関連で特に注目されるのは、OECD（経済協力開発機構）の教育政策委員会による「エデュケーション2030」プロジェクトである。

　これは2003年に報告書が公開された DeSeCo（コンピテンシーの定義と選択）プロジェクトの成果を引き継ぎつつ次の時代を見据え、「2030年という近未来において子ども達に求められるコンピテンシーを検討するとともに、そうしたコンピテンシーの育成につながるカリキュラムや教授法、学習評価について検討する」[4]ことを目的としたプロジェクトである。2015年より、日本を含む多国籍メンバーによる検討を経て、2018年2月に中間報告書「教育とスキルの未来：Education 2030」[5]が公表された。

　その序文には、これからの不確実な世界を生きる生徒たちは、好奇心、創造性、強靱さ、自己調整力を身につけること、そして他者の考えや価値観を尊重し、自己のことだけでなく家族・友人・コミュニティや地球全体のウェルビー

イングのことを考えなければならない、と記されている。また、不確実で予測がつかない近未来の課題を以下の３つの側面から説明している——①環境（気候変動、天然資源の枯渇）②科学（バイオテクノロジーや人工知能による前例のないイノベーションと破壊的な変革の波）と経済（世界的な相互依存と共有経済の危機やリスク）③社会格差（人口増加や生活機会の格差、対立）。

　さらにウェルビーイングについて「所得や財産、職業、給料、住宅などの物質的な資源へのアクセス以上のものを含む概念であり、健康や市民としての社会参画、社会的関係、教育、安全、生活への満足度、環境などの生活の質（QOL）にも関わるもの」[6]と述べ、それへの公平なアクセスは社会全体の包摂的な成長を下支えするものであると指摘する。

　また教育の役割は、包摂的で持続的な未来を創り上げていくことに貢献できるような知識、スキル、態度・価値を育成することであると述べる。子どもたちが生活（Life）のあらゆる側面で積極的な役割を担うためには、様々なコンテクスト——時間軸（過去、現在、未来）、空間軸（家庭、地域、国、世界）やデジタル空間——を超えて不確実性の中を歩んでいく必要があると述べ、未来を創り上げていくためのこれからの子どもたちに求められるコンピテンシーとして、以下の３つを挙げている。

　　　○新たな価値を創造する力
　　　○対立やジレンマを克服する力
　　　○責任ある行動をとる力

　これらのコンピテンシーは、前身の DeSeCo「コンピテンシーの定義と選択」プロジェクトが2003年の報告書で提示した３つのキー・コンピテンシー（相互作用的に知識・スキルを活用する力、異質な集団で交流する力、自律的に活動する力）に立脚しながらも時代を変革する力をより意識化し、特に「知識・スキルの活用する力」の部分を「新たな価値の創造」へと変えた点に特徴がある。

　以上のように、Education 2030では、資源の有限性や科学技術のもつ発展と表裏一体の破壊性に目を向け、個人・家族と社会的課題に向き合い、社会全体のウェルビーイングを高めるという社会の在り方を目指し、そうした時代を生きる子どもたちに身につけさせたいコンピテンシーを提示している。

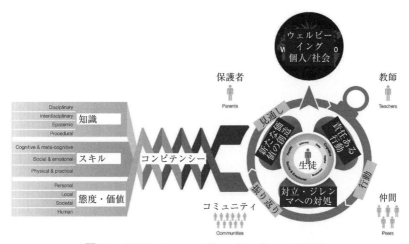

図1-1　OECD ラーニング・フレームワーク2030

出典：OECD. THE FUTURE OF EDUCATION AND SKILLS, Education 2030. p. 5（訳. 筆者）

　このことを象徴的に示したのが、プロジェクトの中間報告書の学習枠組み「OECD ラーニング・フレームワーク2030」（2018）[7]、および「OECD ラーニング・コンパス（学びの羅針盤）」（2019）[8]の2つの図である。いずれも、学習主体である子どもたちが学びとそれに関連する活動を通して目指す先に「ウェルビーイング」が描かれている。

　図1-1はこのうちの「OECD ラーニング・フレームワーク2030」の図である。生徒は、左側の「知識」「スキル」「態度・評価」を連動させて、右側の生徒を囲む3つのコンピテンシー「新たな価値を創造する力」「対立やジレンマを克服する力」「責任ある行動をとる力」を発揮し、個人や家族の問題から地域、社会の問題までを視野に入れて学ぶ。生徒を取り巻く円環は「見通し」をもって「行動」し、その結果を振り返るという問題解決のサークルが描かれており、問題解決型、探究型の学習がイメージされていることがわかる。また、この円環は磁石の形をしており、その磁石の針の先には「ウェルビーイング」が描かれている。すなわち本図は、個人そして社会にとってのよりよい生活の実現が、学びの最終的な目標であることを明示している。

(2) OECD Education 2030における「エージェンシー」の概念

　もう一つ、これからの教育の方向性という点だけでなく、家庭科からみても特に興味深いのは、このプロジェクトで初めて登場した「エージェンシー（agency）」という概念である。

　エージェンシーは、心理学においては『行為主体』『行為主体性』などと訳されているが、必ずしも社会学や心理学など特定の学問分野に依拠するものでなく、より広い意味の概念として位置づけられている[9]。この主体性を発揮するという文脈で、エージェンシーは、生徒が実現したい未来を実際に実現していくための変化を起こすため、「自分で目標を設定し、振り返り、責任をもって行動する能力」と定義されている。同時に、エージェンシーは他者や社会との関係性の中で育まれるものでもある[10]。他者との相互の関わり合いの中で、意思決定や行動を決めるという視点が大事となる。図1-1のラーニング・フレームワーク（ラーニング・コンパス図も同様）には、生徒の学習活動の周りに仲間や教師、保護者やコミュニティの人々の絵が描かれている。生徒がエージェンシーを発揮するには、それを支えるこれらの人々の存在が欠かせない。これを「共同エージェンシー」と名づけ、学習者が目標に向かって進んでいくことを双方向的、互恵的な協力関係のもとで支援する関係が重視されている。

4　家庭科における生活主体形成とウェルビーイング、エージェンシー

　家庭科は、生活問題の中から課題を見出し、その解決に向けて主体的に実践する力を育むことを目標とする教科である。この点について、まず現行の学習指導要領（2017、2018年改訂）の「目標」部分の記載を小、中、高等学校を通してみると、構造は図1-2のようになる。

　いずれの学校段階においても、目標の幹の部分は、「よりよい生活」や「よりよい社会」を自ら「工夫し創る」であり、そのための資質・能力（コンピテンシー）を育てることを目指すと記している。家庭科は、知識、技術を習得し、対象への理解や認識を深めるだけでなく、それを活用しての行動（実践）力を

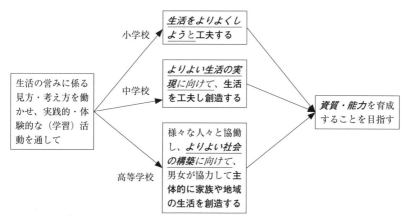

図1-2　学習指導要領（2017、2018年改訂）家庭科「目標」の構造

つける点が、認識を深めることを主眼とする社会科などとの際立った違いといえる。また目指す方向の「よりよい生活」「よりよい社会」は、安寧や福祉、すなわちウェルビーイングを意味しており、「ウェルビーイングを主体的に実現する」ことが家庭科の目標といえる。

　こうしてみると、前掲の Education 2030 が学習の最終的な到達点に「ウェルビーイング」の実現を置き、それに向かって生徒がエージェンシーを発揮して問題解決に取り組むという教育の全体構造図は、期せずして、家庭科で「生徒がよりよい生活を他と協働して主体的に創る」と無理なく重なっている。

　21世紀の教育の有り様が国連のユネスコや OECD で繰り返し議論されてきたが、その方向性が日本の家庭科がこれまで作り上げてきた方向性と連なっているという点は特筆すべきことであろう。この点については2003年に発表された OECD の DeSeCo プロジェクトの提言でも確認されたこと[11]だが、今回の OECD Education 2030 の「ラーニング・フレームワーク」や「ラーニング・コンパス」の図や、ウェルビーイング、エージェンシーの用語の位置づけによってその点がより明瞭になったといえる。

　ここで改めて、エージェンシーと家庭科の生活主体との関連について整理してみたい。エージェンシーとは、既述のごとく、行為主体として、望ましい未来の実現に向けて社会参画を通して影響を与えること、と要約される。

　他方、家政学や家庭科における「生活主体（形成）」の視点は、戦後の日本において繰り返し提起されてきた。その多くは、経済学、建築学、教育学、社会学といった他分野に軸足を置きながら家政学に関わった研究者たちによって提起され、それに呼応する家政学や家庭科関係者の議論の中で深められてきた。前者の例を挙げれば、生活学を提唱した今和次郎、生活者論を展開した大熊信行、生活の質を問い、生活を科学する重要性を説いた吉野正治や西山夘三、社会問題への視野を取り入れた消費者教育を提唱した宮坂広作などである[12]。家政学の中では特に家庭経営学領域で議論が展開された。1978年初版の「家庭管理論」において天野寛子は、生活主体について、「西山夘三の『住居学ノート』の言葉を敷衍するならば」との但し書きのもとで、生活主体を「生活の問題に、自ら身につけた生活技術をもって積極的に対処し、問題を解決していく実践的な手段体系をもち、かつ実践する生活者」と捉えている[13]。また、生活経営学における生活主体について伊藤セツは、「生活を科学的に認識し、生活の目標・課題・問題を解決する意識的積極的な取り組みを実践する個人」[14]と定義している。

　家庭科教育において「生活主体」は、日常生活を自立（自律）的、主体的に営む生活者という意味とともに、生活の問題が地域や社会の問題と不可分に結びつくことからその解決に取り組むという意味も併せ持っている。特に1990年代以降のシティズンシップ（市民性）教育と生活者、生活主体との関係についての議論の中で、この視点は掘り下げられてきた。家庭科で培いたい「自分たちの社会を主体的につくる意欲と能力」や「他者に共感し、働きかける意欲と能力」、そして「生活の中から論理を紡ぎだす」という家庭科の特性は、生徒の市民性の涵養に深く関わっている[15]。

　家庭科における市民性教育についての議論を詳細に分析した土岐は、荒井の「生活者と市民は、社会、政治、経済の現状を生活の視点から問い直し変革する主体としての個人という文脈においてその像がほぼ重なる」[16]や、望月の「ケアをシティズンシップ概念に組み込むことで家庭科の実践的な知識と技能はシティズンシップと結びつく」[17]をとりあげるとともに、他領域の川中の私的領域と公的領域を結びつける視点から展開されてきた議論を検討し、「家庭科教育で育成する生活者は、市民の概念の中へ包含されると捉えることができ

る」と結論づけている[18]。こうした家庭科における生活主体形成やシティズンシップについての議論は、2000年以降、学会や各種研究会のシンポジウムや書籍を通して、家庭科研究者の間で広く共有化されてきた。

「生活をよりよくする」の文言が学習指導要領の家庭科の全体目標に記されたのは、小学校「家庭」は、平成20（2008）年３月の改訂、中学校「技術・家庭」（家庭分野）では平成29（2017）年、高等学校「家庭」は平成30（2018）年からである。現行学習指導要領において、初めて小中高校を通じて、家庭科がよりよい生活、つまりウェルビーイングを志向する教科であることが統一的に記されたといえる。生徒が何を志向して力を発揮するのかの方向性が明示されたこと、かつ、それを担う主体としての生徒が意識化されたことは、既に述べた近年の家庭科研究の蓄積や共通認識の広がりと無縁ではないだろう。

エージェンシーが既にみたように、「責任をもって社会に参画する行為主体」「他者との相互の関わり合いや支えあいの視点を持つ」と捉えられるのであれば、自立（自律）と共生の両面から教科概念をとらえる家庭科の「生活主体」とエージェンシーは、「参画」の用語が意味する範囲の広さの違いは別としても、重なりの多い概念と考えられる。

5　家庭科でウェルビーイングの主体を育む
——ウェルビーイングの中身を批判的に問う学びを——

家庭科におけるウェルビーイングの追求とは何を指すのか。前述（第２項(1)）のように、背景学問である家政学は、人にとって価値ある状態、その人らしい最適な状態（ウェルビーイング）について、人的・物的の両側面から生活を科学し、その実現に向けて方法を探究し実行することを目指している。その志向性のもとで、家庭科は、生徒がよりよい生活を探究する力や実践する力をつける教科、と捉えることができる。

では「よりよい」とはどのような状態や要件を意味するのか。この答を出すのは容易ではない。個人にとって、家族にとって、仲間やコミュニティにとって、あるいは利害が相反する関係性の中で、さらに経済的、社会的な様々な状況のもとで価値や方策を探っていくことになる。外にある価値ではなく、自ら

批判的思考を働かせて生活の諸相を多面的に検証し、「何がよりよいのか」を探る学習の方法や内容の検討が必要となる。この答は教科書には無い。生活を対象とする学習だからこそ、生活の「現場」に身を置き、その場や人の生活をよくみて問題を発見し、状況を把握して解くべき課題を定め、何に価値があるかを考えて解決や改善の方策を探る──この問題解決の学びのプロセスを丁寧に辿ることが重要になる[19]。家庭科はこれまでも、「よりよい生活」をつくる主体（生活主体）を育むことを目指して授業実践と研究を蓄積してきた。ウェルビーイングが「生活」に着目するキーワードであるゆえ、「生活」を学ぶ家庭科ならではのアプローチが可能である。

　例えば、住生活の分野で、住みやすい住環境やそれに関わる道具の学習をするとしよう。生徒にとって最も身近な生活の現場は学校である。まずは自分の座っている椅子や机の寸法を測り、身体にあっているかを批判的に検討し、より身体にフィットしたデザインを考えてみる。身長の個人差が大きく成長の速い時期の学校の机、椅子がどうあったらよいか、当事者として提案する学習があってもよいだろう。また自分や仲間が障碍やけがなどで松葉づえや車椅子を使うとき、学校の環境は学びの場として対応できているかを検証してみる。次に自らの住まいをバリアフリーや防災の観点から検討する。さらに街に出て、地域の高齢者の歩く様子を観察したりインタビューしたりして道路の歩きやすさや安全性を分析し、どうあったらよいのかを考える。短時間であっても、こうした身の回りから地域のまちづくりにつながる学習に取り組むことを通して、生徒の生活の場をみる目は鍛えられるだろう。よりよい生活への改善、解決を考えさせる際には、個人の努力や個別の対応、協力や助け合いなどの策には限界がある。制度や法律、社会的環境整備へと視点を広げさせ、方策を提案する力をつけることも欠かせない。こうした学習は住生活学習にとどまらず、ケアや福祉、高齢者、公共福祉の学習ともつながっていく。家庭科は、生活の現場からウェルビーイングを判断する学習の場を生徒に提供できる。授業において、この創造的な問題解決の視点をより意識化することは、生徒の批判的思考を育むとともにシティズンシップの涵養につながり、教科の可能性を広げることになろう。

　不確実性の高いVUCA[注]の時代にあって、家庭科ならではの自立（律）と共

生・協働の視点を土台として、知識、技能や実践性を生かし、個人と社会の両面から、ウェルビーイングの像を見極め、それに向かう力を育むこと、そのための教科論、家庭科論を鍛えていくことが課題であると考える。

おわりに

　地球規模で、人の暮らしとそれを取りまく環境の持続可能性をどう実現するのか、このことは21世紀の今を生きるすべての国と人にとっての課題である。新たな世紀の始まりから20年、世界的な Covid19 パンデミックに加え、大国による侵略やテロが勃発して深刻な対立のもとで戦火が広がり、地球環境保護とは真逆の状況が起こっている。こうした時代の中で、「ウェルビーイング」は、これからの時代を志向するうえで核となる言葉といえる。

　すでにみたように、国連は2015年に、2030年をめざしての持続可能な世界の実現にむけて、ウェルビーイングを達成するための17の目標（SDGs）を設定した。ほぼ同時期に、OECD は、これらの活動を支える教育の枠組み、Education 2030 の検討を開始し、各国の幅広い教育関係者を結集して、新しい時代の変革の主体を示す「エージェンシー」の概念を生み出したといえる。

　これからの教育の大きな枠組みの中で、改めて日本の家庭科に携わる我々は、生活を変革し、新たな時代を担う子どもたちの力を培うことを目指し、教科の可能性を拓く研究と実践に挑んでいきたいものである。

（荒井　紀子）

注

　「VUCA」は、 V （Volatility：変動性）、 U （Uncertainty：不確実性） C（Complexity：複雑性）、 A （Ambiguity：曖昧性）の頭文字をとったもので、先行きが見通せず予測が困難な状態をさす用語として用いられている。

引用・参考文献

1 ）United Nations, General Assembly （2015） *Resolution adopted by the General Assembly on 25 September 2015*. 70/1 Transforming our world: the 2030 Agenda for Sustainable Development

2 ）日本家政学会編（1984）『家政学将来構想1984』光生館

3 ）International Federation for Home Economics（2008）*Home Economics in the 21ˢᵗ Century.* 最終閲覧日2023年12月20日、https://www.ifhe.org/filead min/user_upload/Publications/IFHE_Position_Paper_HE_21st_Century.pdf

4 ）文部科学省初等中等教育局教育課程課教育課程企画室（2018）「OECD Education 2030について」『中等教育資料』平成30年 5 月号、p. 92

5 ）OECD（2018）*THE FUTURE OF EDUCATION AND SKILLS, Education 2030*及び「教育とスキルの未来 OECD Education 2030［仮訳（案）］」『中等教育資料』平成30年 5 月号、pp. 93-100

6 ）前掲 4 ）p. 95

7 ）OECD（2018）*THE FUTURE OF EDUCATION AND SKILLS: Education 2030.* p. 4

8 ）OECD（2019）*LEARNING COMPASS 2030, OECD Future of Education and Skills 2030, Conceptual Learning Framework.* p. 6

9 ）白井俊（2020）『OECD Education 2030 プロジェクトが描く教育の未来』ミネルヴァ書房、p. 79

10）前掲 9 ）p. 86

11）荒井紀子（2014）「「学力論」と家庭科教育——世界標準の学力論からみえる家庭科教育の可能性と課題」『日本家政学会誌』65-1、p. 43

12）荒井紀子（2008）『生活主体の形成と家庭科教育』ドメス出版、pp. 31-35

13）宮崎礼子・伊藤セツ編（1978）『家庭管理論』有斐閣新書、p. 147

14）伊藤セツ（1989）「新しい生活様式の創造と選択のために」日本家政学会編『家庭生活の経営と管理』朝倉書店、p. 181

15）荒井紀子（2004）「市民性のエンパワーメントと家庭科における生活主体の形成」大学家庭科教育研究会（編）『市民が育つ家庭科——子どもが変わる/地域が変わる/学校が変わる』ドメス出版、pp. 71-73

16）前掲15）pp. 63-64

17）望月一枝（2015）「家庭科で育てるシティズンシップ」大学家庭科教育研究会編『市民社会をひらく家庭科』ドメス出版、pp. 31-45

18）土岐圭佑（2024）「市民性教育としての家庭科の教育課題」日本家庭科教育学会編『家庭科教育研究が拓く地平——「よりよい生活」のための実践的教育科学概論——』学文社、pp. 55-58

19）荒井紀子他編著（2022）『SDGs と家庭科カリキュラム・デザイン（増補版）』教育図書株式会社、p. 18

第2章　家庭科の学びとウェルビーイング

はじめに

　この章では、ウェルビーイングの主体を育むという観点から、改めて、家庭科の学びの主体である子どもたちの視点やすでに家庭科を学んだことがある社会人の視点に焦点をあてることで、これまでの家庭科の学びとウェルビーイングの関わりについて論じることを目的としたい。

　家庭科がとらえるウェルビーイングについては前章で触れているので、ここでは、「よりよい」を重視している家庭科の学びとウェルビーイングに焦点をあてて考えてみたい。

1　学ぶ主体がとらえる家庭科の学び

　日本では、学校教育の小学校・中学校・高等学校の教育課程に必修で位置づけている家庭科の学びについて確認しておきたい。

　学習指導要領の改訂にあたって、「生活の営みに係る見方・考え方」について、「家族や家庭，衣食住，消費や環境などに係る生活事象を，協力・協働，健康・快適・安全，生活文化の継承・創造，持続可能な社会の構築等の視点で捉え，よりよい生活を営むために工夫すること。」（2017年告示）としている。中学校技術・家庭科の目標に「よりよい生活の実現や持続可能な社会の構築に向けて，生活を工夫し創造する資質・能力」を育成すること（2017年告示）と明記されている。また、学習内容では、高等学校「家庭基礎」「家庭総合」（2018年告示）ともに、「A　家族・家庭生活」「B　衣食住の生活」「C　持続可能な消費生活・環境」が小学校・中学校との系統性を踏まえ、明確に位置づけている。自分の生活行動と持続可能な社会の構築が密接な関係であり、ひとりひとりの意識だけでなく行動するという実践への道筋を具体的に学んでいる。

　SDGsの理念である「誰一人取り残さない」社会、持続可能な社会の構築に

向けての家庭科の学びは、生活するとはどういうことか、生活を営むとはどういうことか、その個人個人の生活への眼差しから社会とのつながりを意識し、社会構築の実践的な「資質・能力」を育成している。個人から社会へとつながるウェルビーイングとの関係は、前章の「OECD ラーニング・フレームワーク2030」の図の説明と重なる。

(1)小中高の児童生徒がとらえる家庭科の学び

　私たちは毎日「生活している」が「生活」をするうえでの知識や技能・技術はどのようにして身につけてきたのだろうか。

　人間は、生まれてすぐに立てない。周りの大人たちの助けを借りて、食べること、服を着ること、排泄すること、住居に住まうこと、人間関係をつくること、健康に過ごすこと、等々、成長とともに「生活」する力を身につけていく。

　こうした側面での代表的な学びの内容を有している教科である家庭科が、日本では、学校教育の小学校・中学校・高等学校の教育課程に必修で位置づいている。たとえば、「小学校学習指導要領解説　家庭編」には「小学校で習得することを目指す日常生活に必要とされる家族や家庭，衣食住，消費や環境などに関する『知識及び技能』は，生涯の生活における自立の基礎を培い，日常生活に応用・発展できるもの，生活における工夫・創造につながるものとして，健康で豊かな生活をするために必要なものである」[1]と記されている。

　図2-1は、家庭科の学びが「ふだんの生活や社会に出て役立つ」かを問うている。家庭科の学習は、「ふだんの生活や社会に出て役立つ」については、小学6年生81.4%、中学3年生88.5%、高校生88.4%と高い割合を占めている[2]。小・中・高と必修で系統的に学習内容が広がっていく教科であり、9割近くの児童生徒から「役立つ」教科として支持されている。「生活」だけではなく「社会に出て役立つ」と評価している。家庭科は「生活」や「社会」とのウェルビーイングにとって、「役立つ」教科として存在していると言っても過言ではないと考える。

　中学生のみではあるが、「ふだんの生活や社会に出て役立つ」について、他の教科との比較を示した図が図2-2である。家庭科の「そう思う」は58.1%、「どちらかといえばそう思う」30.4%と9割近い支持を得て、家庭科の学びが

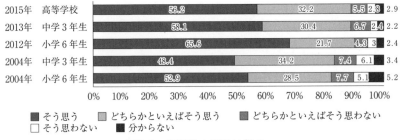

図2-1　家庭科の学習は役立つ

出典：国立教育政策研究所　「平成24・25年度小学校学習指導要領実施状況調査」、「平成25年度中学校学習指導要領実施状況調査」、「平成27年度学習指導要領実施状況調査」

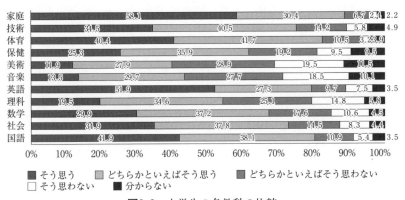

図2-2　中学生の各教科の比較

出典：国立教育政策研究所「平成25年度中学校学習指導要領実施状況調査」

第１位となっている。

　このように、学習主体の児童生徒たちは、家庭科の学びが「ふだんの生活や社会に出て役立つ」ととらえていることを確認しておきたい。

　さらに、全国小学校家庭科教育研究会がまとめた2022年度「全国調査」[3]においても、家庭科が「今の生活に役立っている」（「とても」「わりと」の合計）と考える児童は、５年生で90％、６年生で88％となっている。また、「将来（これから）の生活に役立つ」については、５年生96％、６年生95％となっている。５・６年生共に「今の生活」に９割近くが「役立つ」と考え、それ以上に「将来の生活」に役立つと考えていることがわかる。特に「とても役立つ」

は 5 年生が「今の生活」では47％だったのが「将来の生活」では71％、 6 年生は42％から66％と増加している。この調査のように、「今の生活」にも「将来（これから）の生活」にももっと役立つ家庭科の学びという児童たちからの評価は、家庭科の学びとウェルビーイングとの関わりを考えるうえでしっかりと受け止めたい。

　また、日本家庭科教育学会が2016年に行った「高校生が考える家庭科を学ぶ意義（全国調査より）」によれば、家庭科の学びは 9 割の高校生が「他教科と違った生きた勉強ができる」ととらえ、「家庭や暮らしへの関心が高まる」、「自分の生活の見直しができる」「実習で力を合わせる（協働）」「自分の将来や人生に目がむく」「生活問題の発見、解決を考える」についても 8 割以上が「家庭科を学ぶことの価値を肯定的に評価」[4]している（図2-3）。

　以上のように、家庭科という教科の学びは、学習主体である児童生徒たちから「ふだん」「今」「将来」の「生活や社会に出て役立つ」「生きた勉強ができる」と評価されている。

(2) 社会人がとらえる家庭科の学び

　家庭科を学んで社会人になった人々は、家庭科の学びについて、どのように思っているのだろうか。児童生徒の学習主体と同じように考えているだろうか。図2-4は社会人が家庭科でどのような学びを重視したいと思っているか[5]を聞いた結果である。最も多いのは「衣食住の知識と技能の習得」であるが、「家族や家庭生活、子どもや高齢者、社会福祉などについての理解」「消費生活や環境に配慮した生活についての理解」「人の一生と将来を見通した生活設計などの理解」の項目で 8 割を超えて重視すると回答している。また、「家庭・地域社会の問題や課題の改善への取り組み」という項目を重視する意見も確認できる。

　図2-5は、社会人が家庭科を学んで、どのような力が身についたと考えているかを聞いた結果である。「生活に関する基礎的な知識や技能が身についた」という回答が85.2％と最も高くなっている。

　これらの調査からの分析から「家庭科で学んだことを社会人としての生活に役立て、もっといろいろなことを学びたかったと感じていること」「家庭科を

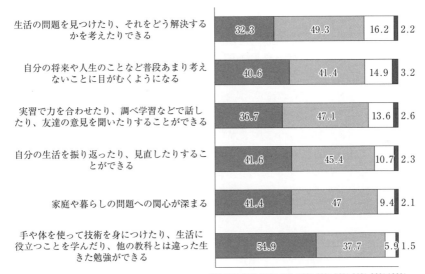

図2-3　家庭科の学習価値意識

出典：日本家庭科教育学会誌61(3)

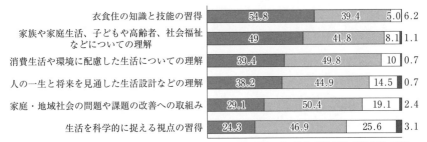

図2-4　社会人の家庭科で重視したい学び

出典：日本家庭科教育学会編『未来の生活をつくる』p.34

	そう思う	どちらかといえばそう思う	どちらかといえばそう思わない	そう思わない
生活に関する基礎的な知識や技能が身についた	38	47.2	11.4	3.4
家庭生活は男女が協力して営むものと考えるようになった	22	41.4	22	14.6
家族のことを考えるようになった	17.5	43.1	28.3	11.2
子育ての意義や親の役割などへの関心が深まった	14.8	40.9	31.5	12.8
実験や調べ学習を通して、生活を科学的に見つめ…	9.9	28.5	42.9	18.7
将来のことやこれからの人生について考えるようになった	9.4	35.5	40.2	15
少子高齢化や消費者問題など、今日の家庭生活に…	7.7	29.9	44.5	17.8

0% 10% 20% 30% 40% 50% 60% 70% 80% 90% 100%

■ そう思う　■ どちらかといえばそう思う　□ どちらかといえばそう思わない　■ そう思わない

図2-5　家庭科で身についたと考える力

出典：日本家庭科教育学会編『未来の生活をつくる』p.36

通してより多くの力をつけたと感じている社会人は、自身の生活をより豊かに実現していること」が読み取れるとしている[6]。

　これらのことから、家庭科の学びが社会人にも土台となって、「よりよい生活」の創造に寄与している姿がうかがえる。

2　家庭科の学びのプロセスとウェルビーイング

(1)生活の基礎・基本を学ぶ家庭科

　私たちは憲法第25条において「健康で文化的な」「生活を営む権利」を有している。家庭科の学びは、「生活を営む権利」を前提とし、その実現のための学習内容を備えていると言える。ウェルビーイングは人間らしい生活が営まれているかどうかのよい状態ととらえることができる。この人間らしい生活とは、具体的にはどういうことだろうか。そのための生活する力と関わるのが家庭科の学びということになる。生活する力については、天野が「生活力」という言葉で、身につけるプロセスの特徴を述べているので、紹介しておきたい[7]。

　「①それをしなければならない理由を誰よりも自分がよく知っているものであり、②日々頻度高く必要となることで、多少下手であっても繰り返しているうちに適当にうまくなるものであり、③それができることで自分の生活スタイルを自分でつくり楽しむことができ、④それができることで他の人と協力した

り、他の人を援助したりする『人との関係』を育むことができ、⑤それらの総体として『自分が自分なりに人間らしく生きている』ことを自己確認できる能力」が「生活力」である。「生活」するために必要であると自ら繰り返すことで「人との関係」が育まれ、「自分が自分なりに人間らしく生きている」ことを「自己確認できる能力」とも定義している。しかも「自分が日々生きていくために必要なことを自分ですることができる、ということは、人間の尊厳、プライドを保つ力」とも述べている。ウェルビーイングとは「自分が自分なりに人間らしく生きている」状態であり、「人間の尊厳、プライドを保つ」状態と言い換えれば、家庭科での学びは、わかりやすく、ウェルビーイングの基礎・基本を学ぶ教科という言い方もできるのではないだろうか。

　そのため、家庭科では、常にウェルビーイングが学びと共に意識され、児童生徒が生活主体として気づくことに授業の重点が置かれる。「生活のなかにあるさまざまな問題をみつけ、問い直し、よりよい状態へと向かうことを志向する学習方法を探る」「学習過程の経験を経て、新たな問題が生じた際にも対応可能な力を育成することが家庭科教育の重要な特徴の一つ」[8]である。

　小学校では、生活に関する基礎・基本、原理・原則が貫かれている。今まで客体として成り立たせてもらってきた生活から自らが生活の行為主体に変わる学びと位置付けることができる。自分でできることが増え、できる楽しさを実感を伴って味わい、喜びが達成感や自己肯定感を醸成し、もっと「よりよい」実践へとつなぐ。その際に、生活は一人ではなく様々な人々とともに成り立っているということ、自分だけが満足すればいいわけではなく、どういう状況の生活をしたいのかを生活主体である児童に問い続ける家庭科の授業が展開される。

　小学校での生活における自立の基礎を培うことに繋がって、中学校では、生活の自立を柱として生活技術が意識される。村田は「教科の性格と技能・技術の概念規定の間には、相互に規定しあう関係があり、家庭科教育では『技能』を『技術』と区別し、『技能』の段階から『技術』の段階へと高める過程に教育的意味がある」[9]と述べている。「家族とのコミュニケーションと生活技術の定着について」という研究[10]では、「家族から教わる生活技術だけでは自身の生活課題の改善につなげていくことの困難さ」が確認されている。また「家庭

科教育を通して基本的な知識に基づいた生活技術の定着につなげていくことが重要」としている。

(2)生活の充実・向上を学ぶ家庭科

家庭科の学習過程を示した図2-6[11]にも明らかなように、家庭科の学びの目標は「よりよい生活」であり、単なる「生活」ではないということを確認しておきたい。つまり、生活の改善・工夫を学ぶ家庭科であり、ウェルビーイングの充実・向上を学ぶ家庭科と言えるのではないだろうか。

家庭科の背景学問である家政学は、「生活の向上」[12]が研究目的であり、「ウェルビーイングが充実」「ウェルビーイングを促進し擁護」[13]とある。そのため、家庭科の学びは「よりよい生活の実現」が目標であるから、ウェルビーイングそのものの基礎・基本と充実・向上が学習内容となる。

上坂らの「子どもの主観的 well-being における「生活評価」指標の枠組みと指標の提案」[14]によれば、子どものウェルビーイングに着目し、「「基本的に満たされるべきレベル」を「あるべき生活」つまり well-being の基本的レベルととらえる提案」をしている。家庭科のウェルビーイングと「よりよい」を念頭に、「基本的な生活」は「生理的欲求が満たされ、基本的な生活習慣が備わった状態」、「よりよい生活」は「生活に自由度があり、選択する機会や生活改善を意識する状態、つまり自己決定力が保障され、生活改善を志向できる状態」と概念化している。この考え方は、ウェルビーイングがどのような状態であるかを明確にし、家庭科の学びが、いかにウェルビーイングに関係しているかを示すうえで示唆に富んでいる。

家庭科の学びにより、小学校において、生活するために大人に「してもらっていた自分」から「する自分」に変わっていく。中学校では、生活の自立や他者との協働に必要な力を身につけ、高等学校では、家庭生活のみならず地域生活を創造する力の育成が目指されている。

家庭科では、生活するうえで、生活に関する知識・技術はもちろんであるが、「基本的な生活」のウェルビーイングな状態とはどういうことであるのか、さらには「よりよい生活」の状態がどういうことであるのかまでも視野に入れた学びであるということができる。

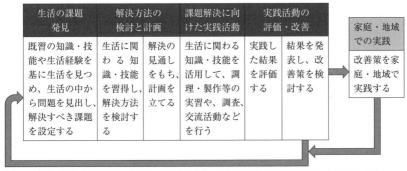

幼稚園、小学校、中学校、高等学校及び特別支援学校の学習指導要領等の改善及び必要な方策等について（答申）別添資料（2/3）

図2-6　学習過程のイメージ

出典：文科省「中学校学習指導要領解説技術・家庭編」

表2-1　「基本的な生活」と「よりよい生活」レベルの例

	「基本的な生活」レベル	「よりよい生活」レベル
食生活	栄養を考えた食事 米飯とみそ汁の日常食の調理	栄養バランスを考えた1食分の献立の工夫 楽しく食事するための工夫
衣生活	衣服の快適な着用と適切な手入れ 目的に応じた裁縫	日常着の快適な着用と手入れの工夫 生活の豊かさのための縫製計画と工夫
住生活	適切な整理・整頓や清掃 季節の変化に合わせた住まい方	快適な住まい方の工夫
家族関係 地域との関係	家族との関わり 地域の人々との関わり	家族とのよりよい関わりの工夫 地域の人々とのよりよい関わりの工夫
よりよい生活の 計画と実践	生活課題の発見と設定	よりよい生活の計画と実践

出典：上坂美紀、中森千佳子（2020）「子どもの主観的 well-being における「生活評価」指標の枠組みと指標の提案」

　OECD のよりよい暮らし指標（Better Life Index）[15]は個人のウェルビーイングに、仕事、収入、住宅のような経済的要因に加え、ワーク・ライフ・バランスや教育、安全、生活の満足度、健康、市民活動、環境やコミュニティのような生活の質（Quality of life）に影響を与える要因が含まれる（OECD Better Life Index, 2018）（図2-7）。「Better Life」は「よりよい」の観点であることは、家庭科とも考え方が重なっている。具体的には、図2-6の家庭科の学習過程のイメージになるが、生活の課題発見から課題解決に向けた実践活動をし

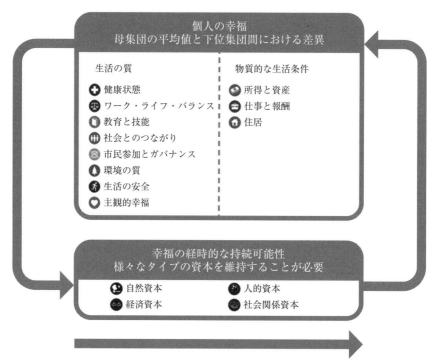

引用元：Asmussen, K.（2017[5]）, *Language, wellbeing and social mobility*, www.eif.org.uk/blog/language-wellbeing-and-social-mobility.

出典：OECD Learning Compass 2030 仮訳

図2-7　ウェルビーングと発展を評価する OECD の枠組み

た結果を評価し、改善検討を繰り返し、地域にも還元している様子がわかる。家庭科の学びは、ウェルビーイングに留まらず、Better Life を念頭に実践する力をつけることを教科の目標としていることが確認できる。

　以上のように、家庭科という教科の学びは、ウェルビーイングと密接な関係を持ち、そもそものウェルビーイングのあり様、ウェルビーイングの基礎・基本、ウェルビーイングの充実・向上の具体的な学習内容を有していることが示された。

おわりに

　改めて、生活、よりよい生活、生活創造等に関わる家庭科の学びを振り返り、この本のテーマに掲げられたウェルビーイングの実現に向けて、家庭科の学びとウェルビーイングとの関わりを見てきた。

　繰り返しになるが、家庭科の学びの主体である児童生徒からは、「生活に役立つ」教科として、一番支持されてきた。社会人も生活に関わって、「家庭・地域社会の問題や課題改善への取り組み」という項目を重視する意見が多かった。

　しかし、家庭科の課題は、授業時間数が学習内容に見合っていない少なさとその時間数に対応した教員配置の問題である。小学校は、5年生と6年生に位置付き、5年生が60時間、6年生が55時間である。中学校は、1年生、2年生が技術・家庭科として、各70時間、3年生は35時間であるが、家庭分野だけで授業時間数を見ると、1、2年生で各35時間、3年生で17.5時間である。35時間という時間数は、週に1時間の配分ということになる。

　この時間数と関連して教員の配置数が決まる。全国中学校技術・家庭科研究会は2022年度の「中学校技術・家庭科に関する第9回全国アンケート調査」を行っている[16]。正規の家庭科担当者の免許取得者が100％は東京都と佐賀県、鳥取県となっている。正規の免許所持率は76.6％、不所持率は23.4％である。家庭科の学びに対する教員配置の公平性や専門性が担保されていない現状が続いている。毎年、家庭科関連団体は、中学校、高等学校に最低1人の家庭科専任教員の配置を要望し続けていることを明記しておきたい。生活のウェルビーイングに不可欠な家庭科の学びの保障は喫緊である。

　家庭科がこれまで積み重ねてきた実践の観点から積極的に発言し、リーダーシップを取っていく必要がある。家庭科の学びは「よりよい」生活を実践する教育であり、ウェルビーイングが目標ではなく、ウェルビーイングを常に「よりよい」方向に導くことを実践する力を育成している。このことは、1で見たように家庭科の学習主体であり、生活主体である児童生徒からの「役立つ」家庭科への評価、小・中・高と積み上げてきた授業実践から発信したい。

「人間開発報告書 2021-22」国連開発計画（UNDP）によれば[17]、「人類史上かつて見られなかった新たな「不確実性コンプレックス」が出現」し「人類の発展を妨げ、世界中の生活を不安」にさせていると報告している。まさに、ウェルビーイングとはどういうことかについて国際的に真剣に取り組まなければならない局面である。日本における家庭科の学びとウェルビーイングとの関わりを再認識したい。「基本的な物質的・経済的豊かさに加え、教育を受け文化的活動に参加できること、バランスのよい食事がとれて健康で長生きできること、犯罪や暴力のない安全な生活が送れること、自由に政治的・文化的活動ができて自由に意見が言えること、社会の一員として認められ、自尊心を持てること」[18]が求められている。家庭科の学びの内容を子どもたちに担保することの意味を考えたい。

「生活の生きづらさを伴う困難な時代だからこそ、子どもたちには将来を構想できる力を育み、市民社会をひらいて行ってほしい」[19]という思いで、これからも家庭科について考えていきたい。

（赤塚　朋子）

注および引用・参考文献

1 ）文部科学省「小学校学習指導要領解説　家庭編」p. 14
2 ）国立教育政策研究所「平成24・25年度小学校学習指導要領実施状況調査」、「平成25年度中学校学習指導要領実施状況調査」、「平成27年度学習指導要領実施状況調査」
3 ）全国小学校家庭科教育研究会（2023）、教育家庭新聞　健康・環境・体験学習号2023年10月16日号　最終閲覧日2023年12月23日
　　https://www.kknews.co.jp/post_library/20231016_5a
4 ）日本家庭科教育学会編（2019）『未来の生活をつくる——家庭科で育む生活リテラシー』（明治図書）、日本家庭科教育学会誌（2018）Vol. 61 1 － 3 号、p. 167
5 ）日本家庭科教育学会編（2019）『未来の生活をつくる——家庭科で育む生活リテラシー』明治図書、p. 34
6 ）前掲 5 ）p. 47
7 ）天野寛子（1989）「家事労働・家事様式と生活技術・生活文化」日本家政学会編『家庭生活の経営と管理』朝倉書店

8 ）渡瀬典子（2015）「「布でものをつくる」ことの教育的意義」『市民社会をひらく家庭科』ドメス出版、p. 90

9 ）村田康彦（1978）「家庭科教育の基礎理論」『家庭科教育の理論』青木書店、pp. 94-125

10）金良桃子、國吉真哉（2013）「家族とのコミュニケーションと生活技術の定着について」『日本家庭科教育学会誌』55（4）、pp. 237-245

11）最終閲覧日2023年11月20日
https://www.cfa.go.jp/assets/contents/node/basic_page/field_ref_resources/9a6d7e7c-9f20-4fe4-813a-43fc3a110069/8b0750d6/20230401_councils_shingikai_kihon_seisaku_9a6d7e7c_14.pdf

12）日本家政学会編（1984）『家政学将来構想 1984』光生館、p. 32

13）工藤由貴子（2009）「国際家政学会　家政学の位置づけに関する声明：21世紀の家政学」『日本家政学会誌』60（1）、pp. 73-75

14）上坂美紀、中森千佳子（2020）「子どもの主観的 well-being における「生活評価」指標の枠組みと指標の提案」『日本家政学会誌』71（10）、pp. 631-647

15）OECD Learning Compass 2030 仮訳（2020）、最終閲覧日2023年 9 月24日
https://www.oecd.org/education/2030-project/teaching-and-learning/learning/learning-compass-2030/OECD_LEARNING_COMPASS_2030_Concept_note_Japanese.pdf、p. 7

16）全日本中学校技術・家庭科研究会 研究調査部　各年調査より
最終閲覧日2023年 9 月16日、https://www.ajgika.ne.jp/index.html

17）最終閲覧日2023年 9 月24日
https://www.mext.go.jp/content/20230308－mxt_soseisk02-000028073_1.pdf
（16）人間開発報告書 2021－2022年版（2022）、最終閲覧日2023年12月24日
https://www.undp.org/ja/japan/publications/hdr2021-2022

18）最終閲覧日2023年12月24日
http://www.undp.or.jp/publications/pdf/whats_hd200702.pdf

19）高木直（2015）「はじめに」上掲『市民社会をひらく家庭科』p. 2

第3章　命と人生をケアする
　　　　家庭科シティズンシップ教育
——エコロジカル・アプローチ——

はじめに

　本稿の目的は、ウェルビーイングの主体を育むという観点で、命と人生をケアする家庭科シティズンシップ教育を論じることである。2020年代に入り、コロナ・パンデミックをはじめ、干ばつ、洪水、森林火災などの気候変動、戦争や人道危機、化学汚染物質と生物、情報通信技術の高度化などが暮らしに影を落とし、家庭科教育は新たな局面に向き合っている[1]。生徒たちが卒業後に働く労働の場は不安定で、長時間労働や精神的疾患に罹ることが少なくない。結婚して働き続け、子どもを持ちたいが持てないのではないかなどの声がある。いま、家庭科では、どのように「よりよい生活」を考えるのか。1970年代初め、大学家庭科教育研究会（以後、大家研）の理論的支柱の一人である村田泰彦は、家庭科を科学として位置づけ、教育内容に教育価値があるというだけでは教科の存在根拠とはならず、認識対象をどう考えるのか、また、子どもの認識に照らした教授・学習過程論が必要だと指摘した[2]。本稿では、家庭科におけるウェルビーイングと教科論、ウェルビーイングの主体性（エージェンシー）を育む教授・学習過程を考察することを通じて、命と人生をケアする家庭科シティズンシップ教育を論じていきたい。

1　ウェルビーイングと子どもの幸福追求権

(1)基本的人権の一つであるウェルビーイング

　周知のように、ウェルビーイングとは、基本的人権の一つで1948年、世界保健機関憲章の「健康」の定義に用いられた。邦訳では、2020年の日本保健機関の仮訳、「健康とは、病気ではないとか、弱っていないということではなく、

肉体的にも、精神的にも、そして社会的にも、すべてが満たされた状態にあることをいいます」が一般的である[3]。しかし、本稿では、1951年の日本政府の定訳「世界保健機関憲章昭和26年条約第1号」の「健康とは、完全な肉体的、精神的及び社会的福祉の状態であり、單に疾病又は病弱の存在しないことではない」を用いる（下線　筆者）[4]。それは、家庭科シティズンシップ教育では、一人ひとりの幸せの土台として社会福祉への視角を重視したいと考えるからである。

　家庭科とウェルビーイングが語られたのは、2005年、中間美砂子らの訳書[5]であろう。中間は原書 "*Communicating Family and Consumer Sciences A Guidebook for Professionals*[6]" のタイトルを「原書の意図がわかるように」と「現代家庭科教育法　個人・家族・地域社会のウェルビーイング向上をめざして」と意訳した[7]。2007年、日本家庭科教育学会編の『生活をつくる家庭科』の第2巻の副題に「安全・安心な暮らしとウェルビーイング」が登場し、鈴木敏子はつぎのように論じた。第一に、ウェルビーイングを個人の尊厳と基本的人権、日本国憲法に規定された幸福追求権として捉えること、第二に、私たちの暮らしは安全でない状態にあり、それは構造的なもので、リテラシーが必要であること、第三に、ウェルビーイングを目指すには自らの生き方や暮らしと社会とを切り結んで考えるシティズンシップを育むことであると述べた[8]。

　2011年からのOECDのウェルビーイング指標の調査[9]や2019年度からの内閣府「満足度・生活の質に関する調査」[10]は、各国の経済社会の構造を人々の満足度（Well-being）の観点から多面的に把握し、政策運営に活かしていくことを目的とするという。ウェルビーイングを基本的人権の一つ、人間の心身の健康を支える社会的福祉の状態として把握するならば、家庭科では、子どもたちが幸せに過ごすために生活を社会や政治のつながりで考える家庭科シティズンシップ教育の視角[11]が不可欠である。

(2)子どもの幸福追求権を支えるために

　日本の子どもは幸福なのだろうか。国内外の調査結果から浮かびあがったのは、幸福ではない子どもたちの存在である。一つは、ユニセフ・イノチェンティ研究所の先進国38国子どもの幸福度調査[12]である。日本の子どもは身体的健

康が1位、学力・社会的スキルが27位（学力は高いが社会的スキルが低い）、精神的幸福は37位（子どもの高い自殺率が影響）である。本結果を阿部彩は、「社会政策分野で子どもが幸福となる土台を作ってきていない」と指摘した[13]。二つは、文科省の不登校の状態の小中学生調査である。2022年の不登校の小中学生は、およそ29万9000人、10年連続で増加して過去最多となった。いじめの認知件数や暴力行為も過去最多である[14]。二つの調査から浮かびあがったのは、子どもが幸福となる土台を社会政策とすること、子どもたちが安心して学び、遊び合える関係をつくることである。家庭科を通して、自分たちが出会っている生活の困難は自分のせいではなく、他者や社会に働きかけ、変えていけるという学びをつくりたい。幸福追求権を支え、子どもが自分の思いを語りあえる授業空間や学校をつくりたい。

2　公教育における家庭科教育

(1)家庭科教育とエコロジカル・アプローチ

「公教育」における家庭科教育は、すべての子どもの基本的人権、幸福追求権に応える教育でありたい。家政学は「家庭生活を中心にした人間生活における人と環境との相互作用について、人的・物的両面から、自然、社会、人文の諸科学を基盤として研究し生活の向上と共に人類の福祉に貢献する実践的総合科学である」と定義される[15]。この定義をふまえるならば、家庭科は生活の向上と人類の福祉に貢献する可能性がある。しかし、家政学がいつの時代も生活の向上と人類の福祉に貢献したわけではない。藤原辰史は、1933年から1944年のドイツ家政学から「家政学には、本来、台所空間を人間的に解放する面と、国家や企業に従属させる面が並存しており、まさしく諸刃の剣であった」、「テイラー主義的な管理、企業による消費者としての管理、科学による誘導、国家の健康政策などさまざまな権力の網の目が、台所に及んでおり、そこで主体的に取り組んでいると思っていることがいつのまにか権力のなかに吸収されていくナチスの構造」を指摘した[16]。「台所」を家庭科と置き換えてみるならば、家庭科もまた、効率的で企業に都合のよい消費者、科学的という装いの誘導、主体的に取り組ませていると思い込んで権力のなかに吸収されていく構造に陥

りかねないことに留意したい。筆者は、科学史哲学研究者ステンガーズ（Stengers）のスローサイエンス論（2013＝2018）に着目した。スローサイエンスとは、細分化された高速科学モデルを離れ、哲学の生成、有能な同僚たちによる議論、価値を追求する諸科学が互いの違いを許容して速度を緩め、民主主義を要求する科学、可能性である。ステンガーズは化学者としての教育を受け、ノーベル受賞者のイリヤとの共著もある研究者である。スローサイエンスは、国家と科学の不安定な結びつきに公共知識を差し挟む科学である[17]。ステンガーズによれば、遺伝子組み換えに象徴されるような現在の科学は、時間、競争、スピードを獲得するという必須条件によって定義され、評価システムによって強化され、知的経済（約束による投機経済）に奉仕しているという。知的経済によって普及している進歩モデルは、容赦なく、実施され、利用され、搾取し、関与しあっている。ステンガーズは、すべてのものが相互関連性をもつ哲学的、科学的アプローチをエコロジカル・アプローチと述べ、ポリティカル・エコロジー（political ecology）が重視されなければならないという。それは、誰が何を語り、何の代弁者となっているのか、関連させて搾取の関係を見逃さないこと、問題を抱え続けることだという。2020年代、誰もが利益も損害も得る自由な経済競争が加速し、結果は自己責任とされ、社会的支え合いが後退していく。家庭科では、出来事をエコロジカル（生態学的）に見つめ、子どもの幸福追求権や意見表明権を支えていきたい。

（2）村田の「仮説的教科論」図からウェルビーイングを考える

OECD のウェルビーイング指標では「よりよい生活」が語られている[18]。

大家研発足時に「よりよい生活」を科学として構想しようとした村田の仮説的教科論と提案図に着目しよう。田結庄順子[19]は村田が大家研第 1 回例会（1971.11.23）に提示した図3-1を紹介している。

村田は、上部に「人と自然」の関係、下部に「生活と生命の再生産過程」を描いた。半世紀前の村田の図をウェルビーイングの主体を育む家庭科教科論として再読するならば、2 つの示唆が得られる。一つは、家庭科が対象とする科学（生活と生命の再生産）を暮らしと経済関係だけでなく、地球規模の自然と人間の関係を視野に入れて描いたことである。気候変動は、いまや気候危機と

村田泰彦 1971.11.23 大家研第 1 回例会 提案レジュメの原図

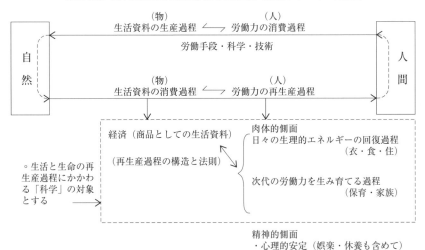

図3-1　村田の提案図

出典：福原保管の原図を基に田結庄が作図した。田結庄（2022）年報・家庭科教育研究、
　　　第39集、p. 65

いわれ、世界の人々の命や人生に負の影響を与え続けている。国連でも、よう
やく、2022年に「人間活動が主に温室効果ガスの排出を通して地球温暖化を引
き起こしてきたことには疑う余地がなく」（IPCC AR 6 2022）[20]と言明したこ
とや、2020年代に「人新世」（Anthropocene）が、46億年に及ぶ地球史で、世
界人口の激増に伴う人類活動が地球に大きな影響を与えると議論されている[21]。
半世紀前に、村田によって、人間と自然との関係を問う教科論の枠組みが提案
されていたことに驚く。2022年、藤原は、エレン・リチャーズの「家政学は、
人間生態学」を引いて、家庭科は人間と自然がどのように相互依存するかを学
べる壮大な学問分野であると指摘している[22]。

　もう一つは、「衣・食・住」を「日々の生理的エネルギーの回復過程」、「保
育・家族」を「次代の労働力を生み育てる過程」として、生活と生命の再生産
過程を構造的に把握した点である。周知のように「労働力の再生産過程」とは、
労働者は労働力の再生産のための賃金を得るが、資本家は、労働力の剰余価値
（賃金以上の利益）を得る、ここに「搾取」のしくみがあるとマルクスが解明

した概念である。1956年の「家庭一般」の学習指導要領にも登場した「労働力の再生産論」は、1950年代から60年にかけて出現し、展開し、衰退していく[23]。村田が保育・家族を「次代の労働力を生み育てる過程」としたことを、2022年に牧野カツコは、「労働市場で労働力を売ることのできる人間を目標としているように見える」と批判している[24]。確かに、中屋らが歴史的にたどった当時の家庭科授業の一つからも「労働こそが尊い」と価値づける生産力至上主義が透けて見える[25]。マルクスの生産力至上主義は20世紀後半、環境運動によって批判され衰退していった[26]。

　だが、1970年代、「労働力再生産」に着目して、別の展開をした実践もあった。たとえば、1971年、柳昌子は、生活時間に占める余暇時間に焦点を当て家庭の役割を考えさせた。柳は「労働力再生産が公的にも私的にも影をひそめているが、『生活』はそれ自体目的であって、商品としての労働力を再生産するのではない」と主張した[27]。注目したいことは、柳が「労働力再生産」からよりよい生活とは何かと「問いかける授業」を構想したことである。労働が大事という価値を教え込んでいない。2004年、青木香保里は「労働力の再生産」を中心概念として生活を構造的に捉えた城戸幡太郎編の教科書分析をしている[28]。

　では、いま、「よりよい生活」について「労働力再生産」概念を導入すると、どんな問いが生まれるのか。「労働力の再生産が持続的にできるための生活時間とは」という問いが浮かぶ。働く時間と家庭生活の時間配分、ジェンダー不平等な職場と家庭の役割分担、自分や家族のケア時間の確保、健康で文化的な生活をするための賃金と休憩と働く時間のあり方が問い合える。日本は、2023年G7で最も長い労働時間がケア時間（家族のケア、自分のケア時間、余暇時間）を圧迫し、6歳未満の子どもをもつ親の「時間貧困」が指摘されている[29]。生徒たちが働く場の企業ファーストの過酷な労働の場[30]も問い合える。たとえば、ウェルビーイング・ビジネスを標榜するコーヒーメーカーでは、労働者をパートナーと呼び、お客さまの幸せを労働者の幸せと重ねていく。企業の利益と労働者の幸せを一体化する人材戦略である[31]。前田隆司は、幸福度の高い社員は、そうでない社員よりも欠勤率が41％低く、離職率が59％低く、業務上の事故が70％少ないという[32]。加藤守和は、米グーグルでは、社員が良いところを探す褒め合う文化を仕掛けていくという[33]。労働者が幸せのために自分の意

思で働くのだから何の問題もないとするならば、労働者と企業の間に構造化された搾取やジェンダー不平等な扱いは見えないこととなる。

(3)命と人生をケアする家庭科シティズンシップ教育

　ウェルビーイングの主体を育む命と人生をケアする家庭科シティズンシップ教育を考えてみよう。「命」だけでなく「人生」とするのは、人間が生きる時間への視座が不可欠だと考えるからだ。家族や家庭（親密圏）には年代も性も異なる人が暮らし、ケアし合っている。人生100年時代といわれるいま、ヤングケアラーだけでなく、家族を介護するビジネスケアラーも少なくない。孤立・孤独はすべての世代に及び、夫婦ともに高齢で孤立している場合もある。自分や他者をケアするためには、ライフステージごとに、地域や社会の相談機関や社会制度（公共圏）とつながり、幸福となる土台（ケアする時間や賃金や社会政策）が必要である。家事や介護も不慣れで誰にも相談できず、妻を殺してしまったという事件も起きている[34]。他方、世界各地で起こっている戦争では、生活と生命が壊されるだけでなく、子どもがトラウマを抱えて人生を送ることが懸念されている。2022年の日本の年間自殺者数は21,881人であり、女性の自殺者数が7135人と３年連続増加し、小中高生の自殺者数は過去最多の514人となった。国内外の生活と生命の再生産過程で、児童虐待やDVの増加など子どもや女性の「剝き出しの生」が顕わになっている。剝き出しの生とは「裸のまま法的保護の外に投げ出された生のありよう」である[35]。そもそも、人間の身体は脆弱で、薄い皮膚の袋に内臓や筋肉や血液が入っている。皮膚が傷つけられれば血が吹き出る。人間の肉体も精神もエコロジカル（生態学的）なのだ。家庭科では、命をケアする活動としての、食べる、着る、住まうなどを扱い、それらは主に買うこと（消費（人間と自然の関係を想起したい））で支えられる。また、労働力の再生産過程では親密圏（家族や家庭）の子どもや高齢者をケアし、共に食べ、着て、共に住まい、「買う」経済活動が行われる。岡野八代は「ケアとは、他者のケアを必要とする傷つきやすい人がまず中心となる限り、複数の者たちがそれぞれの持ち場・立場で、それぞれが配慮する責任を担い、連携しながら、集合体を構築していくプロセスなのだ」という[36]。すべての人間のケアの活動が社会や政治、経済とのつながりで支えられている。

家庭科がエッセンシャルな、つまり、誰もが必要な教育内容を持つという理由は、「親密圏は生命のケアの場であると同時に抵抗の場」となる可能性があるからだ[37]。家庭科では当事者（生活者・市民）の視点で、自分や家族などの命と環境への関心や配慮（caring）が取りあげられる。望月はシティズンシップを「ケアが必要な者が放置されない仕組みを探究する新しい社会性」と定義した[38]。少子高齢化が進み、5人に1人が未婚のまま「ひとり死」する[39]時代、各ライフステージではどんな助けが必要なのだろうか。「剥き出しの生」に象徴される親密圏の危機に抗して、家庭科の目的を「自分の人生を他者とともによく生きること」と捉え、命と人生をケアするために親密圏と公共圏の再編と捉えるシティズンシップ教育として展開したい[40]。親密圏と公共圏の再編とは、社会科のように主に公共圏を対象とするのではなく、家庭科は、自分や身近な人たちの生活と生活文化を守るために地域や社会や政治とのつながりを探究するという位置づけである[41]。

3　ウェルビーイングを育む主体とエコロジカル・アプローチ

(1) エコロジカル・アプローチ

エコロジカル・アプローチを援用してウェルビーイングを育む「主体」を考えてみたい。筆者は長年の教師経験から一度として同じ家庭科の授業はないことを実感している。授業の前が体育の水泳だったときは、カリキュラムを変えて、生徒がゆったりできる授業を組む。生徒と教師のやり取りはエコロジカル（生態学的）なもので、様々な要件が重なって起こる出来事が授業だからだ。だから、いつ、どんな状況でも生徒が主体性を発揮できるわけではない。目の前で起こっている出来事に思わず身を乗り出し、主体性や協働性や当事者性が発揮されるのだ。家庭科の授業には、生徒の主体性や協働性や当事者性を育む契機が散りばめられている。S通信制高校では、餃子を皮からつくる実習をする。生徒は、素手で粉を触ることを嫌がり「ビニール手袋ないん？」と要求する。教師が「手袋から生地が離れなくなってイライラして嫌になるよ」と応え、生徒は最後まで素手で生地を作ったという[42]。素手で生地を練る、焼き加減をみながら焼く経験は、ケアするときの相手を良く見て働きかける経験につなが

る。家庭科では、布をさわる、木をさわる、食材をさわるなど、手をつかって
生活をつくり出す経験ができ、その経験を語り合う対話ができる。しかも、さ
わった経験や食べた経験から語り合うことは、正解がないうえに自身の五感を
使う。「思わず声や手を出した」などの主体性や協働性が現れやすい。命と人
生をケアする家庭科シティズンシップ教育では、様々な活動を取り入れ生徒が
思考する隙間や空間（space）を作り出したい。「教えることは、生徒が自らの
自由と出会う場」「誰も私の代わりに行うことができない」場をつくり出すこ
となのだ[43]。

(2) 資格化、社会化、主体化──生徒を客体としないために

　教育哲学者ビースタは、教育の役割を資格化（qualification）、社会化（so-
cialization）、主体化（subjectification）と定義する。ビースタによれば、生徒
が何かを教えられたから主体的になるのではない、その生徒が置かれた状況や
関係によって、誰かから、かけがえのない自分に呼びかけられたと感じて応答
することによって生徒が立ち現れ、為すことに服する（subjected）のだと示
唆する。それは教師にとり絶え間ない挑戦となる[44]。

　教師が見せたいと考える世界を教材や授業枠組みによって提示し、それまで
声に出せなかった生徒の声を聴くこと、生徒同士の対話を促し、聴き合うこと
である。それは、教師の強いリーダーシップで生徒を客体（教師の思う通り）
にしないことである。家庭科の授業では、生徒が安心して自分や家族のことに
考えをめぐらせ、思わず入りこんでしまうような場面が教材や対話を通じてつ
くり出せる。それは、教師の弱いリーダーシップ（権力性を制御すること）に
よって立ち上がる知識、ゆったりと流れる授業、公共空間である[45]。生徒を客
体として、ウェルビーイングの向上を掲げ、その目標に向かって応える生徒を
つくり出すことではない。それでは、目標を忖度して素早く反応する生徒だけ
を輩出してしまう。誰もの発言が受け止められ思考をめぐらせる空間、教材と
の出会いから生徒たち同士が学び合うスローな公共空間をつくることである。
公共空間とは、教室という公空間に生徒たちの私的な思いや生活が出てくる空
間、場である。そのために教師自身が教材を媒介に、生徒に見せたいと考える
世界を提示して問いかけることから始めたい。

(3)想像力を取り戻す——見えないものを見るために

　生徒が自分の生活と社会や世界の関係を実感するには、それまで見えていなかったものが見えてくることが要となる。複雑で絡まった関係から、よりよい世界や生活をつくり出すために想像力を取り戻すことである。「取り戻す」とするのは、私たちが生まれたとき、世界への期待と想像力が豊かであったことを思い起こしたいゆえんである。

　まずは、相互作用が起きる教室環境と、目の前で起こっている出来事を見取る教師の想像力を育むことである。そして、教師の世界観や人生観、教材や授業枠組みを絶えず再考しながら、生徒に応答していきたい。いつもは授業にまじめに取り組む生徒が寝たふりをしているときは、授業のテーマがその生徒にとって辛いテーマであるかもしれない。家庭科では、糸の縫い目から縫った人の思いを、みそ汁から食材の来歴と先人の知恵を、住まいのあり方から人間を守る空間を、多様な家族のあり方から自分と他者の異なりを想像する力を育む。誰もが幸せになるために、どのような社会や政治が求められるか、その人にとって何が幸せなことなのか、対話を通じて考えられる。授業で生徒の前に立つときには生徒の声を全身で聴くという立ち方をしたい。生物学者の福岡伸一、美学者の伊藤亜紗、歴史学者の藤原辰史の鼎談では、いまこそ、自然に耳を研ぎ澄ますときだとして、システムの外に出て見直すことを主張する[46]。家庭科は学校教育において周辺に置かれていると言われるが、周辺からだからこそ、既存の学校システムを見直し、学校を変える可能性がある。学校の既存のカリキュラムを疑い、誰もが幸せになるという理想に近づけるためにカリキュラムを変容させて（ズレやスキマをつくる）よりよい方向に変えていく。村田の仮説的教科論やステンガーズのスローサイエンスをふまえ、家庭科では、スローフード、スローファッションなど、命と人生をケアする家庭科シティズンシップ教育が具体的な問いを通じて学び合える。気候危機、人々の孤立・孤独が深まっているからこそ、共に食べること、共に生きること、語り合うことを通じて学校をつぎの世代とつぎの社会を準備する場にしたい。家庭科の授業から誰もが幸せになる学校と社会を作っていきたい。

（望月　一枝）

引用・参考文献

1）望月一枝（2023）「グローバル・ネットワーク社会における家庭科――誰もが幸せになるために」『求められる家庭科の変革 いのちと生活の尊重をめざして』ドメス出版、pp. 27-37

2）村田泰彦（1968）「家庭科教育の状況判断――家庭科教育論再検討の試み――」、日本家庭科教育学会大会の研究発表、pp. 1-4

3）世界保健機関憲章日本保健機構仮訳 https://japan-who.or.jp/about/who-what/charter/（2023年7月23日取得）

4）世界保健機関憲章（昭和26年6月26日条約第1号）（1951）https://www.mhlw.go.jp/web/t_doc?dataId=97100000&dataType=0&pageNo=1（2023年7月23日取得）

5）エリザベス・J. ヒッチ、ジューン・ピアス・ユアット（2005）『現代家庭科教育法 個人・家族・地域社会のウェルビーイング向上を目指して』中間美砂子監訳、大修館書店

6）Elizabeth J. Hitch & June Pierce Youatt（2002）*Communicating Family and Consumer Sciences A Guidebook for Professionals.* USA

7）前掲5）、p. Ⅳ

8）鈴木敏子（2007）「安全・安心とウェルビーイングの学びを問い直す」日本家庭科教育学会編『生活をつくる家庭科』第2巻、ドメス出版、pp. 10-25

9）OESD「よりよい暮らし指標」よくある質問（日本語仮訳）https://www.oecd.org/tokyo/statistics/202003_bli2020_FAQ_J.pdf（最終閲覧2023年7月4日）

10）内閣府 満足度・生活の質に関する調査 https://www5.cao.go.jp/keizai2/wellbeing/manzoku/index.html（最終閲覧2023年7月3日）

11）望月一枝（2015）「家庭科で育てるシティズンシップ――その現代的意義と実践枠組み――」『市民社会をひらく家庭科』ドメス出版、pp. 28-48

12）ユニセフ・イノチェンティ研究所（2020）レポートカード16 Worlds of Influence: Understanding what shapes child well-being in rich countries https://www.unicef.or.jp/news/2020/0196.html（最終閲覧2023年7月3日）

13）阿部彩（2020）ユニセフレポート16子どもの幸福度調査へのコメント https://www.unicef.or.jp/report/20200902.html#abeaya（最終閲覧2023年7月23日）

14）文部科学省（2023）令和4年度児童生徒の問題行動・不登校等生徒指導上の諸課題に関する調査結果及びこれを踏まえた緊急対策等について（通知）https://www.mext.go.jp/a_menu/shotou/seitoshidou/1422178_00004.htm

（最終閲覧2023年7月3日）

15）日本家政学会編（1984）『家政学将来構想1984家政学将来構想特別委員会報告書』光生館、p. 32

16）藤原辰史（2016）『決定版　ナチスのキッチン　食べることの環境史』株式会社共和国、p. 229、p. 444

17）Stengers Isabell（2013＝2018）*Another Science is Possible A manifesto for Slow Science.* polity press, UK. 科学哲学者イザベル・スタンジェールの本書は2013年フランス語で公刊され、筆者訳は2018年の英訳を用いた。スタンジェール（1997＝1999）『科学と権力──先端科学技術をまえにした民主主義』吉谷啓次訳、松籟社も参照した。

18）前掲9）

19）田結庄順子（2022）「家庭科研究における生活の科学的認識のあり方と生活課題にせまる教育への探求」『年報・家庭科教育研究』第39集、pp. 63-79

20）IPCC AR6（2022）*Intergovernmental Panel Climate Change.* https://report.ipcc.ch/ar6/wg2/IPCC_AR6_WGII_FullReport.pdf （最終閲覧2023年8月3日）

21）斎藤幸平（2020）『人新世の「資本論」』集英社新書、p. 4

22）藤原辰史（2022）「討議　ケアの家政学」『現代思想』pp. 44-57

23）中屋紀子、田結庄順子、柳昌子、牧野カツコ、吉原崇恵（2019）「1950−60年代における家庭科の教科論──『労働力再生産論』の出現・展開・衰退の過程を追って──」『年報・家庭科教育研究』第38集、pp. 1-22

24）牧野カツコ（2022）「家庭科教育と家族の授業──家庭科の中心に『ケアの絆を』」『年報・家庭科教育研究』第39集、p. 50

25）前掲23）、p. 8

26）前掲21）、pp. 154-155

27）柳昌子（1971）「余暇と家庭科教育──労働力再生産の立場から──」『日本家庭科教育学会誌』第12号、pp. 16-21

28）青木香保里（2004）「城戸幡太郎編『わたしたちの生活設計』の教科書分析──「労働力の再生産」の視点から総合する家庭科の展開」『教授学の探究』北海道大学、21、pp. 109-151

29）日本経済新聞2022年8月21日付によれば、子どものケアや余暇時間がG7で日本が最少であり子育て世代が「時間貧困」に陥っているという。

30）竹信三恵子（2019）『企業ファースト化する日本』岩波新書

31）スターバックス人材戦略 https://media.bizreach.biz/22673/（最終閲覧2023年8月3日）

32）前野隆司、前野マドカ（2022）『ウェルビーイング　Well-being』日本経済

新聞出版、p. 124

33）加藤守和（2022）『ウェルビーイング・マネジメント』日本経済新聞出版、
　　p. 182

34）「74歳元教授、孤立の果て」認知症の妻絞殺事件、日本経済新聞、2023年11
　　月12日付

35）ジョルジュ・アガンベン（2003）『ホモサケル　主権権力と剥き出しの生』
　　高桑和巳訳、以文社、p. 268

36）岡野八代（2021）「訳者解説」『ケア宣言　相互依存の政治へ』ケア・コレク
　　ティブ、岡野八代、冨田薫、武田宏子訳、大月書店、p. 203

37）渋谷望（2003）「排除空間の生政治——親密圏の危機の政治化のために」『親
　　密圏のポリティクス』斎藤純一編、ナカニシヤ出版、p. 116

38）望月一枝（2012）『シティズンシップ教育と教師のポジショナリティ　家庭
　　科・生活指導実践に着目して』勁草書房、p. 21

39）「ひとり死」5人の1人、日本経済新聞、2023年12月25日付

40）望月一枝（2022）「命と人生をケアする家庭科シティズンシップ教育——自
　　分の人生を他者とともによく生きるために」『年報　家庭科教育研究』大学
　　家庭科教育研究会編集委員会編、39、pp. 1-17

41）望月一枝（2020）「SDGs 時代における『自分と社会を変える』家庭科教育
　　の可能性と意義——『生活』を親密圏と公共圏の再編と捉えることを通して」
　　『日本家政学会誌』Vol. 71、No. 6、pp. 424-431

42）村上菜都美、竹澤成那「子どもたちから学ぶ——生きることと学び」『高校
　　生活指導』217号、pp. 74-81

43）ビースタ・ガード（2018）『教えることの再発見』上野正道監訳、東京大学
　　出版会、p. 150

44）ビースタ・ガード（2021）『教育にこだわるということ　学校と社会をつな
　　ぎ直す』上野正道訳、東京大学出版会

45）前掲38）、pp. 150-157

46）福岡伸一、伊藤亜紗、藤原辰史（2021）『ポストコロナの生命哲学　「いの
　　ち」が発する自然の歌を聴け』集英社新書

第II部 ウェルビーイングを暮らしから展望する

第4章　ジェンダー平等と家庭科教育

はじめに

　本章では、ジェンダー平等の視点から、学校教育現場における家庭科について検討する。一人ひとりのウェルビーイングの実現には、今ある社会システムを変革し、目先の利益や利便性だけでなく、誰もが尊重され健康で幸福な暮らしができる持続可能な社会を構築していくことが求められる。家庭科の教育実践にジェンダー平等の視点を積極的に取り入れることにより、今日の社会システムを成立させているジェンダー秩序を看破する眼を養い、誰にとっても生きやすい持続可能な社会の創り手を育んでいくことができるであろう。

1　ジェンダー平等の達成における教育の役割

(1)ジェンダーとは

　ジェンダー（gender）とは、「『男らしさ』『女らしさ』といった当該社会の社会成員が身に付けている性別に基づく行動・態度・心理的態度などの性差」[1]である。

　そもそもジェンダーは、生物学的性差であるセックス（sex）に対し、「社会的・文化的に構築された性別」を意味する概念として、60年代後半以後拡大した第2波フェミニズム運動と結びついて広まった[2]。ジェンダーという視座は、「自然」であり、したがって変えることができないとされた性差を相対化する役割を果たした[3]。

　従来のフェミニズムでは、人が生まれながらにもつ自然のセックスの上にジェンダーという社会的文化的な構築物が作られたと捉えられてきた[4]。しかし、セックスもジェンダーと同様、社会的文化的な認知から独立したものではない以上、「社会的に構築されたもの」[5]であり、ジェンダーがセックスに先行するという見方も提示されている。

　生物学的性差研究の知見によれば、生物学的カテゴリーとしてのセックスは、性染色体、性腺ホルモン、内性器、外性器、脳、第二次性徴、性行動の重層により生ずる複合的な現象である[6]。性染色体も XX（女性）、XY（男性）だけでなく、他の組み合わせもあるなど、生物学的なセックスは二元的、固定的なものではない。また、セクシュアリティ研究の知見からは、性現象としてのセクシュアリティも多様であり、同性愛、トランスジェンダー、インターセックスなど、セックスとジェンダーが一致しない場合があることもわかっている。しかし、社会的文化的カテゴリーとしてのジェンダーは厳格な性別二元制のもとにあり[7]、私たちの社会システムはその規範をもとに構築されているため[8]、現実の現象に対し抑圧的に作用する。

　近年、自然科学分野では、ジェンダーとともにセックスにも敏感な視座から科学技術の発展を進めようとするジェンダード・イノベーション（性差研究に基づくイノベーション）の取り組みが行われている。また、民族や年齢、社会経済的地位、性的指向など広範な差別形態が交差するインターセクショナリティの視点を含むことにより、性別二元論に基づく差別や偏見を超え、新たな社会像を構築していこうとする動きも始まっている[9]。

(2) 社会的課題としてのジェンダー平等

　ジェンダーは性別間の支配・服従関係を内包し、多様な領域におけるさまざまな格差や差別などの不公正につながっていることから、ジェンダー平等の達成は早急に解決すべき社会的課題のひとつである。その社会や文化のジェンダーは、社会化の過程において学習され内面化されるため、ジェンダー平等の達成には教育がきわめて重要な役割を果たす。

　SDGs（持続可能な開発目標）において、ジェンダー平等はゴール5に位置づいており、具体的には、責任（ゴール5-3）、機会（ゴール5-5）、権利（ゴール5-6）のそれぞれの平等について言及されている。しかし、"the 2030 Agenda"の全体を見渡せば、ジェンダー平等は単に17ある SDGs の1つにとどまらず、さらに2つの重要な位置を占めていることに気付く。1つは SDGs 全体の目標として、もう1つはすべての他のゴールを達成するための手段として、である。このようにジェンダー平等がそのほかのさまざまな社会問題と密接に

関わっていること、したがってジェンダー問題の解決のためには問題を広く構造的にとらえる必要があることは特に強調されてよい。

(3) ジェンダー問題へのアプローチ

　ジェンダー問題を構造的にとらえ問題の根本的な解決のために取り組むべき課題を明らかにしたり、自分ごととしてとらえたりできるために、ノーベル経済学者アマルティア・セン（1999 = 1992）のケイパビリティ・アプローチ[10]や、平和学の父と目されるヨハン・ガルトゥング（1991 = 1969）の構造的暴力[11]の概念は有用である。

　ケイパビリティ・アプローチの下では、人間は選択可能な諸活動の中から選択を行い、その組み合わせによってさまざまな生を体現する存在ととらえられる。ケイパビリティとはそうした諸活動の選択可能性の大きさを示すものである。私たちの現実の社会におけるさまざまな機会は誰にも平等に開かれているわけではない。なかでもジェンダーによる格差は顕著である。ケイパビリティ・アプローチは、ジェンダーによる「機会の不平等」がいかなる「達成された結果の不平等」につながっているかを説明することを可能とする。同時に、ケイパビリティの拡大を通じウェルビーイングを向上させるための取り組み課題を提示することもできる。

　従来、国際社会において豊かさを示す指標として長く用いられてきたのは、GNP（国民総生産）や GDP（国内総生産）など、一国単位の平均値によりその国の経済成長を表す指標である。しかし、ヌスバウム（2005 = 2000）が指摘するように、国内に格差が存在する場合、これらの数値ではその国に生活する一人ひとりの生活をとらえることができないばかりか、むしろそうした格差を平均値の中に覆い隠してしまう[12]。ケイパビリティとは、一人ひとりの人間が実際に何ができるのか、どのような状態になれるのかという実現可能な機能集合体である[13]。ケイパビリティの視点からジェンダー問題にアプローチすることにより、平均値の中に埋没した格差や不公正を照射することができる。

　構造的暴力とは、暴力行為の主体が特定できないような社会構造を原因とする暴力の形態を指す。ここでいう暴力とは、人々が潜在的に持っている可能性を実現する上での障害であり、取り除き得るにもかかわらず存続しているもの

のことである。構造的暴力に対置され、暴力行為の主体を特定できる暴力は直接的暴力という。たとえば近年、日本においてシングル・マザーの貧困は社会問題となっている。シングル・マザーをめぐっては他とは平等ではない状況があり、そうした困難が子育て支援のための法制度やネットワーク等により取り除くことができれば、彼女たちは貧困に陥らずに済むかもしれない。したがって、そこには社会構造に組み込まれた構造的暴力が存在する可能性がある。

　構造的暴力は社会構造に組み込まれた不平等な力関係や差別、抑圧、搾取など、目に見えない暴力の存在を明らかにできるだけでなく、無自覚のうちに自分自身もそうした暴力に組み込まれてしまっていることへの気づきを促し、当事者性を喚起することができる。

(4) 家庭科教育の役割

　ところで私たちは日常的にさまざまな選択を行っている。個々人の選択は、実際にはジェンダー規範の制約が反映されており、機会や情報等さまざまな面において不平等な状況に適応した適応的選好形成[14]の結果である。それにもかかわらず、一般的には個々人による合理的な判断の結果であると認識されやすく、その選好の枠組み自体の歪みが問題にされることは少ない。したがって、ジェンダー平等の達成に向けた教育は、人々のニーズにかかわらず、公教育の中に正当に位置づけられることが重要である。

　公教育のなかでも家庭科はジェンダーによる非対称性が顕著な家庭生活における諸活動を中心的な学びの対象としているため、ジェンダー平等に関わる教育実践の場としてはふさわしい。ジェンダー平等に関わるさまざまな事柄を家庭科ではじかに学習の題材とすることができる[15]。家庭科で扱う知識や技能、資質等は、個々人が生活的自立を達成する上で不可欠な要素であり、したがって、後述するが戦後長らくそうであったように家庭科の履修を女子のみに限定することは、男子が自立してよりよく生きるためのケイパビリティの拡大を阻害することに通ずる。反対に、性別にかかわらず家庭科を学ぶことは、すべての人にとっての生活的自立のためのケイパビリティの拡大を後押しすることになる。

　さらに、ジェンダー平等を考える際に権利や機会の平等は注目されやすいが

責任の観点は見落とされやすい。しかし、家庭科では家庭の仕事の遂行をめぐり、権利や機会とともに責任の観点からもジェンダー平等を扱うことができる。家庭科がジェンダー平等教育において果たす役割はきわめて大きいといえよう。

2　家庭科教育の歴史とジェンダー

本節では家庭科の誕生から男女共修までの歴史を振り返っておきたい[16]。家庭科は女子のみが履修した期間が長く、教育分野における顕在的なカリキュラムとしてジェンダー再生産に大きな影響を与えてきた[17]。したがって、家庭科とジェンダーとの関わりを検討するには、その歴史を批判的に振り返っておく必要がある。

(1)家庭科の誕生

家庭科は戦後、新たに誕生した教科であるが、そのルーツは戦前の家事・裁縫教育に遡る。明治期、学制公布後も尋常小学校の女子の就学率が低かったことから、それに対応するため「女子用教科」として裁縫、家事経済が導入されたことに始まる。その後、大正から昭和初期にかけての家事・裁縫教育は家族道徳の普及徹底や女性の特性の涵養に大きな役割を果たし、戦時下の家事科報国、裁縫科報国へとつながった。

戦後の家庭科は、女性の家への閉じ込め、戦時下では超国家主義教育を下支えする力となることを強制したそれまでの家事・裁縫教育と決別し、CIE（民間情報教育局）の強い指導の下、新しい民主的な家庭建設のための教育構想の一端を担う教科として誕生した。その一方で、小学校での男女別の内容を許容し、中学校では男子の家庭科の履修を例外とするなど、初期の家庭科はさまざまな矛盾を抱えていた。しかし、それでも戦後の民主化政策の下、民主的な家庭建設を標榜する新しい教科として家庭科は出発した。学習の中心が「家庭の仕事」と「家族関係」に置かれたことはその象徴であった。

(2)家庭科の転回

家庭科はスタートするとまもなく、存続か廃止かをめぐる議論が持ち上がっ

た。1950年、教育課程審議会は答申のなかで、家庭科は特設してもよいししなくてもよいとする結論を出すとともに、衣食住に関する「身の回りの処理の仕方」や「基本的な家庭技術」の習得を主眼とすることを示した。これを契機に家庭科は技術の習得にその中心が移されていった。

　高度経済成長期に入ると、産業構造の変化や経済界の要請を背景に、家庭科は衣食住等の技能習得への偏重が本格的に進められ、性別役割分業体制を教育面から補強する「女子用教科」へと傾斜していった。その起点は、現在と同様、大臣の告示という法形式により「教育課程の国家基準」として初めて公示された1958年の学習指導要領である。

　小学校では衣食住に関する「初歩的・基礎的」な技能の習得とその実用性が重視された。中学校では従来の「職業・家庭」は「技術・家庭」へと変更され、目標も内容も「男子向き」「女子向き」に分けて示されることとなった。「女子向き」として示された内容のうち、従来の「食物」は「調理」へ、「被服」は「被服製作」へと変更された。これらはいかに技術教育としての衣を纏おうとも、実質的には家庭生活を支えるために必要な技術の習得を目指すものであり、それを「女子向き」と規定し「国家基準」として告示したことは、当時の家庭科がいかにジェンダー再生産に資する教科であったかを示すものである。

　高等学校の家庭科は、この時期、学習指導要領の改訂ごとに「家庭一般」の女子必修化への動きを強化していった。背景にあったのは、高度経済成長期の諸施策にみられる性別役割分業に基づく家族の理念と、家庭科の存続を願う家庭科教育関係者らの動きである。66年の中教審答申で「女子の特性に応じた教育的配慮」が示されるなど、この時期は性別特性論を根拠に女子の家庭科教育の必要性が強調された。この論調と符合したのが、家庭科の存続に危機感を抱いた家庭科教育関係者らの動きである。彼らは1952年から3度にわたり、せめて女子だけでも必修化することを訴えた請願書を国会に提出した。

　1960年、70年告示の学習指導要領では、普通科の女子には「家庭一般」4単位の必履修が明記された。この段階では「特別の事情がある場合」はその限りではないとする特例が認められていたが、78年告示の学習指導要領では削除され、女子は全員「家庭一般」4単位を履修することが決められた。

(3)「ジェンダー再生産の教科」からの脱却に向けて

　教育分野のジェンダー不平等を体現した家庭科が、その方向性を修正せざるを得なくなった契機は２つある。１つは市民運動としての「家庭科の男女共修をすすめる会」を中心とした粘り強い教育運動の展開、もう１つは1975年の「国連女性年」とそれに続く「国連女性の10年」の取り組みに代表される国際的な男女平等を目指す動きである。

　特に後者の動きのなかで1979年採択の「女子に対するあらゆる形態の差別の撤廃に関する条約」（以下、女子差別撤廃条約）の影響は大きかった。日本は1980年に同条約に署名したものの、「国連女性の10年」最終年に批准するためには、国籍法の改訂、雇用における平等法の制定、中学校と高等学校における家庭科の男女共修の実施という３つの条件をクリアしなければならなかった。前の２つは国籍法の改正（1984年）と男女雇用機会均等法の制定（1985年）により達成、家庭科については高等学校家庭科は男女とも「家庭一般」を含む特定の科目からの「選択必修」、中学校の技術・家庭科は高等学校との関連で検討する必要があることを示し、これをもって日本は女子差別撤廃条約を批准した。

　1989年告示の家庭科の学習指導要領においては、中学校の技術・家庭科では男女別履修の規定は廃止され、高等学校では男女とも「家庭一般」「生活技術」「生活一般」から１科目を選択必修することとなった。

　以来、今日まで家庭科はすべての学校種で男女共通必履修の科目であり続けており、顕在的なカリキュラムとしてジェンダー再生産を助長する教科ではなくなった。特に近年では「近代家族」モデルの見直しを迫るだけでなく、個としての生き方を尊重する視点も鮮明である。しかし、今なお家庭科には隠れたカリキュラムとしてジェンダー再生産に与する一面がある。家庭科教員に占める男性割合が極端に少なく、〈家庭生活＝女性の領域〉というメッセージを発し続けていることがそれである。家庭科教員にみるジェンダー・バランスの歪みは、そもそも教員養成段階での志望する教科のジェンダー・バランスの歪みを反映している。こうした課題を乗り越えてはじめて、家庭科は真にジェンダーを再生産する教科からの脱却を図ったといえよう。

3　家庭科におけるジェンダー平等教育

(1)ジェンダー平等教育の視点

　家庭科は生活をよりよくしようと工夫する実践的な態度を育てることをねらいとしている。したがって、家庭科におけるジェンダー平等教育には、ジェンダー視角を養うとともに、現状を変えるために行動できる力を育むことが求められる。ジェンダー視角を養うとは、子どもたちにジェンダー・センシティブな眼を養い、彼らが身の回りのジェンダーとそれが引き起こす不公正に気づけるようになることである。現状を変えるために行動できる力とは、身の回りのジェンダーをめぐる不公正がどのような社会構造の仕組みに組み込まれているのかを理解し、問題解決のために行動を起こすことができることである。

　家庭科におけるジェンダー平等教育の実践をめぐっては、女性差別の問題を扱った学習が多いこと、多くが家族・家庭生活領域で扱われていることなどが指摘されてきた[18]。既述したように、ジェンダー平等に関わる問題は構造的な問題である。授業においては、女性差別に見える問題がさらに大きな社会構造に関わっていること、女性差別は同時に男性差別でもあること、したがってジェンダー問題をめぐっては性別にかかわらず誰もが当事者であることを子どもたちが理解できるような工夫をすることが求められる。ジェンダー問題が家族・家庭生活領域で扱われることが多い点に関しては、こうした傾向は児童生徒がジェンダー問題を身近な問題として受け止めることには貢献しても、根本的な解決には結び付きにくい点が指摘されている[19]。また、そもそも家庭科で扱う栄養や調理実習等は一見、ジェンダーとは無関係に見えるが、生活自立力を獲得するという意味でジェンダー・フリーを実現する基礎体力として重要な意味をもち、ジェンダーの視点からの学習を組み入れていくことの重要性が指摘されている[20]。

　試みにSDGsと家庭科との関連について整理した文献を参照すると、ゴール5（ジェンダー平等）の実現は家族・家庭生活領域に位置付けられている[21]。SDGsと関わりが深い家庭科の題材についても、ゴール5に関わる題材はその多くが家族・家庭生活領域である[22]。しかし、"the 2030 Agenda"が明示して

いるように、ジェンダー平等はさまざまな社会問題と密接に関わっている。生活を総合的に扱う家庭科においては、そうした視点を授業実践に取り込み、家族・家庭生活以外の領域においてもジェンダー平等の視点から授業を展開していくことが求められる。そうした積み重ねにより、子どもたちにジェンダー視覚が養われ、現状を変えるために行動する力が育まれると考えられる。

(2) 家庭科の可能性

　ジェンダー平等の視点を取り込んだ家庭科の授業はどのように構想されるであろうか。表4-1は、荒井（2022）による、家庭科の学習内容と学習視点（見方・考え方）の各交点に学習題材を入れ込んだ資料[23]のうち、SDGsのゴール5に対応するとされる題材のみ白の記号（○□△）を付して示したものである。ゴール5に対応していなかった題材のうち、ゴール5の視点から扱うことができる題材に黒の記号（●■▲）を付して示した。

　家族・家庭生活領域におけるジェンダー平等は、従来、「協力・協働」の視点から「家庭の仕事」について扱うことが多かった。しかし、私的領域の責任の分担は公的領域のそれと密接に関係している。労働市場や社会保障、リスクマネジメント、子どもの貧困問題等も含む経済的自立の側面からジェンダー平等を扱うことが可能であろう。

　衣食住領域においては、生活的自立能力を性別にかかわらず誰もが獲得するという観点からジェンダー平等を扱うことが考えられる。特に長くなった人生、予測不可能な人生をよりよく生きる上では、性別にかかわらず誰もが健康で快適な自分らしい生活を自分で整えられる力が必要である。同時に、他者の健康で快適な生活をサポートできる力、ケアの能力も求められる。こうしたことを学ぶ上でジェンダー平等の視点は欠かせない。

　消費と環境の領域に関わっては、国を超えた社会構造の問題としてジェンダー平等を扱うことができる。低価格競争の中から誕生したファストファッションは、劣悪な労働環境の下で不当に搾取される途上国の若い女性たちにより生み出されている場合が多い。そうした問題を扱う中で、ジェンダー平等の問題を広い視野から考えることができる。また、ファストファッションが大量に生み出される仕組みの中では、私たちもそれらの問題の当事者であることへの気

表4-1　ジェンダー平等の視点から扱うことができる題材

学習内容	学習視点	1 協力・共同	2 健康・快適・安全	3 生活文化の継承・創造	4 持続可能な社会の構築
人の一生と家族・家庭及び福祉	生涯の生活設計	○男らしさ、女らしさ、自分らしさ □△ジェンダー ●将来の夢 ▲生涯発達（アイデンティティ、ライフステージ、ライフコース）	▲リスクマネジメントと生活設計① ▲生涯を見通した「家計管理」①		
	青年期の自立と家族・家庭	□家庭や社会の性別役割分業（家事・職業）●性別役割分業（家事・職業）●家族との協力	△セクシュアル・ライツ（性的人権）と性的自立 △リプロダクティブ・ヘルス/ライツ ●家庭の仕事と生活時間 ■生活の自立 ▲自立（生活的、精神的、経済的）	■昔の家族、今の家族	□△ワーク・ライフ・バランス △男女の平等、女性のエンパワーメント
	子どもの生活と保育	□両性による子育て △両性の子育てとジェンダー			
	高齢者の生活と福祉	△両性による家族ケアと地域包括ケアシステム			
	共生社会と福祉	▲共生社会①③⑩	▲年金と社会保障①③		▲子どもを取り巻く課題（子どもの貧困、少子化、虐待など）①②
衣食住の生活の自立と設計	食生活	○家庭での食事づくりの主体 ▲食事づくりの主体と食の外部化	●健康的な食事（栄養・献立）▲食生活と健康（栄養、食品）		
	住生活				
	衣生活	○洋服の色やデザインとジェンダー □ファッションとジェンダー □△制服とジェンダー ▲エシカルファッション		□個性を生かす着用	▲ファストファッション
消費生活・環境	消費・生活経済	△消費行動とジェンダー ■△エシカル（倫理的）消費⑫ ●■▲フェアトレード⑩⑫			
	環境			▲生活の豊かさと経済社会	

※○小学校、□中学校、△高等学校

※●・■・▲ goal 5として扱える可能性のある題材。題材の後ろに付与された番号は、荒井（2020）の表に示されていたSDGsのゴールとの対応。

注）荒井（2020）をもとに佐藤が作成

づきを促すことも可能となる。これまでの大量生産・大量消費というライフスタイルを転換し、持続可能な新たな生活文化の創造へとつなげる学習も可能であろう。

おわりに

　ジェンダー平等の問題は構造的な問題であるだけに、その根本的な解決のための課題を適切にとらえるためには、家庭科教員にはさまざまな知識が必要となる。また、それらを子どもたちの充分な理解につなげるためには、少なくとも現在の規定のカリキュラム以上の時間が必要となろう。まず教員自身がジェンダー・センシティブな視点を持つこと、家庭と社会とのインターフェースを常に意識する視点を持ち学び続けること、他教科と適切に連携すること等は家庭科における豊かなジェンダー平等教育のための今後の課題である。

（佐藤　裕紀子）

注および引用文献
1）江原由美子（2021）『ジェンダー秩序　新装版』勁草書房、p. 4
2）伊藤公雄（2024）「ジェンダーとは」『ジェンダー事典』丸善出版、pp. 2-5
3）上野千鶴子（2015）『差異の政治学　新版』岩波書店
4）こうした捉え方は「男女共同参画基本計画」にもみられ、ジェンダーは以下のように説明されている。「人間には生まれついての生物学的性別（セックス／sex）がある。一方、社会通念や慣習の中には、社会によって作り上げられた「男性像」「女性像」があり、このような男性、女性の別を「社会的性別」（ジェンダー／gender）という」（第2次男女共同参画基本計画）。
5）バトラー、ジュディス著、竹村和子訳（2018）『ジェンダー・トラブル新装版──フェミニズムとアイデンティティの攪乱』青土社、p. 29（原著1990）
6）上野千鶴子（2006）「ジェンダー概念の意義と効果」『学術の動向』11、pp. 28-34
7）前掲6）
8）前掲1）
9）小川眞里子（2024）「ジェンダード・イノベーション」『ジェンダー事典』丸善出版、pp. 488-489
10）セン、アマルティア著、池本幸生・野上裕生・佐藤仁訳（1999）『不平等の

再検討』岩波書店（原著1992）

11）ガルトゥング、ヨハン著、高柳先男・塩屋保・酒井由美子訳（1991）『構造的暴力と平和』中央大学出版部（原著1969）

12）ヌスバウム、マーサ著、池本幸生・田口さつき・坪井ひろみ訳（2005）『女性と人間開発——潜在能力アプローチ』岩波書店（原著2000）

13）長田華子・金井郁・古沢希代子・市井礼奈・藤原千沙・山本由美子（2023）「フェミニスト経済学への招待——経済社会をジェンダーでとらえる」長田華子・金井郁・古沢希代子編著『フェミニスト経済学』有斐閣、pp.2-24

14）エルスター、ヤン著、玉手慎太郎訳（2018）『酸っぱい葡萄——合理性の転覆について』勁草書房（原著1983）

15）荒井紀子（1999）「男女の平等な関係を築く力と家庭科」渡辺彩子・荒井紀子『主体的に生活をつくる　人間が育つ家庭科』（pp.99-110）学術図書出版社

16）本節の内容は次の文献を参照した。
日本家庭科教育学会編（2000）『家庭科教育50年新たなる軌跡に向けて』建帛社.鈴木敏子・朴木佳緒留（1990）『資料からみる戦後家庭科のあゆみ——これからの家庭科を考えるために——』学術図書出版

17）綿引伴子（2022）「家庭科で家族を学ぶ意味を考える」『家族関係学』22、pp.15-22

18）荒井紀子・吉川智子・大嶋佳子（2002）「高校家庭科におけるジェンダーを視点とした授業の構造化とその実践に関する研究（第1報）——授業の分析と評価——」『日本家庭科教育学会誌』45(2)、pp.119-129

19）艮香織（2010）「家庭科におけるジェンダー／セクシュアリティに関わる教育実践の現状と課題——高校生と家庭科教師を対象とした調査から——」『日本家庭科教育学会誌』53(2)、pp.82-91

20）前掲15）

21）財津庸子（2023）「SDGsと家庭科」中西雪夫・小林久美・貴志倫子編、小中学校家庭科の授業をつくる　5年間を見通すための理論・実践・基礎知識』学術図書出版社、pp.24-27

22）荒井紀子（2022）「探究的で深い学び」をつくる家庭科のカリキュラム・デザイン、荒井紀子・高木幸子・石島恵美子・鈴木真由子・小高さほみ・平田京子『SDGsと家庭科カリキュラム・デザイン——探究的で深い学びを暮らしの場からつくる（増補版）』教育図書株式会社、pp.16-25

23）前掲22）

第5章　保護者の育児における家庭科有用感と幼児の基本的生活習慣の形成

1　育児期の保護者に家庭科の学習経験は役立つのか

　これまでに家庭科は、子どもの現在と将来の生活に役立つ教科と評価されてきた[1]。特に成人後の生活に与える影響について、日本家庭科教育学会特別委員会が2016年に全国の社会人（回答数1266名）を対象に質問紙調査を実施した結果、社会人の約95％が高等学校家庭科の有用性を高く評価した[2]。

　中学・高等学校家庭科は、1977年版学習指導要領期に中学技術・家庭科の男女乗り入れが始まり、1989年告示学習指導要領期に中学・高等学校で男女同一内容を必修で学ぶようになった。中学校男女乗り入れ期の家庭科の学習効果として、社会人となってからの保育の課題意識[3]、将来の計画性と生活充実感[4]が乗り入れ期前の世代よりも有意に高かったこと、高等学校家庭科男女必修期の学習効果として、性別役割分業意識[5]、生活実践（パートナーシップ実施度・生活リテラシー）と生活意識（ジェンダー観・市民性意識）[6]が、女子のみ必修世代よりも有意に高かったこと等が報告された。

　先行研究において、小・中・高等学校までの家庭科の学習効果は、特に成人後の生活のうち、配偶者とのパートナーシップや育児を中心に効果が顕著に示されてきたといえる。しかし、学校教育が卒業後の生活に与える影響は、在学時から卒業後にかけて様々な要因が関連するため実証が難しい。

　例えば、大学教育の効果についてカレッジ・インパクト研究のI-E-O（Input-Environment-Outcome）モデルでは、学習成果（Outcome）は、既得情報（Input）と学習環境（Environment）の影響から検証される[7]。したがって、小・中・高等学校までの家庭科教育の効果は、家庭科教育の効果と他の学習環境要因（大学教育等）や既得情報（子どもの頃の家事・育児頻度、ジェンダー）を統制した上で明らかにする必要がある。

　学校教育が、卒業後の生活に「役立つ」か否かは、教育の意義（Relevance）

研究においても重視されてきた[8]。教育のレリバンスには、「現在」に役立つ即自的レリバンスと「将来」に役立つ市民的レリバンス・職業的レリバンスがあり、「将来」については、主観的次元と客観的次元が存在し、主観的レリバンスは、当事者が受けた教育についてどのような主観的評価を与えているかを調べることにより測定可能とされるが、客観的レリバンスは、教育変数と、そのアウトプットとされる変数との関連性や規定関係を、多変量解析等の分析手法を用いて検討する必要がある[9]。本田[10]によれば、日本の学校教育の主観的レリバンスは、諸外国と比較した場合に「友情をはぐくむ」等の市民的レリバンスが高く、職業的レリバンスが低い点に特徴と課題があったという。

　家庭科教育は、学習者の主観レリバンスにおいて、現在・将来の生活に「役立つ」と評価されてきた。特に成人後、配偶者とのパートナーシップや育児等の市民的レリバンスにおいて主観的評価が高いことから、ウェルビーイング実現の主体を育む点において、教育レリバンスがあると考えられる。しかし、育児期に焦点化し、家庭科教育の効果を検討した大規模調査研究や成人期における「役立ち」を客観的アウトプットから実証した研究の少なさに課題がある。

　2020年代に入り、幼児を育てる保護者は、1989年告示学習指導要領期に小・中・高等学校で、家庭科を男女同一内容・必修として学んだ世代が中心となった。また、高等学校では、1989年告示『高等学校学習指導要領』以降、保育領域の学習が必修となった。つまり、保護者の養育行動をアウトプットとし、学習指導要領期別に異なる行動がみられた場合に、高等学校で保育領域の学習を男女必修で学んだ成果として、養育行動に差が生じたという可能性がある。

　近年、乳幼児期の子育て環境は大きく変化し、低年齢児からの保育所等の利用が、多数派となった。2020年4月の1・2歳児の保育所等利用率は、50.4%であった（3歳以上児の保育所等利用率55.4%）[11]。そこで、本章は、首都圏で保育所を利用する保護者を対象に、育児における家庭科教育の意義を保護者の家庭科有用感（主観的レリバンス）と幼児の基本的生活習慣の形成をアウトプットとした客観的レリバンスの二点から明らかにすることを目的とする[12]。

2 育児における小・中・高等学校家庭科の主観的レリバンス

まず、首都圏で保育所を利用する保護者の「育児における家庭科有用感」の評価（主観的レリバンス）の現状について確認しよう。

使用するデータは、2019年11月に実施された東京圏A市の公立・私立保育所（市内保育所の25％、計54園）の年少〜年長児の保護者3345名を対象とした質問紙調査である（無記名自記式、有効回収数1830票、有効回収率54.7％）。本章では、母親票と父親票のみを分析対象とする。上記調査は、JSPS科研費（JP20K02399）の助成を受け実施された。

「あなたが小・中・高等学校の家庭科で学んだ内容は、お子様の育児に役立っていますか」との問いに対し、保護者が「役立っている」〜「役立っていない」の4件法で回答した結果を父母別中学・高等学校の家庭科履修期別にまとめ、表5-1に示した。

中学・高等学校家庭科の履修期は、調査時点の回答者の年齢をもとに、41〜50歳を「中学技術・家庭科相互乗り入れ世代」、31〜40歳を「中・高家庭科男

表5-1　中学・高等学校家庭科履修期別保護者の「育児における家庭科有用感」

			役立っている	少し役立っている	あまり役立っていない	役立っていない	χ^2検定
全体	中・高家庭科保育必修世代：30歳以下	N＝156	12.8%	42.9%	26.3%	17.9%	
	中・高家庭科男女必修世代：31〜40歳	N＝1187	14.2%	40.4%	32.0%	13.4%	n.s.
	中学技術・家庭科相互乗り入れ世代：41〜50歳	N＝421	15.2%	37.8%	30.9%	16.2%	
	全体　計	N＝1764	14.3%	40.0%	31.2%	14.5%	
母親	中・高家庭科保育必修世代：30歳以下	N＝151	12.6%	43.0%	27.2%	17.2%	
	中・高家庭科男女必修世代：31〜40歳	N＝1127	14.4%	40.3%	31.9%	13.5%	n.s.
	中学技術・家庭科相互乗り入れ世代：41〜50歳	N＝391	15.3%	37.6%	31.5%	15.6%	
	母親　計	N＝1669	14.4%	39.9%	31.3%	14.3%	
父親	中・高家庭科保育必修世代：30歳以下	N＝5	20.0%	40.0%	0.0%	40.0%	
	中・高家庭科男女必修世代：31〜40歳	N＝60	10.0%	43.3%	35.0%	11.7%	n.s.
	中学技術・家庭科相互乗り入れ世代：41〜50歳	N＝30	13.3%	40.0%	23.3%	23.3%	
	父親　計	N＝95	11.6%	42.1%	29.5%	16.8%	

※育児における家庭科有用感の分布は、χ^2検定の結果、どの家庭科履修期においても父親と母親の分布に有意差は認められなかった。

女必修世代」、30歳以下を「中・高家庭科保育必修世代」とした[13]。

　小・中・高等学校の家庭科で学んだ内容が育児に「役立っている」保護者は14.3％、「少し役立っている」保護者は40.0％であり、全体の54.3％が「育児における家庭科有用感」を持っていた。χ^2検定の結果、保護者の「育児における家庭科有用感」は、父母別と中学・高等学校家庭科の履修期別の双方において有意差が認められなかった。したがって、東京圏で保育所を利用する保護者の過半数に育児における家庭科教育の主観的レリバンスが評価された。

3　幼児の基本的生活習慣の形成をアウトプットとした場合の家庭科教育の客観的レリバンス

　次に、中学・高等学校家庭科保育領域の主要な学習内容の一つである幼児の基本的生活習慣を学習成果（Outcome）とし、幼児の基本的生活習慣得点[14]を従属変数とした家庭科教育の客観的レリバンスを重回帰分析により検討する。

　幼児の基本的生活習慣は、「特に乳幼児期においては子どもの生活基盤の大部分が家庭であることから、家庭の教育力は極めて重要」であり、幼児期に「基本的信頼感が形成されていると、子どもが自発的に親をモデルとし、食事や排泄、衣服の着脱、清潔といった親の求める基本的生活習慣が多少の紆余曲折はあっても身につくようになる」と考えられてきた[15]。特に、排泄と食事の自立は、幼児期前期（2〜3歳）の家庭教育の主要な課題とされた[16]。しかし、近年では、低年齢児からの保育所等の利用が増え、基本的生活習慣の形成における集団保育[17]の影響も指摘される。また、子どもの年齢[18]、性別[19]といった子ども自身の要因の影響もあり、幼児期の家庭教育の方針・実態は、保護者の教育歴（学歴等）や世帯所得、就業形態による異なると指摘される[20]。したがって、幼児の基本的生活習慣は、主に子ども自身の要因（年齢、性別、家庭環境、集団保育の利用）と保護者の要因（教育歴、生活歴、就業状況等）、親子の共同行動の3点から影響を受けると考えられる。

　本章では、説明変数[21]として「子どもの発達と保育環境・家庭環境」（子どもの年齢、性別、保育所利用区分、きょうだい数、世帯所得）、「父母（回答者）の教育歴・家事歴」（回答者の続柄、雇用形態、最終学歴、中学・高等学

校家庭科の履修期、育児における家庭科有用感、育児について専門的に学んだ経験、家事を始めた年齢）、「親子の共同行動」（子どもと一緒に朝食をとる頻度、帰宅後に保護者と遊ぶ時間）の３点から設定した。家庭科教育の学習経験は、中学・高等学校家庭科の履修期と「育児における家庭科有用感」の２要因を設定し、保護者の学習環境（Environment）の一部として位置付けた。また、保護者の育児期前の既得情報（Input）として、「家事を始めた年齢」を用いる。

　記述統計を表5-2に示した。対象者の95％が母親票であり、東京圏の保育所利用者を対象としたため、世帯所得の全体平均7,815,600円と高めであった。育児について専門的に学んだ経験があるのは、母親24％、父親12％であった。

　従属変数である基本的生活習慣得点と説明変数の相関分析を行った結果、保

表5-2　記述統計

	全体（N = 1532）		母親（N = 1450）		父親（N = 82）		最小値	最大値
	平均値	SD	平均値	SD	平均値	SD		
基本的生活習慣得点	19.12	3.17	19.18	3.15	18.17	3.37	6	24
子どもの発達と保育環境・家庭環境								
子どもの年齢（月齢）	60.97	10.29	60.99	10.24	60.48	11.19	36	83
子どもの性別（男子＝1、女子＝0）	0.54	0.50	0.54	0.50	0.56	0.50	0	1
保育所利用区分（標準時間＝1、短時間＝0）	0.86	0.34	0.86	0.35	0.95	0.22	0	1
きょうだい数（ひとりっ子＝1、人数）	2.02	0.76	2.04	0.76	1.78	0.65	1	6
世帯所得（選択肢の中央値金額、万円）	781.56	333.28	779.34	335.59	820.73	288.24	100	1500
父母（回答者）の教育歴・家事歴								
回答者続柄（母親＝1、父親＝0）	0.95	0.23					0	1
雇用形態：フルタイム	0.71	0.45	0.70	0.46	0.95	0.22	0	1
パート・アルバイト等	0.22	0.42	0.24	0.42	0.01	0.11	0	1
自営業・自由業・育休等	0.06	0.24	0.06	0.24	0.04	0.19	0	1
最終学歴（教育年数）	20.74	1.44	20.71	1.44	21.20	1.33	18	22
中学・高等学校家庭科の履修期（回答者）								
中学技術・家庭科相互乗り入れ世代：41〜50歳	0.24	0.43	0.24	0.43	0.29	0.46	0	1
中・高家庭科男女必修世代：31〜40歳	0.68	0.47	0.68	0.47	0.67	0.47	0	1
中・高家庭科保育必修世代：30歳以下	0.08	0.27	0.08	0.27	0.04	0.19	0	1
育児における家庭科有用感	2.53	0.90	2.54	0.90	2.44	0.86	1	4
育児について専門的に学んだ経験（有＝1、無＝0）	0.23	0.42	0.24	0.43	0.12	0.33	0	1
家事を始めた年齢	2.23	0.78	2.25	0.78	1.99	0.71	1	5
親子の共同行動（回答者の養育態度）								
子どもと一緒に朝食をとる頻度	3.07	1.14	3.07	1.14	2.90	1.14	1	4
帰宅後保護者と遊ぶ時間（選択肢の中央値、分）	47.05	38.75	46.11	38.45	63.60	40.66	5	150

育利用区分（標準時間／短時間）と世帯所得、回答者の雇用形態、帰宅後に保護者と遊ぶ時間には、有意な相関がみられなかった[22]。本章は、幼児の基本的生活習慣における家庭科教育の効果の検討を目的とするため、相関が有意でなかった項目のうち、子どもの保育環境要因として保育利用区分、保護者の養育行動を左右する家庭環境要因として世帯所得をモデルのコントロール変数として使用し、他を除外して重回帰分析を行った（表5-3）。

　対象者全体（モデル1）、母親のみ（モデル2）、父親のみ（モデル3）として分析した結果、モデルの説明力を示す調整済みR2乗値は、モデル1＝.236、モデル2＝.230、モデル3＝.290であり、いずれも有意であった。全モデルで、

表5-3　重回帰分析（従属変数：基本的生活習慣得点）

	全体		母親		父親	
	β	p	β	p	β	p
子どもの発達と保育環境・家庭環境						
子どもの年齢（月齢）	.432***		.427***		.532***	
子どもの性別（1＝男子）	− .130***		− .124***		− .230*	
保育利用区分（1＝標準時間）	− .039		− .037		− .063	
きょうだい数	.080**		.087***		− .035	
世帯所得	.017		.008		.148	
父母（回答者）の教育歴・家事歴						
回答者続柄（1＝母親）	.047*					
最終学歴（教育年数）	− .052*		− .047		− .124	
中学・高等学校家庭科の履修期※						
中学技術・家庭科相互乗り入れ世代：41～50歳	− .092***		− .097***		− .028	
中・高家庭科保育必修世代：30歳以下	.029		.023		.162	
育児における家庭科有用感	.045*		.054*		− .089	
育児について専門的に学んだ経験	.044		.047*		− .006	
家事を始めた年齢	− .068**		− .070**		− .078	
親子の共同行動（回答者の養育態度）						
子どもと一緒に朝食をとる頻度	.097***		.091***		.244*	
調整済みR2乗値	.236***		.230***		.290***	
N	1540		1458		82	

※中・高家庭科の履修時期の値は、「中・高家庭科男女必修世代：31～40歳」を参照カテゴリーとした場合の数値。
※※有意確率：***$p<.001$、**$p<.01$、*$p<.05$

子どもの年齢（月齢）の規定力が最も強く、子どもの性別と子どもと一緒に食事をとる頻度の規定力が有意であった。すなわち、月齢が上がるほど、子どもの性別が女子であること、保護者が子どもと一緒に朝食をとる頻度が高いほど基本的生活習慣得点が高まると解釈できる。本章で用いた基本的生活習慣得点は、「はしを正しく持って使う」、「朝、排便してから登園する」、「自分で衣服を着る」、「脱いで裏返った衣類を元の状態に戻す」、「自分で歯を磨く」等、朝に行う生活習慣を多く含んでおり、保護者が「子どもと一緒に朝食をとる」といった、登園前の忙しい時間に親子の共同行動をとる時間的余裕がある家庭環境が、子どもの基本的生活習慣得点を高める上で有効であったと推察される。

　家庭科教育の効果に注目すると、モデル1・2において、中学・高等学校家庭科の履修期と「育児における家庭科有用感」の規定力が有意であった。中学・高等学校家庭科の履修期は、「中・高家庭科男女必修世代：31〜40歳」を参照カテゴリーとした。つまり、「中・高家庭科男女必修世代：31〜40歳」の基本的生活習慣得点を基準とした場合に、「中学技術・家庭科相互乗り入れ世代：41〜50歳」の得点が、有意に低かった。しかし、「中・高家庭科保育必修世代：30歳以下」の基本的生活習慣得点は、「中・高家庭科男女必修世代：31〜40歳」を基準とした場合に有意差がなかった。本章において、中学・高等学校家庭科の履修期は、回答者の年齢を元にカテゴリー化した変数である。上記の結果を単純に中学・高等学校家庭科教育カリキュラムの差と解釈することは難しい。しかし、家庭科保育領域の学習は、「中・高家庭科男女必修世代：31〜40歳」以降、高等学校で必修化され、「中・高家庭科保育必修世代：30歳以下」は、高等学校だけでなく中学校でも保育領域の学習が必修化された。しかし、「中・高家庭科保育必修世代：30歳以下」では、中学・高等学校家庭科の授業時数・単位数が減少した世代でもある。ゆえに、中学・高等学校家庭科保育領域の授業は、保護者の養育行動に役立てられ、幼児の基本的生活習慣の形成を良好にすると考えられるが、中学・高等学校家庭科の授業時数・単位数の総量が減少すると、保育領域の学習のみを充実させたとしても、その学習効果に限界が生じると考えられる。何故ならば「育児における家庭科有用感」は、他と比較し規定力や有意確率は大きくないが、保護者の「育児における家庭科有用感」が高いほど幼児の基本的生活習慣得点が高かった。つまり、保護者は、

保育領域の学習のみならず家庭科の幅広い領域の学習経験を育児に役立ててい
ると推察される。

　家庭科教育の効果以外に注目すると、モデル1・2に共通し、きょうだい数、
家事を始めた年齢の規定力が有意であった。きょうだい数が多いという家庭環
境、保護者の家事歴の長さが、子どもの基本的生活習慣得点を高めることが分
かった。また、モデル1では、回答者の続柄、最終学歴の規定力が有意であり、
回答者が母親であり、回答した保護者の教育年数が少ない場合に、基本的生活
習慣得点が高かった。モデル2では、保護者の教育歴のうち、育児について専
門的に学んだ経験の規定力が有意であり、母親に「子どもの発達や子育てを大
学等で専門的に学んだ経験」があった場合に、基本的生活習慣得点が高かった
が、いずれも「育児における家庭科有用感」の規定力よりも弱かった。したが
って、保護者の教育歴のうち大卒等の学歴は、幼児の基本的生活習慣得点を高
める要因とならず、育児についての専門的学習経験は、対象者を母親に限定し
た場合のみ幼児の基本的生活習慣の定着を高めることが分かった。

　以上の結果を総合すると、育児における家庭科教育の客観的レリバンスにつ
いて、幼児の基本的生活習慣をアウトプットとし、他の変数の影響を統制した
場合も、母親を中心に家庭科教育の正の学習効果が認められることが分かった。

　家庭科は、これまでに学習者の現在の生活だけでなく、将来の生活にも役立
つ教科と考えられてきた。本章の結果からも、東京圏の保育所を利用する保護
者の過半数に「育児における家庭科有用感」（主観的レリバンス）が認められ
た。また、幼児の基本的生活習慣得点をアウトプットとした場合の家庭科教育
の客観的レリバンス（育児に関する市民的レリバンス）が認められた。具体的
には、家庭科保育領域を男女必修で学んだ世代であり、「育児における家庭科
有用感」を持つ保護者（特に母親）において幼児の基本的生活習慣の定着率が
有意に高いことが明らかとなった。保護者の教育歴のうち学歴の高さは、幼児
の基本的生活習慣の定着率を高める要因とならず、育児について専門的に学ん
だ経験は、母親において弱い正の規定力が認められたが、専門的学習経験のあ
る保護者は、母親24％、父親12％のみであった。以上の結果から、高等学校ま
での家庭科は、現代の保護者が育児を学ぶ貴重な機会となっていたことが明ら
かとなった。

4　成人前に子育てを学ぶ貴重な機会である家庭科

　近年、育児を取り巻く社会環境は大きく変化した。保護者世代のきょうだい数が減り、学齢期から保護者になるまでの期間が長期化した。誰もが成人後に結婚や子育てを経験する状況になく、身近な友人・知人、きょうだいの結婚や子育ての様子を見聞きする機会も減ったと予想される。また、乳幼児期の子育て家庭が共働きであるケースが一般化し、保育所等の利用が急増した。現在、乳幼児を育てる保護者は、一昔前の育児のように祖父母・きょうだい等の家族や自分の友人の力を頼ることに加え、保育所等や子育て支援制度の充実により、地域の様々な人々や社会的サポートを得ながら子どもが育つ／皆で育てることを意図的に選択することも可能となった新しい社会環境の中で暮らしている。

　家庭科保育領域の学習においては、これまでも幼児との触れ合い等の体験学習に力が入れられてきた[23]。今後、様々な子育て支援制度についても地域の中で体験的に学ぶことが可能となれば、小・中・高等学校の家庭科は、社会の中で新しい育児の具体的イメージを学習できる貴重な教科となるだろう。

　本章の結果から、きょうだい数の多さや保護者が子どもと一緒に朝食をとる頻度の多さ、保護者が家事を始めた年齢の早さ等の家庭環境要因も幼児の基本的生活習慣の定着率を高めることが分かった。そこで、家庭科保育領域においては、子ども同士の関係性の中で子どもが学び発達する視点や幼児期における共食の意義、児童期から家事を行う効果についても扱うことにより、学習効果が高まると考えられる。また、保護者が職業を持つことを前提に地域の保育や子育て支援制度を活用しつつ、子どもも大人も家庭内の仕事を分担し、家族が互いの成長を楽しむ家庭生活を実現できるよう、領域横断的に学習内容を再検討することが、家庭科教育の将来的レリバンスを高める上で有効と考えられる。

　現在の子どもたちが学ぶ小・中・高等学校家庭科の授業時間数は、本調査対象者よりも減少した。少子高齢化が進む日本において、学校教育は、子どもに職業達成に役立つだけでなく、市民としてより人間らしい生活を営む力を身につける場として機能することにより、地域の誰もがウェルビーイングを実現しやすい暮らしの基盤となり得る。今後も社会の中に埋もれ明確にされていない

日々の暮らしにおける家庭科教育の学習効果に光を当て、研究を継続したい。

（岩﨑　香織）

注および引用・参考文献

1 ）野中美津枝・鈴木真由子・鈴木民子・荒井紀子・小川裕子・河野公子・財津庸子・高木幸子・中西雪夫・日景弥生・藤田昌子（2018）「家庭科の意義・役割や生活実態を探る高校生調査および全国調査の総括」『日本家庭科教育学会誌』61（3）、pp. 164-171、中西雪夫（2006）「家庭科男女共学はどんな成果を上げているか」牧野カツコ編『青少年期の家族と教育』家政教育社、pp. 107-114等。「家庭科教育の学びの意義」については、本著第 2 章を参照のこと。

2 ）藤田昌子・日景弥生・河野公子・荒井紀子・小川裕子・財津庸子・鈴木民子・鈴木真由子・高木幸子・中西雪夫・野中美津枝（2018）「全国調査の趣旨および高等学校家庭科男女必修の成果と課題を探る社会人調査（数量的データ分析）」『日本家庭科教育学会誌』61（1）、pp. 37-45

3 ）小川裕子・吉原崇恵・上野顕子・室雅子（2012）「社会人の『生活力』調査からみた家庭科教育の課題」『日本家庭科教育学会誌』55（2）、pp. 83-94

4 ）佐野潤子（2016）「家庭科の学びの認識と女性の就労と生活充実感」『日本家庭科教育学会誌』59（1）、pp. 24-34

5 ）中西雪夫（2011）「男女共通必修家庭科の成果と課題」『日本家庭科教育学会誌』53（4）、pp. 217-225

6 ）前掲 2 ）

7 ）Astin, Alexandar, W.（1993）*Assessment for Excellence: The Philosophy and Practice of Assessment and Evaluation in Higher Education.* Phenix, Arizona: ORYX Press.

8 ）本田由紀（2004）「学ぶことの意味――『学習レリバンス』構造のジェンダー差異」苅谷剛彦・志水宏吉編『学力の社会学』岩波書店、pp. 77-98、本田由紀（2005）「 5 章失われた『教育の意義（レリバンス）』」『若者と仕事』東京大学出版会、pp. 145-178、家庭科教育のレリバンスについて、藤田智子（2013）「大学生の『家庭科』に対するイメージにみる男女共修家庭科の意義と課題」『名古屋女子大学紀要（家・自）』59、pp. 1-12がある。

9 ）前掲 8 ）本田（2005）。

10）前掲 8 ）本田（2005）。本田は、職業的レリバンスの低さを課題とした。

11）厚生労働省（2020）『保育所等関連状況とりまとめ（令和 2 年 4 月 1 日）』最終閲覧日2023年 9 月15日。https://www.mhlw.go.jp/content/11922000/0006

78692.pdf

12) 本章は、岩﨑香織（2023）「幼児期の保護者の養育態度と家庭科有用感」『年報・家庭科教育研究』40、pp. 13-26を元に、同調査データの二次分析を行った。

13) 中学・高等学校の学習指導要領の実施時期には、以下のように対象年齢の重なりやずれがある。1977年版中学校学習指導要領（1981〜92年度実施）は、技術・家庭科の男女乗り入れが始まった（2019年4月時点、50〜39歳）。1989年告示中学・高等学校学習指導要領（中学校1993〜2001年度、高等学校1994〜2002年度実施）から、中学校技術・家庭科の履修領域に男女の差異を設けず（2019年4月時点、38〜30歳）、高等学校では、保育領域が必修となり男女とも4単位必修となった（2019年4月時点、40〜32歳）。1998年告示中学校学習指導要領（2002〜2011年度実施）から、中学校でも保育領域が必修となったが、3年生の授業時数が35時間に減り（2019年4月29歳以下）、1999年告示の高等学校学習指導要領（2003〜2012実施）では、4単位科目に加えて2単位科目が設置された（2019年4月31歳以下）。上記の履修時期と調査時期（2019年11月）を考慮し、本章では、41〜50歳を「中学技術・家庭科相互乗り入れ世代」、31〜40歳を「中・高家庭科男女必修世代」、30歳以下を「中・高家庭科保育必修世代」とした。学習指導要領の実施時期は、下記ＨＰを参照した。生活やものづくり学びネットワーク（2021）『パンフレット』最終閲覧日2023年9月15日。http://seikatsunet.g3.xrea.com/youbou.html

14) 基本的生活習慣の発達規準を示した山下は、「主として生理的生活に関係する食事、睡眠、排便の三つの習慣」に「着衣および清潔の習慣の二つを加えて、これらを一括して基本的習慣」と位置づけた［山下俊郎（1955）。『幼児心理学』朝倉書店、p. 311］。本章の基本的生活習慣得点は、「はしを正しく持って使う」、「朝、排便してから登園する」、「自分で衣服を着る」、「脱いで裏返った衣類を元の状態に戻す」、「自分で歯を磨く」、「お風呂で自分の体を洗う」の6項目に「身についていない」1点〜「身についている」4点の4件法で測定した回答の加算得点を用いる（$a = .712$）。睡眠習慣は、測定できなかった。

15) 入江礼子（2004）「家庭教育」日本家政学会編『新版家政学辞典』朝倉書店、p. 882

16) 高木和子・久世妙子（1988）「子どもの発達と家庭教育」日本家政学会編『子どもの発達と家庭生活』朝倉書店、pp. 63-89

17) 集団保育の利用（特に保育所の利用）は、排泄の自立等の幼児の基本的生活習慣を良好にする（ベネッセ教育総合研究所2022）との報告や、夕食時間や

就寝時間を遅くする等の指摘がある（小谷・他2018）。ベネッセ教育総合研究所（2022）『第 6 回幼児の生活アンケートレポート』最終閲覧日2023年 9 月15日、https://berd.benesse.jp/jisedai/research/detail1.php?id=5851

小谷清子・古谷佳世・猿渡綾子・青井渉・和田小依里・東あかね（2018）「幼稚園と保育所に通う幼児を対象とした食・生活習慣調査——男女別施設別比較」『日本栄養士会雑誌』61（1）、pp. 29-37

18）前掲17）ベネッセ教育総合研究所（2022）、谷田貝公昭・髙橋弥生（2021）『基本的生活習慣の発達基準に関する研究』株式会社一芸社、岩﨑香織（2021）「幼児の基本的生活習慣の発達」『東京家政大学教職センター年報』12、pp. 67-77等。

19）幼児の生活習慣は、食事［前掲17）小谷・他（2018）、前掲18）岩﨑（2021）］や歯磨き［前掲18）岩﨑（2021）、藤原夏樹（2019）「初診患者の解析による幼児 2 ～ 3 歳と 4 ～ 5 歳のう蝕関連要因の差異についての調査」『日本ヘルスケア歯科学会誌』20（1）、pp. 16-22］において女子の習慣定着が良好と報告がある。

20）前掲17）ベネッセ教育総合研究所（2022）等。

21）きょうだい数は、一人っ子を 1 人とした人数。世帯所得は、100万未満～1500万円以上とする各カテゴリーの中央値。保護者の最終学歴は、高卒以下＝18年～大卒以上＝22年とした教育年数。育児について専門的に学んだ経験は、「子どもの発達や子育てを大学等で専門的に学んだ経験」の有無（有＝1 点、無＝ 0 点）。家事を始めた年齢は、「子どものころ」 1 点～「現在もしていない」 5 点とした値。子どもと一緒に朝食をとる頻度は、「ほとんど食べない」 1 点～「ほぼ毎日食べる」 4 点とした値。帰宅後保護者と遊ぶ時間は、「ほとんど遊ばない」＝ 5 分～「 2 時間以上」＝150分とし、選択肢の中央値（分）を用いる。

22）相関分析の結果の詳細は、紙面の都合により省略した。

23）ふれ合い体験学習の意義や効果については、本著第 8 ・ 9 章を参照のこと。

第6章　「子どもの貧困」に対する家庭科の役割

はじめに

　2016年6月から鹿児島県で「子ども食堂」にかかわってきた。県内では、当時「子ども食堂」が一般的に認知されておらず、「こういう活動は行政がすべきもの」「実感がない」「身近にそういう（貧困）子どもはいない」「親の育児放棄」という子どもの育成や支援に対する相反した意見があった。

　他方、「貧困」に関する研究は、家政学・家庭科で多くの蓄積があり、古くはラウントリーの貧困線、最低生活費、マーケットバスケット方式などの研究がある。しかし、子ども食堂等の実践的・社会的な活動についてはあまり見られない。

　そこで本稿は、貧困の実態、地方における住民のコミュニティ及び地域のケア＝教育力の位置づけとして「子ども食堂」の取り組みを広く周知し、家庭科とのかかわりを論じたいと思う。

1　問題の背景と研究の方法

(1)問題の背景

　子ども食堂の立ち上げのそもそものきっかけは、山形大学戸室健作准教授（現在千葉商科大学）の「近年における都道府県別貧困率の推移について――ワーキングプアを中心に」[1]から、2016年2月16日付毎日新聞社がそれをアレンジし、「都道府県別子どもの貧困ランキング」を知ったことからである。戸室の研究は収入の最低生活費を下回る世帯の割合で計算され、鹿児島県が全国平均13.8を大きく上回る20.6%、全国中ワースト3であった。これは、大変な衝撃であった。

(2) 研究の方法

　貧困に関しては、子どもの実態として、調査・聞き取りを行った。また、デ
ータとしては、政府統計並びに OECD（経済協力開発機構）からの統計を基
とした。子ども食堂に関する聞き取りは2016年から子ども食堂利用者から毎回
のコメント・記述を延べ数から抽出、100人をデータ化した。教員に関しての
インタビューは、共同研究として、記述式意識調査（一部、半構造化 面接調
査）、調査時期は、2015年3〜7月、対象者は、協力承諾を得られた高等学校
30校の家庭科教員32名である[2]。うち、研究者所属担当の鹿児島県は7人であ
る。これらをもとに本稿の方法の基とし、今後の提案を含め、論じたい。また、
子ども食堂の取り組みは2016年から現在はライン・新聞などで情報交換してい
る。

2　子どもの貧困をめぐって

(1) 子どもの貧困の定義と世界の貧困率

　2000年に公表された、「OECD 諸国の相対的貧困率」によると、日本はアメ
リカ（13.7％）についで13.5％という低さであった。この相対的貧困率の算出
は、等価可処分所得（世帯の可処分所得を世帯員数の平方根で割った値）が、
全国民の等価可処分所得の中央値の半分に満たない国民の割合とされている。
しかし、あくまで「相対的」であり、各国の経済的・文化的状況などを考慮し
ても「実態」とは遠い。また、おとなの「貧困」から子どもへの影響があるが、
それだけでは測りしれず、特に生活物質の欠乏や生活経験の不足など社会的剥
奪指標と主張したのが阿部彩[3]である。阿部によると、子どもの貧困について
述べる場合、外国の場合は公式な貧困基準があるのに対して、日本ではそもそ
も貧困基準がないという。そこで、子どもの貧困率を算出するにあたっては、
可処分所得（収入から直接税と社会保険料を差し引いた金額）を家族の人数の
平方根で割って算出したひとり当たりの所得（等価可処分所得）を低い順に並
べ、真ん中の人の所得の半分（貧困線）に満たない人の割合として計算される。
この結果、厚生労働省2023年（最新）発表では、新基準11.5％である。

OECD（2023年）発表では[4]、加盟国の中では貧困率が8番目に高く、厚生労働省発表とのずれがあり、また、ポイントが下がったとしても現実の実態・実情とはかなりの差がある。

(2) OECD ひとり親世帯の貧困率

2008年では、OECD 加盟国のうち、ひとり親の子どもの貧困率は、30か国中30位の最下位である。その後2014年版の発表でも貧困率は58.7％から50.8％と数字上では、減ったものの加盟国33国中いまだに最下位である。世界一長時間労働であり、低賃金であることがわかる。2016年厚生労働省の発表によれば母子世帯の43.8％（約54万世帯）が非正規雇用であり（父子世帯は6.4％：約1.2万世帯）、平均年間収入で比較すると、母子世帯は243万円に対し、父子世帯は420万円と大きく差が開いている。

(3) 最低賃金について

最低賃金では、OECD が発表した「2023年雇用見通し」によると、日本の最低賃金の伸び率は OECD 加盟国平均の1/3にしか満たず、日本総研「全国平均1,000円超時代の最低賃金の在り方」で為替相場をもとに円ベースに換算した数値が、フランスが1,386円、ドイツが1,285円、英国が1,131円、韓国が991円、日本が961円、アメリカ（カリフォルニア州）が2,000円である。これらから日本の最低賃金は「後進国」といって過言ではない。さらに国内で見ると九州地区は、沖縄が最低であり、896円をかわきりに最低賃金ランク付けでは沖縄と同じランクCの鹿児島・宮崎897円である。このように低賃金の中身は若者・女性の非正規雇用が労働力人口の1/3を占めていることから、世界でも類を見ない雇用形態・低賃金であることが明確である。

いずれにしても、世界の子どもの貧困率をから見ても日本の子どもの貧国率は大変高い。2023年7月に新たなデータをもとに子どもの貧困率が提示された。この結果11.5％と前回に比べ5％改善されたとの政府発表である。しかし、G7（主要7国）にしても最も高いことには今も変わりがない。

現在諸物価高騰の折、内実はもっと厳しい。そこで、これまでの貧困に関しての高校教員のインタビューと子ども食堂から実情を明らかにしたい。

3　子ども食堂と高校教育現場から見る貧困

(1) 子ども食堂とは

　子ども食堂とは、「食堂」と名がつくものの、通常の食堂とは料金・サービス・食事内容など多く異なり、格安であるいは無料で食事・食材を地域の人々に提供・支援する民間の活動である。運営者も社会福祉協議会や小料理店をはじめ、教会・神社仏閣などこれもまた運営者・運営方法、規模も多様である。毎日開店しているところもあれば期間限定—夏季休業・冬季休業限定など、対象も乳幼児から大学生、高齢者までと実にさまざまである。子ども食堂は、この数年間で全国では、9,131か所（2023年速報値）以上にも及び、今後も増加する見込みである。

　さて、子ども食堂は「貧困」対策としてもあるが、食事の提供以上に広く地域の「コミュニティ」の役割を担っており、多様な世代間交流の場となっている[5]。一口に言うと食事を通しての地域間交流（相談も含める）である。この間の「貧困」にまつわる聞き取りと子ども食堂の鹿児島での取り組みを以下によって示した（表6-1）。

(2) 子ども食堂から見た貧困

　表6-1のように「長期休暇明けの新学期はがりがりに痩せてくる子」「200食の弁当が数時間内になくなる」などの支援は大変な状況である。コロナ禍では公共施設が閉鎖され、そのかわり、フードドライブ・フードパントリー・ドライブスルーで食材や弁当を無料で配布した。近隣に子ども食堂がないため、往復2時間から3時間かけて来る。コロナ禍で買い物難民の中、特にフードバンクからの子ども食堂の支援は大変大きかった。

　コロナ禍以降現在では、引き続き、フードドライブ・フードパントリーを行っている。100食や200食規模の弁当・フードパントリーが数店舗の子ども食堂から提供され、継続している。現在では、対面の子ども食堂も徐々に復活し、弁当の支給後は各自家庭に持ち込み、家族で食しているということである。利用者（保護者）の声は、家計が助かる等、「感謝」でいっぱいとのことである。

表6-1　利用者の声と子ども食堂の多様な活動・運営者
——子どもの貧困対策・支援（鹿児島県）

---

(1)食事面
　①給食がない長期休暇あけ、がりがりに痩せてくる子がいる
　②おかわりを何回もする
　③子ども食堂で出された調理・食材が数分でなくなる　⇒弁当や食材を袋に入れ、参加者に無料で配布及び宅配
　④往復3時間もかけ、食材を取りに来る
　⑤ドライブスルー・フードパントリー　数時間でなくなる　⇒数十か所で平均200食支給
　⑥基本的な調理の技能ができない（母子家庭支援寮）退職家庭科教員を配置し、月2回技能支援
　⑦コロナ禍で収入ゼロ（雇止めのため）　⇒生活保護申請を行った

(2)衣服面など
　①制服が買えない　⇒ボランティアを通して支給　現在学校制服・靴のボランティアが設立
　②子ども百貨店——子ども服・靴・生活雑貨の無料支給……喜入子ども食堂・伊集院子ども食堂が常設
　③ベビーカー（紙おむつ含む）や生活雑貨の支給　⇒各子ども食堂開催時に常設
　④1年間に1度も子ども服を買ってやれなかった（母子家庭支援寮でのつぶやき）　⇒子ども服（編み物含む）を製作し配布

(3)学習－学習支援
　相互信用金庫などや大学生が学習支援　日置市教育委員会と提携し「ふれあいの場」設置

(4)生活困窮者・ひとり親家庭へ　食材提供・宅配

(5)相談－弁護士と協定
　生活と婚姻・家族に関する問題解決のため。初回相談無料
　個人ロッカーの設置で自由に食材を授受……こども食堂たらの芽会・伊集院子どもふれ愛食堂

（筆者作成）

(3)高校教員のインタビューから

　家庭科を教える立場の家庭科教員の意識調査を行った[6]。この調査は、子どもが貧困に向き合うための示唆を得る目的とした。調査方法は、高校30校・その地域の校区担当の教員32名を対象として、①家族・家庭状況、②「貧困」の影響を受けていると感じている場面、③HR・進路指導での取り組み、④家庭科の授業を通して貧困状態が見える場面、⑤貧困対応としての家庭科の授業の

取り組みである。4年制大学進学率をベースとしてA群75％以上、B群25％〜75％未満、C群25％未満に分類した結果、鹿児島はC群が多く、回答数7/16を占める。その結果一部抜粋（表6-2）を示す。

　C群に属する高校は食生活ばかりでなく、学校生活、進路、課外活動など生活のあらゆる場面で、「貧困」状態が多様な形で散見している。表6-2(6)③「優先順位」の記述は「金銭だけでなく、時間、行動、物事の選択なども包括し、『優先順位を適切に判断する能力』の育成が必要」と提言している[7]。

(4)子ども食堂や高校教育現場から見えてきた課題

　子ども食堂は、住民主体の活動で「食」を通して短期間で支援の輪が広がった。各自治体・行政も子ども食堂への「支援」をするようになった。しかし、各地域間の格差が否めない。毎回100〜200食提供して、その活動には頭が下がるが、とても地域全体・県全体としてきりがない。それは、子ども食堂があくまで援助・支援の任意団体であり、「貧困」撲滅には個人及び任意団体には限界があるからだ。さらに、大きな課題として、子ども食堂が設立されてから「貧困」がなくなったのかということがある。それに対する研究方法や数年にわたるデータも必要となる。企業や個人の寄付や支援だけでは問題解決には至らないことは確かだ。

　高校教育現場からも子どもの「貧困」が見えてくる。「貧困」の状態は経済的側面が中心となっているが、その影響は衣食住や進学、不健康、無力感、生活的な技能の獲得の不十分さや時間の使い方にも及んでいることが高校教員のインタビューの中でも明らかである。家庭科を教える教員だからこそ、衣食住の在り方の「貧困」が見える。田中・青木・大竹らの共同研究では、さらに「家庭科の授業での取り組み」を経済面、生活面、将来・職業、その他にわけ、貧困に向き合うために身に付けさせたい力として、詳細に教員の自由記述から明らかにしている。

　これらの知見をもとに、抜本的な問題解決には、国民や地域・住民の寄付だけでは不十分で、まずは、学校教育の学びの内容として、貧困の構造的再生産を明らかにしなくてはならない。生存権行使の立場からの子どもの育成や生活保護の権利としての在り方を学ぶ必要がある。

表6-2　高校教員（家庭科担当）インタビュー結果

---

(1)学習面
　①年度当初の教科書購入代金を振り込めない
　②校納金や学級集金を払うのが遅れる
　③基礎学力（計算・読み・書き）が身についていない
　④学習習慣が身についていず、すぐに「疲れる」という
(2)食生活
　①食事をしっかりと取っていない
　②1日1～2食（特に朝食の欠食）
　③炭水化物中心（おやつ・ファストフード・スナックが食事代わり）
　④弁当持参が少ない・コンビニ弁当が多い
　⑤カップ麺に入れる「お湯」をせがむ
　⑥弁当の中身が「茶色系統（野菜がほとんどない）」
(3)学校生活
　①交通費が払えず学校行事不参加
　②修学旅行に行かず、積み立てを生活費に充てた
　③スクーリング参加の交通費が出せず欠席
　④提出物の遅れ（郵便代・ノート・レポート用紙がない）
　⑤親がPTAに不参加
　⑥道具を買わず、筆記具さえ学校から借りる
　⑦1日中、スマホを見ているかメール・ゲームをする
　⑧「どうせ」「ムリムリ」という言葉を連発する
(4)進路指導
　①進学したくても経済面で厳しく進学を断念する
　②奨学金にたよる進学希望生徒がいる
(5)課外活動
　①ボランティアには参加するが、費用のかかる部活動に参加できない
　②ユニホームを1枚しかもっていないのかボロボロ
　③遠征ができず不参加
(6)家庭科の授業を通して見える生徒の貧困状態
　①お風呂に入っていないとわかる生徒がいる
　②食事をせず登校しているため集中力がない
　③実習費が高いとか経済的に苦しいと言いつつ、スマホ代がかかっている、お金の使い
　　方の優先順位がつけられていない
　④教科書に載っている住宅の間取りや家族像に該当せず、ひとり親やパート・非正規雇
　　用などが実情

（一部抜粋：著者作成）

4 家庭科における授業づくり

(1)自分事として考える

「貧困」は果たして学べるのであろうか。経済ばかりでなく、地球規模での危機が進行中、子どもばかりでなく、あらゆる人々の中での貧困と格差が進んでいる。命と暮らしが危機的な状況の中での問題解決としてどのように進めればよいのだろうか。そのためには、生活主権者としてまずは、現状から出発し、多様な要求・要望をあげ、国・自治体・企業、学校にもいわゆる「公開質問状」を作成・提案してみることだ。決して、「貧困家庭・子どもはかわいそう」「貧困は自己責任」ではなく、現状を知ることが大切である。

(2)家庭科における「貧困」の学習内容について

「貧困」を扱う場合、特に従来家庭科が教育実践として行ってきた衣食住の領域が、憲法第25条の生存権保障であるからである。貧困はもちろん経済的な事が唯一要因だけではなく、調理技能の低下や買い物難民、商品知識がないことにも広く影響を及ぼしている。この事柄をふまえて、衣食住だけでなくあらゆる領域で学ぶ必要がある。それは、しかし、授業時間に余裕がないため、例えば食物でも150円で調理できるものなどのように、生活経済・経済領域と結びつけることが肝要である[8]。衣生活領域では、リサイクル・リメイドの観点から実習を行うことは大事である。

(3)学習内容について

田中・青木・大竹らの共同研究の結果、家庭科の授業に必要な学習内容は、①生活的自立（特に自炊力）、②社会で生きるために必要な力（基本的生活習慣、意欲・主体性、基礎学力・知識、情報収集・活用力、優先順位を見極める判断力、自律力、コミュニケーション力、人間関係形成力等）、③家計管理、不利益回避等の知識・スキル、④社会保障制度と職業（雇用）制度を結び付けた生涯設計とまとめている。私は、その上に構造的な問題解決とさらに地域や国・自治体・企業への要求・主体づくりが必要と考え、表6-3におおよその学

表6-3　学習内容

①貧困の現状
②貧困発生の構造メカニズム──科学的な見方・考え方
　内部留保・低賃金の実態、非正規雇用
③貧困の影響
④イギリスから学ぶ──子どもの貧困法　⇒日本では『子どもの貧困対策の推進に関する
　法律』も良い
⑤子どもの権利条約から学ぶ
⑥権利としての生活保護や支援／政策について学ぶ
　行政・企業に公開質問状をしてみよう
⑦フードドライブ・不用品交換、リサイクル
SDGs・ケアの視点　ヤングケアラーの実態／視点

表6-4　学習方法

①調べ学習から発表・発信へ
②新聞記事・DVD・まんが等から問題点をさぐる（＊）
③地域の民生委員・福祉関連などのゲストティチャーから学ぶ
④若者の声のパンフをつくろう・要望書作成
⑤フードドライブ・不用品交換・使い捨てカイロなど回収箱やポスターを作ろう
⑥子ども食堂に出すメニューと調理・ポスターを作ろう
⑦調理実習
　高齢者への弁当・高齢者と一緒に作ろう
　子ども食堂に提供する調理を考え実習しよう
（＊）漫画コミック『健康で文化的な最低限度の生活』『生活保護で生きちゃおう！』『ダン
　　ダリン労働基準局監督官』

習内容を提示した。太字は概に中学・高校・大学で実践したものである。

　おおよその学習内容で特に高校などの学校現場では、さらに詳細に学習内容・テーマを明確にする必要がある。表6-3のように著者の授業がこれまで行ってきた内容を示す。ただ、それらがどのように発生し、どのように解決するか構造的な問題である。これは、社会科とも連携する必要があるだろう。家庭科は唯一、生活にかかわるすなわち「労働力の再生産」を学ぶ教科である。

　次に学習方法についてである。これは、表6-4に提示した。

おわりに

　子どもの実態・生活調査及び剥奪理論の衣食住の欠乏に対して、学校教育の家庭科における学習の題材は、子ども食堂の運営・実践と非常に多く重なるところが多い。例えば、食材の調達（献立・計画）・買い物・調理・配膳・後片付け、相談・子どもの世話・高齢者とのかかわりなどなどである。他にポスターやチラシ、イベント（クリスマス会・音楽・演劇・手品など）もある。ラインへの情報発信もある。これらのことはすでに高校生のボランティア活動や中学生による調理レシピの提案と調理実習で行ってきた。

　しかし、今日の新自由主義──これを受けての教育改革は、公教育の制度の再構成とその内容──特に地域社会との連携、民間活力を進めてきた。子ども食堂は、その影響もありつつ、コミュニティづくりや地域住民の自発的な活動として、社会的問題解決のひとつとして、発展させたい。

　2012年度の大学生意識調査では、生活の貧窮やいじめ・児童虐待（子ども虐待）を大学生は捉えられているものの、「貧困」の原因を「家庭」と「個人・自己責任」と捉える人が約60％と多く、「政治」など外部的な原因についてはあまり認識していなかった[9]。それは「自己責任」を強調し、問題解決を社会的に行うのでなく、新自由主義の影響を受けていることがわかる。「貧困」を個人的な責任ではなく、社会的問題解決として貧困発生のメカニズムを押える必要がある。「生活保護」も権利として捉え、生活主権者として育成する必要がある。つまり憲法第25条、生存権としてそのための授業作りが求められる。道徳教育ではない、子どもの権利条約の視点から授業づくりの提案をすることが必須である。そうした意味で子ども食堂は、家庭教育・学校教育の橋渡しであり、地域コミュニティである。

（齋藤　美保子）

引用文献

1) 戸室健作（2016)「都道府県別の貧困率、ワーキングプア率、子どもの貧困率、捕捉率の検討」『山形大学人文研究年報』第13号、pp. 33-53

2015年都道府県別ランキングでは、貧困率の全国平均は14.4％。最も貧困率が高いのは沖縄県で29.3％。2位以下は高知、鹿児島県、大阪府、宮崎県と続いており、西日本で貧困率が高い。一方、貧困率が最も低いのは静岡県で9.4％である。

2）田中由美子・青木幸子・大竹美登利・長田光子・神山久美・齋藤美保子・坪内恭子（2018）「貧困と向き合う家庭科教育——高校家庭科教員への調査結果から」『日本家庭科教育学会誌』60巻4号、pp. 183-194

3）阿部彩（2008）『子どもの貧困——日本の不公平を考える』岩波書店、pp. 2-38

4）Poverty rate OECD（2023）（indicator）、最終閲覧日2023年12月25日、https://www.oecd.org › poverty-rate-japanese-version

5）齋藤美保子（2022）『子ども食堂に見る世代間交流』三学出版、pp. 2-8

6）前掲2）

7）前掲2）

8）「ワンプレートのカフェごはん」実教出版、最終閲覧日2023年5月 https://www.jikkyo.co.jp/highschool/katei/jissen.htm

9）齋藤美保子（2011）「『貧困』の学びと教育課程及び教員養成の課題」『日本家庭科教育学会』第54回大会発表

参考文献

1）浅井春夫（2020）『子どもの未来図』自治体研究社

2）浅井春夫・中西新太郎・田村智子・山添拓ほか（2016）『子どもの貧困の解決へ』新日本出版社

3）相澤真一・土屋敦・小山裕・開田奈穂美・元森絵里子（2016）『子どもと貧困の戦後史』青弓社

4）岩重佳治・埋橋玲子・ベネット、フラン・中嶋哲彦（2011）『イギリスに学ぶ子どもの貧困解決——日本の「子ども貧困対策法」にむけて——』かもがわ出版

5）沖縄子ども総合研究所編（2017）『沖縄子どもの貧困白書』かもがわ出版

6）佐貫浩・世取山洋介編（2008）『新自由主義教育改革　その理論・実態と対抗軸』大月書店

第7章　家庭科教育が目指す多文化共生教育とは

はじめに：「多文化共生」と「マルチカルチュラリズム」

　近年、日本における在留外国人数も[1]、海外に在留する日本人数も増加しており[2]、これからを生きる子ども達が、将来、日本で生活するにせよ、他の国で生活するにせよ、多文化共生の必要性は増しているといえる。

　はじめに、多文化共生とは何かを考えたい。そもそも、「多文化」に「共生」という言葉が付けられるのは日本国内でのみ見られる特異な用法である[3]。日本に1980年代に導入された「多文化主義」の考え方が、1990年代以降の外国人施策に関わって「多文化共生」というフレーズが登場したとの指摘もある[4]。もとの英語は、"Multiculturalism"（以下、「マルチカルチュラリズム」）である。「マルチカルチュラリズム」は、この言葉自体に共生の意味を含んでいる。そのことは、国連組織の一部である国際移住機関（IOM UN Migration）による「マルチカルチュラリズム」の以下の定義[5]をみれば明らかである（資料7-1）。しかし、「マルチカルチュラリズム」をそのまま日本語に訳した「多文化主義」のみでは、共生の意味を表しきれない。そのため、「多文化共生」という言葉が使われていると考えられる。日本政府が、2006年にはじめて出した「地域における多文化共生推進プラン」策定の元になった「多文化共生に関する研究会報告」によれば、地域における多文化共生は「国籍や民族などの異な

資料7-1　国際移住機関による「マルチカルチュラリズム」の定義[5]

> 　文化の多様性の維持、表現、称揚をも積極的に受け入れる統合政策のモデルの1つである。このアプローチは、移民が文化的アイデンティティを保持しながら社会の完全な一員となることを奨励するものである。多様な背景、伝統、世界観を認めることと、法の支配や男女平等といったある種の普遍主義的な価値を組み合わせることで、文化的な差異を超え、すべての人に同じ権利を保証するものである。つまり、統合の関係は、少数民族が多数派と共生できるようにするモザイクのイメージでとらえるのが最適である。　　　（国際移住機関、2019、149）（筆者訳）

る人々が、互いの文化的ちがいを認め合い、対等な関係を築こうとしながら、地域社会の構成員として共に生きていくこと」[6]と定義されている。ここには、「マルチカルチュラリズム」が本来持つ文化的アイデンティティの保持や同じ権利を保証することが欠落している一方で、日本的な「みんな仲良く」といった「共生」の概念が強調されているともみえる。「「多文化」の「文化」は「外国」の文化であり、「共生」は「外国人」が日本社会に適応するための「支援」である、という暗黙の前提がある」[7]ように映る。事実、現時点においても、外務省は多文化共生に関する外務省の取組みとして、国際移住機関と共催等で、外国人の受入れと社会統合のための国際フォーラムを毎年開催しているものの、在日「外国人」の扱いとなっている[8]。

　つまり、そこには、「多文化共生」に「規範的」な意味合いが強く込められてしまうことも否定できないこと[9]や、抑圧されてきた少数派からではなく、まさに多数派から発せられた言葉である[10]との指摘が当てはまる。これらも踏まえた上で、本章では、家庭科教育が目指す多文化共生について考えてみたい。

1　政策としての多文化共生

　ここで、もう一度、国際移住機関による定義をみてみよう。「マルチカルチュラリズム」は政策として捉えられていることが分かる。多文化国家の1つであるカナダでも「マルチカルチュラリズム」は政策とされている。特に、カナダは、アメリカやオーストラリアよりも多文化主義政策や多文化教育が充実していると言われる[11]。カナダは、1971年、世界で初めて、国の政策として「マルチカルチュラリズム」宣言を行ったことでも知られている[12]。その宣言の中で、カナダの現首相ジャスティン・トルドーの父親のピエール・トルドー首相は、イギリスやフランスだけではなく他国の文化をもつ人々も、カナダにとって必要不可欠であり、カナダ人として地域においても国においても、生活をしていく上で必要な支援を政府から受けることは当然であると述べている[13]。そして、資料7-2にある4つの視点から政府は移民を支援していくとした。

　これにより、文化背景や文化コミュニティの大きさにかかわらず、カナダに貢献したいと考える人々がカナダという国の中で社会参加することが目指され

資料7-2　カナダ政府による移民支援 4 点[13]

1	資源の共有
2	社会参加の妨げとなる文化的弊害を除く支援
3	国としての統一のための文化交流の促進
4	移民者が少なくとも 1 つの公用語（英語又はフランス語）を習得する支援

（ピエール・トルドー、1971）（筆者訳）

資料7-3　カナダ政府の Web サイトにおける「マルチカルチュラリズム」についての記載[14]

> カナダの多文化共生の重要性をみよう。カナダでは、すべての国民が自分のアイデンティティを保ち、先祖に誇りを持ち、帰属意識を持つことを保証する。
>
> （カナダ政府 web サイト）（筆者訳）

た。現在もカナダは、多くの移民を受け入れ続け、まさに多様な文化背景を持つ人々がモザイクのように生活する国である。カナダ政府の Web サイト[14]は、「マルチカルチュラリズム」について資料7-3のように明示している。

　これと対峙するのが日本である。日本政府は、現段階で「移民」さえも認めていない。政府としての正式な見解は出されていないが、自民党によれば、「「移民」とは、入国の時点でいわゆる永住権を有する者であり、就労目的の在留資格による受入れは「移民」には当たらない」[15]としている。こうしたことから、近いうちに日本が多くの移民を正式に受け入れ、「マルチカルチュラリズム」の政策が取られるということは考えにくい。一方、そうした政策の有無にかかわらず、現実として、人々は生活の場をグローバルに移動している。その現実の生活の中で、必然的に求められるのが、多文化共生ではないだろうか。そこに、日本で政策としてではない多文化共生が模索される所以がある。

2　教育としての多文化共生

　では、教育としての多文化共生についてはどうだろうか。多文化共生の実現に寄与する教育を「多文化共生教育」と捉え、ここでは、「多文化共生教育」の必要性を考えたい。

　はじめに言及しておきたいのが、そもそも、多文化国家である前述のカナダ
だけではなく、代表的多文化国家として知られるアメリカにおいても、オース
トラリアにおいても、政府の公式 web サイト[16)17)]を見ると、国としての多文
化主義政策をとっていることは明らかであり、その中で教育も行われている。
　しかしながら、アメリカやオーストラリアでは、多文化共生教育が20世紀に
は極めて活発に議論されたものの、近年あまり取り上げられなくなったという
報告もある[18)]。その背景には、「社会における多様性の問題が、民族に限らず、
例えば、女性や障がい者という他のマイノリティを含んだ多様性の問題へとあ
る意味発展することが、皮肉なことに少数民族の抵抗や異議申し立てのよりど
ころであった多文化主義の勢いを減じる要因」[9)]となるということが起こった。
そして、教育の方向性は、シティズンシップ教育やインクルーシブ教育へ移行
していったとの指摘がある[9)]。つまり、シティズンシップ教育は多文化共生教
育を包括するものといえる。しかしながら、多文化共生教育の位置づけをきち
んと行わなければ、シティズンシップ教育の中に埋もれていきかねない。文化
の違いは当然あるもので、誰もが同じ社会システムの中で同じように競争すれ
ばよいという新自由主義に基づいた競争原理が起こり、同じ市民としての権利
や人権さえもが結局は保障されなくなるという本来のシティズンシップ教育と
は異なる方向へ陥る危険性も孕んでいる。そして、「声が出せない者、言葉が
話せない者のニーズを読み取り、ニーズにこたえるための応答責任があり、ニ
ーズにこたえる仕組みを探究する」[19)]家庭科で育むシティズンシップとは相容
れないものへとなってしまう可能性もある。それゆえに、家庭科教育で展開す
る多文化共生教育とは何かを議論する必要がある。
　また、日本においては、外国籍の子どもだけではなく、日本国籍で日本語指
導が必要な子ども（以下「外国につながりのある子どもたち」）が増えてい
る[20)]という現状があり、多文化共生教育の必要性は増しているといえる。

3　脱植民地化の視点

　日本の家庭科教育における多文化共生教育を考える前に、ここでは、脱植民
地化の視点について触れておきたい。近年、政治学や史学に限らず、教育学や

ジェンダー論など様々な研究分野で議論されているのが、脱植民地化の視点である。前述のハタノ[10]が指摘する多数派から発せられた多文化共生にならないためにも、家庭科教育における多文化共生教育を考える上で重要な視点である。

　脱植民地化の視点は、2022年に開催された第24回国際家政学会のプレナリーセッション3・パネルディスカッションにおいても取り上げられた。登壇者の1人であったレンウィック（Renwick）は、「植民地化は、ジェンダーや民族、文化に基づき、人を分離したり傷つけたりする概念に偏重した西欧白人男性の覇権的立場から生み出された。」[21]とし、家庭科においても植民地化の視点が存在していると指摘した。だからこそ、包括的かつ脱植民地化された空間をつくれているかを点検する重要性を主張する[22]。

　家政学者、家庭科教育者であるスミス（Smith）は、「脱植民地化は、簡単なことではない。なぜなら、そもそも、この脱植民地化が、社会に深く根差している植民地的社会構造と長い歴史の中で起こっているためである」[23]という。しかし、スミスは諦めているわけではなく、「家政学／家庭科を脱植民地化する」と題し、脱植民地化を始めるための3つの方法を示している[24]（資料7-4）。

　1つ目は「自分自身の行為の脱植民地化」である。スミスは、自分自身が支配的な西側の視点ではない見方の存在を探究できるよう家政学の専門家として思考と精神を持つことが大切であるという。白人のカナダ人であるスミスは、「支配的な西側」という言葉を使っているが、支配的な視点は、必ずしも西側にのみ存在しているわけではない。歴史を振り返れば、西側ではない日本も植民地化を行ったことがあり、現代の日本においても他者を排除・抑圧する視点は存在する。それは、例えば、池野[25]が指摘する政治や経済という社会システムが個々人の私的領域に入り込み、個人がシステムに従属し植民地化されてしまうことも含まれるだろう。いうなれば、身近な生活においても支配的見方は存在し得る。そこにオルタナティブな視点を示すことが家政学、そして、家庭

資料7-4　スミスが提唱する脱植民地化を始めるための3つの方法[14]

1．自分自身の行為の脱植民地化
2．教育内容や教育方法を脱植民地化するための方法の探究
3．研究における脱植民地化　　　　　　　（Smith, 2019, 19-20）（筆者訳）

科の専門家には求められる。

　２つ目は、教育内容や教育方法を脱植民地化する方法を探究し続けるということである。スミスはここでは、カナダでの原住民の排除と抑圧を脱植民地化へ導く自問を繰り返し示しているが、教育者が子どもたちに、現代においても支配的な見方が存在することに気づけるよう教育内容や教育方法を考えるという点は日本においても適用できる。また、スミスは以下のように述べ、他の文化についての学習活動を通して、植民地化の視点を促進してしまう危険性についても指摘している。

　　他の国の文化、民族、家族について調べるということはよく行われていることである。しかし、この種の活動がグローバルな視点からの理解を促すかは、それがどのように行われるかによる。慎重に行われなければ、そのような活動は、他の人々を単純化し、典型化し、もしくは歴史的なこととして理解するだけという結果に終わってしまう。そして、「他の国」「異なる国」の「他の人」「違い」という言葉自体が、時に「自分達と彼ら」という二分化を生み出し、生徒に対して西側の優位性の感覚を持たせることになる[26]。

　つまり、教育において、多文化共生を扱うときは、多（他）文化の差異を認識するというところにとどまっていては、単に植民地化の思考を繰り返してしまう可能性がある。差異と見えるものの中に、共通性を見出すことができなければ、脱植民地化にはつながっていかない。

　３つ目の「研究における脱植民地化」で、スミスは原住民についての研究を脱植民地化することに言及している。これも、原住民についての研究にとどまらず、排除・抑圧されているひと・もの・ことに対して必要な研究、非搾取的で、文化的に容認できる包括的な研究をおこなっていくという点において、国や地域を超えて適用できる。

　日本の家庭科教育においても、植民地化の視点になっていないか、私たち自身が自己の行為、教育、研究を批判的に振り返りながら、前に進む必要がある。例えば、日本で生活する外国につながりのある子どもたちに対しても、日本の

これまでのやり方に従うべきであるといった植民地化の視点ではなく、互いを尊重し、生活における選択肢を示すという脱植民地化の視点が求められる。

4　家庭科教育における多文化共生教育の学習内容

では、以上の議論を踏まえ、日本の家庭科教育における多文化共生教育の学習内容について考えていきたい。

国際理解教育の立場から、佐久間は、多文化共生とは、「自国の文化があり、そこに外国人などが来ることにより、さまざまな異質な宗教、文化、行動がもたらされ、それらによって生じる摩擦や対立をお互いに異なる文化や行動を理解し合うことによって、対等な立場で共存していくことである」[27]という。しかし、佐久間自身、ここには、自分自身の文化も複合多文化からなることを見失う恐れがあると指摘する。そして、「多文化共生とは」相手の文化のみを他文化（多文化）と見ないで、自分の文化も他文化（多文化）からなることを自覚するのでなければならない」[28]という。つまり、日本の歴史を振り返れば、日本文化そのものが、「アジアなり、東アジアにまたがる他地域間交流の産物として、多文化そのものに他ならないということ」[29]の気づきも必要である。多文化共生というと、文化間の差異に着目し、その差異を差異として認め合うことと解釈されることもあるが、それだけではなく、「差異を貫いて存在している他国の文化との共通性の洞察」[30]を佐久間は訴える。そこに、自分自身の文化の多文化性に気づくことも含まれる。多文化共生は、差異だけではなく、共通性への気づきがあることで実現されるものといえる。この点が、家庭科教育の多文化共生教育においても重要であることを、上野らは、カナダの家庭科教員への聞き取り調査を基に指摘している[31]。例えばある教員は、世界において、同じ食材や味を共有している地域はどこか、どのような違いがあるかを考えさせる学習活動を、また別の教員は、お茶を取り上げ、世界中で飲まれている様々なお茶の相違点、類似点に着目させる学習活動を行っていた[31]。世界に共通に存在するものを題材とし、それらの類似点や相違点、そして相違点を生む要因を考察する活動である。

これらに基づき、本章において、家庭科教育における「多文化共生教育」を、

「児童生徒が生活文化の違いを認識するだけではなく、共通性を見出すととも
に、違いは社会的に構築されたものであることに気づき、だからこそ未来にお
いて変えられる可能性を理解し、よりよい共生のために生活文化を創造してい
けるよう支援する教育」と定義する。なお、ここでの「多文化」は、日本国内
に存在する地域ごとの多様な生活文化ではなく、国や民族を単位とする生活文
化の多様性とする。

　具体的な家庭科教育における多文化共生教育の学習内容例を資料7-5に示す。
また、図7-1〜7-3は資料7-5の授業 ABC[32)33)34)] の教材の一部である。ここでは、
外国につながりのある、なしにかかわらず、すべての生徒が関心を持てるよう、
様々な国の衣食住の生活文化に関わるものを題材として取り上げている。また、
それぞれの生活文化の背景としてその地域の地理的な位置や気候、暮らし方と
いった多様な視点に触れることを授業内容に含んでいる。日本の家庭科の教科
書等にも様々な国の生活文化は画像と共に示されているが、紹介のみや、日本
との違いに触れるだけでは、多文化共生教育とはならないだろう。

資料7-5　家庭科教育における多文化共生教育の学習内容例

	学習内容例
授業A： 衣生活[32)]	ある国の民族衣装の上半身、または下半身のイラストと、その国の気候や生活文化についての説明文から、下半身、または上半身はどんな服かを考え、合うと思われるイラストを班で考えて描く。また、なぜ、そのような服のイラストにしたのか、理由も示す。このような活動を通して、民族衣装は様々で異なっていても、その国の気候や生活に合わせた民族衣装があるという共通点に気づかせるという学習内容。
授業B： 食生活[33)]	緑茶と何茶か分からない「○」茶について、色、香り、味を比べて、「○」茶は、何茶かを考える。種類は違っても、材料である茶葉が同じや、お茶を飲む理由、栄養や効能などの共通点に気づかせるという学習内容。
授業C： 住生活[34)]	様々なトイレの形やスタイルが時代や地域を超えて存在し、その時や時代の気候風土や生活の仕方に合わせて異なってはいるが、使い勝手が良いように工夫されているという共通点に気づかせるという学習内容。

　多文化共生教育では、前述したように、差異のみに着目するのではなく、共通性への気づきが求められる。それには、「日本の生活文化の捉えなおしを行ったり、他の生活文化を体験的に学習したりする機会を確保すること」[35]が考えられる。家庭科教育が「実体験によって、生活、文化、人間を相互に理解し合うことが、すぐれて効果的である」[36]と指摘されて久しい。情報化により劇的に生活が進展していく中でも、人が人としてのウェルビーイングを求める時、実体験の重要性を改めて確認しておきたい。現実に近いとはいえ、仮想空間での体験が増えている現代の子どもたちにとってこそ、「感性的認識を学習の端緒とするのではなく、感性的認識を育むことそのものを目指す授業」[37]が必要である。生活文化を扱う家庭科教育における多文化共生教育の学習では、感性的認識につながるよう具体を扱い、学習活動を進めていくことで、他者の考えや感情を想像し理解できるところを見つける力、エンパシーとしての「共感する力」[38]を養える。それにより、子どもたちは他者を含めた生活環境の中で人としてのウェルビーイングに基づいた生活の創造が可能となる。

おわりに：日本の家庭科教育が目指す多文化共生教育

　最後に、日本の家庭科教育が目指す多文化共生教育についてまとめる。

　パンデミックをもたらす疫病も限られた国や地域で起きているように見える戦争や災害も、世界で起こる出来事は、すべて私たちの生活に影響を与える。地球的視点に立って解決を考えなければいけない課題は、今後も増えていくことが予想される。だからこそ、家庭科教育では、自己の視点から地球的視点へ拡げる包括的な見方で生活を捉える必要がある。このことは、カナダの家政学者、ヴェインズ（Vaines）が「私たちは、地球を単に使う場所ではなく、家庭として大切にする必要がある」[39]と30年以上前に指摘したことに重なる。地球は私たちの大切な生活の場である。その中で展開される家庭科教育は、日本においても、他の国においても、地球上に共に生きる生活者を育てる教育である。

　ペタラット＆スミス（Peterat＆Smith）は、「家政学／家庭科の根本的な活力は、容易なところから生まれない、つまり、現在においても将来においても

図7-1　授業A「世界の民族衣装から衣文化を考えよう」の教材の一部[32)]

図7-2　授業B「世界のお茶から食文化を考えよう」の教材の一部[33)]

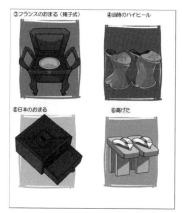

図7-3　授業C「世界のトイレから住環境や生活文化を考えよう」の教材の一部[34)]

人が人として生きていくために最も必要となる知識と探究の中から生まれてくる」[40)]と述べた。また、荒井は、「家庭科において、生活をよりよくするとは、生活の現状を批判的（クリティカル）に検証し、別の選択肢（オルタナティブ）を提示するということ、かつそのなかで最良の答えを探究すること」[41)]という。私たち一人ひとりがよりよくする生活は、日常の生活であると同時に、常により大きな世界（地球）とつながっているからこそ容易なことではないと

も捉えられる。しかし、空間軸、時間軸から考え、最良の答えを探究していくことがよりよい生活の創造につながる。その時に、他者へ思いを馳せる「共感する力」を養う多文化共生教育が必要となる。

　つまり、家庭科教育が目指す多文化共生教育は、多様な文化への興味や、類似点と相違点に気づく態度、そして、違いが生まれる社会的要因の理解を重ねていくことで、「共感する力」を培い、よりよい生活を創造する力を養うことである。その時に、「多様性をどのように教えるのか、また多様な背景を持つ子どもたちにどうコミットしていくのか」[42] を脱植民地化の視点から批判的に問いながら教育を実践し、理論化し、理論を実践に戻すというように、教育の実践と研究を重ねていくことが求められる。

（上野　顕子）

引用文献

1）出入国在留管理庁（2022）「令和 4 年 6 月末現在における在留外国人数について【令和 4 年 6 月末】公表資料」

2）外務省（2022）「海外在留邦人数調査統計令和 4 年版」

3）馬渕仁（2011）「はじめに」馬渕仁編著『「多文化共生」は可能か』勁草書房、pp. ii-iii

4）加藤千香子（2008）「「多文化共生」への道程と新自由主義の時代」崔勝久、加藤千香子編著『日本における多文化共生とは何か：在日の経験から』新曜社、pp. 11-31

5）IOM UN Migration（2019）*N°34 International Migration Law Glossary on Migration.* p. 149

6）総務省（2006）多文化共生の推進に関する研究会報告書：地域における多文化共生の推進に向けて、p. 5

7）結城恵（2011）「日本における多文化共生教育の研究動向と実態」『音楽教育学』41（1）、p. 39

8）外務省『在日外国人の社会統合』最終閲覧日2023年11月14日、https://www.mofa.go.jp/mofaj/ca/fna/page25_001886.html

9）前掲 3 ）p. iv

10）ハタノ、リリアンテルミ（2011）「「共生」の裏に見えるもう一つの「強制」」馬渕仁編著『「多文化共生」は可能か』勁草書房、pp. 127-148

11）日本学術会議地域研究委員会多文化共生分科会（2014）『（案）提言：教育に

おける多文化共生」、p. 9

12）Justin Trudeau（2021）"Statement by the Prime Minister on the 50th anniversary of Canada's multiculturalism" 最終閲覧日2023年 3 月 8 日、https://pm.gc.ca/en/news/statements/2021/10/08/statement-prime-minister-50th-anniversary-canadas-multiculturalism#:~:text=%E2%80%9COn%20this%20day%20in%201971,to%20the%20Canadian%20social%20fabric

13）Pierre E. Trudeau（1971）Announcement of Implementation of Policy of Multiculturalism Within Bilingual Framework' in Canada, Parliament, *House of Commons, Debates, 28th Parliament.* 3rd Session, 1970-2, Vol. 8, pp. 8545-8546

14）Government of Canada, "Multiculturalism" 最終閲覧日2023年 3 月 8 日、https://www.canada.ca/en/services/culture/canadian-identity-society/multiculturalism.html

15）自由民主党政務調査会労働力に確保に関する特命委員会（2018）『「共生の時代」に向けた外国人労働者受入れの基本的考え方』

16）The U.S. Office of Personnel Management, "Diversity, Equity, Inclusion, and Accessibility" 最終閲覧日2023年 9 月13日、https://www.opm.gov/policy-data-oversight/diversity-equity-inclusion-and-accessibility

17）Australian Government, "Multicultural affairs" 最終閲覧日2023年 9 月13、https://www.homeaffairs.gov.au/about-us/our-portfolios/multicultural-affairs/overview

18）前掲 3 ）pp. iii-iv

19）望月一枝（2015）「家庭科で育てるシティズンシップ――その現代的意義と実践枠組み――」大学家庭科教育研究会編『市民社会をひらく家庭科』ドメス出版、pp. 28-48

20）文部科学省（2022）『日本語指導が必要な児童生徒の受入状況等に関する調査結果について』

21）Renwick, K. & Leddy, A.（2022）What we bring to the table: Decolonising, Métissage, and home economics. *International Journal of Home Economics.* 15(1), p. 4

22）Renwick, K.（2022）An Unsettling Perspective Within Home Economics. *International Journal of Home Economics.* 15(1), p. 19

23）Smith, M.G.（2019）Re-visiting Vaines: Toward a decolonizing framework for home economics. *International Journal of Home Economics.* 12(2), p. 20.

24）前掲23）pp. 19-20

25）池野範男（2014）「グローバル時代のシティズンシップ教育：問題点と可能

性：民主主義と公共の論理」『教育学研究』81(2)、p. 5

26) Smith, M.G. (1989) Global concepts: Do they have a place in home economics education?, *Canadian Home Economics Journal*. 39(3), p. 111

27) 佐久間孝正 (2014)『多文化教育の充実に向けて：イギリスの経験、これからの日本』勁草書房、p. 128

28) 前掲27) p. 129

29) 前掲27) p. 137

30) 前掲27) p. 155

31) Ueno, A., Ito, Y. & Hoshino, H. (2018) Instructional Activities of Multicultural Education in Canadian Home Economics: A Case of Secondary School Education『日本家庭科教育学会誌』61(2)、pp. 71-82

32) 上野顕子・星野洋美 (2022)「多文化共生の視点を導入した中学校技術・家庭科家庭分野における衣文化の授業」『金城学院大学論集社会科学編』18(2)、pp. 101-109

33) 星野洋美・上野顕子・伊藤葉子 (2021)「グローバル時代における多文化共生の視点を導入した家庭科教育：中学校技術・家庭科家庭分野における食文化の授業での試みとその効果」『日本家庭科教育学会誌』64(3)、pp. 187-196

34) 星野洋美・上野顕子 (2024)「多文化共生意識の醸成をめざした家庭科教育：中学校技術・家庭科家庭分野における住文化の授業での試みとその効果」『常葉大学教職大学院研究紀要』2023(9)、pp. 27-40

35) 上野顕子 (2022)「家庭科教育が多文化共生に向けて貢献できることは何か」『年報・家庭科教育研究』39、p. 103

36) 佐藤清子 (1988)『家庭科教育——課題と展望——』建帛社、p. 79

37) 河村美穂 (2019)「視点1 生活の科学的認識」日本家庭科教育学会編『未来の生活をつくる』明治図書出版、p. 65

38) 上野顕子 (2023)「多文化共生社会と家庭科」堀内かおる編著『家庭科教育研究が拓く地平——「よりよい生活」のための実践的教育科学概論——』学文社、p. 89

39) Vaines, E. (1990) Philosophical orientations and home economics: An introduction., *Canadian Home Economics Journal*. 40(1), p. 10

40) Peterat, L & Smith, M.G. (2001) Radicalizing and renewing home economics for the future. *Canadian Home Economics Journal*. 51(1), p. 33

41) 荒井紀子 (2015)「家庭科で育む市民社会を拓く力：行為主体に焦点をあてて」大学家庭科教育研究会編『市民社会をひらく家庭科』ドメス出版、pp. 8-27

42) 磯部香・小島郷子・森田美佐 (2019)「家庭科「保育」領域における多文化共生の可能性と課題」『高知大学学校教育研究創刊号』、p. 241

第Ⅲ部　ウェルビーイングの
　　　　実現にむかう学び

第8章　「ケア」の概念から家族の学習を見直す

はじめに

　家庭科の授業で「家族」を取り上げるのは難しいという声は多い。「教師はさまざまな家庭環境に配慮し、誰ひとり傷つく者を出してはいけないと恐怖心を抱いている」[1]という調査結果や、「家族について教えることには学習の意義、目標、教材、内容、評価、生徒への配慮などで今なお課題が多い」[2]という指摘もある。

　本稿では、戦後成立した小・中・高等学校の家庭科において、「家族」の学習はどのように位置づけられ、どう変化してきたのか。今後、家庭科において「家族」はどのように取り上げればよいのかを検討し、家族の多様化、機能の変化に対応して、「ケア」の場としての家族の意義を家庭科教育に取り入れることを検討したい。

1　家庭科で「家族」はどう取り上げられてきたか

(1)戦後の家庭科の成立時

　1945（昭和20）年に敗戦を迎えた日本は、戦時体制から民主国家への転換をするために新憲法を制定し、教育基本法、学校教育法の制定など次々に新しい教育体制を作っていった。二度と戦争を起こすことのないようこれまでの軍国主義の教育から新憲法の下での基本的人権の尊重、男女の平等の教育が求められた。

　家庭科は新しい民主的な家庭を作るために必要な教育であるとされ、戦前に行われていた女子のみが学ぶ家事・裁縫教育は廃止となった。1947年、戦後最初に作成された学習指導要領では、新しい教科である家庭科について、教科の目的を縷々述べている[3]。

　「家庭科すなわち家庭建設の教育は、各人が家庭の有能な一員となり、自分

の能力にしたがって、家庭に、社会に貢献できるようにする全教育の一分野である。この教育は家庭内の仕事や、家族関係に中心を置き、各人が家庭建設に責任をとることができるようにするのである。」（後略）（1947年学習指導要領家庭科編　はじめのことば）

　ここでは、家族、家族関係の語も使われているが、主要な概念は「家庭」であるといえるであろう。「家庭建設」「家庭生活」も用いられている。家族と生活を含む概念として用いているこの「家庭」の語はその後の家庭科の指導要領において、継続して用いられていく。

(2)小・中・高等学校学習指導要領家庭編の変遷から

　1956年の学習指導要領では、新しい教科の目標に沿って、教育内容（領域）が整理された。小学校では、家族関係、生活管理、被服、食物、住居であり、「家族」「生活」の言葉が冒頭に入っている[4]。

　ところがこの指導要領はわずか2年後1958年に改訂されて大きく変化をする。戦後10年以上が経ち、「もはや戦後ではない」（1956年度経済白書）というスローガンに象徴されるように、日本は戦後の驚異的な経済復興から、高度経済成長の時代に入って行くのである。1958年には、中学校「職業・家庭科」は、「技術・家庭科」に変更され、教育内容が男子向き、女子向きと分かれたことは大きな変化である。女子向きの内容は、以下の通りで、「家族」「生活」「家庭」などの言葉は、全く出てこなくなった[4]。

　この時の指導上の留意点には、各領域の授業時数が示されている。1〜3年までの標準授業時数の合計は、(1)調理80時間　(2)被服製作130時間　(3)設計・

表8-1　1958年中学校「技術・家庭」科学習指導要領（女子向き）

1年	2年	3年
(1)調理　　　　（25）	(1)調理　　　　（30）	(1)調理　　　　（25）
(2)被服製作（45）	(2)被服製作（45）	(2)被服製作（40）
(3)設計製図（15）		(3)保育　　　　（10）
(4)家庭機械・家庭工作（20）	(3)家庭機械・家庭工作（30）	(4)家庭機械・家庭工作（30）

（学習内容の後の数字は標準授業時数）

製図15時間　(4)家庭機械・家庭工作80時間。それに対して「保育」はわずか10時間と驚くような少なさである。この領域名と授業時数からは、戦後新設された家庭科の理念とはかなり遠い変更であった。食物や被服の言葉も消えて、調理、被服製作という領域名は産業技術の発展に対応した名称である。このときの男子向きの教育内容は、「設計・製図」「木材加工」「金属加工」「栽培」「機械」「電気」で、家族、保育についての内容は全くなくなった。1958年からの中学校技術・家庭科の「男子向き・女子向き」の規定は、まさに性別役割分業の意識や体制を教育制度の中で養成しようとしたものといえるであろう。

　1975年の第1回国連世界女性会議を機に、世界各国の女性差別に対する抵抗と撤廃の動きが盛んになったことを機に、各国は男女平等のための行動計画の策定が求められた。1980年に日本が署名した「女子差別撤廃条約」第10条では、「男女同一の教育課程」が定められ、高等学校の女子のみ必修の家庭科は変更を迫られた。「家庭科の男女共修をすすめる会」の活動は家庭科教員だけでなく多くの人々を巻き込む運動となり、1985年の条約批准を前に、家庭科の男女共学必修がようやく実現した[5]。1989年の学習指導要領で、家庭科4単位男女必修の内容が定められるが、教科書が作成され、検定が済み、実際に高校で共学の授業が開始されるのは、1994年からという長い年月であった。

　中学校技術・家庭科も、1998年からは、教科全体を技術分野と家庭分野に大きく分けて、それぞれ男女必修の2領域が設けられた。家庭分野は、A生活の自立と衣食住、B家族と家庭生活が定められ、男女とも学ぶ内容となったのである。ここで1958年以来40年ぶりに中学校でもようやく家族や保育の内容が明確に位置づけられたのである。小学校の家庭科の内容は、1958年以降1989年まで、A被服、B食物、Cすまい、D家庭、という形で被服、食物、重視の領域編成が続いた。「家庭生活と家族」の領域が筆頭にあげられるようになるのは1998年からである。

(3)ようやく家族・家庭生活の内容が筆頭に置かれる

　最も新しい現行の学習指導要領（2017年、2018年改訂）において、小中高のすべての学校段階で初めて家庭科の教育内容領域の体系がほぼ揃ったのである[6]。領域がA、B、Cですべて整理されたこと、しかも冒頭の領域Aに「家

表8-2　現在の学習指導要領にみる家庭科の学習内容領域

小学校　家庭	A　家族・家庭生活　B　衣食住の生活　C　消費生活・環境	
中学校　技術・家庭	A　家族・家庭生活　B　衣食住の生活　C　消費生活・環境	
高等学校	A　人の一生と家族・家庭および福祉	
家庭基礎／家庭総合	B　衣食住の生活の自立と設計／衣食住の生活の科学と文化	
	C　持続可能な消費生活・環境	
	D　ホームプロジェクトと学校家庭クラブ活動	

小学校・中学校2017年　高等学校・2018年改訂

族・家庭生活」が置かれたことは、特筆すべきであろう。ある意味で、戦後最初の学習指導要領の家庭科の理念に、80年を経てようやく立ち戻ったといえるかもしれない。現在の学習内容は、表8-2の通りである。

　家庭科は戦後、小中高いずれも食物、被服が主たる内容として取り扱われてきたが、家族の本質的な機能にあたる、保育、家族、はここで漸く、家庭科の主要な内容になったといえる。

2　多様化する家族の現実とケア

(1)定義ができなくなっている家族

　1994年は、国連が定めた「国際家族年」（International Year of the Family）であった。このとき国連は「家族」は数千年にわたってすべての社会の中心的制度であったとのべ、「家族は社会の基本単位である（Basic unit of society）」としたが、家族を定義しなかった。国連は、非伝統的家族タイプの増加、家族の多様な概念の存在への理解を求めた（1991年）。多様性の例として核家族、拡大家族、再編家族、同性家族、社会的親族、共同体生活、部族、複婚などを列挙し、これらの多様な家族の概念への理解を求めたのである[7]。

　上野千鶴子が「ファミリーアイデンティティ（FI）」の概念を提案したのは1990年代である[8]。今日では、家族を同居や血縁関係、婚姻関係で定義することは不可能になっており、「それぞれの個人が家族と考える人々が家族（FI）である」と定義をするのが最も妥当となっている。それぞれの人の意識が家族を決めているのであるから、他者がその家族の定義を、正しいとか誤っている

とか判断することはできない。夫が自分の母親を家族と思っていても妻は家族と思っていないこともある。

(2)「ケア」の概念から家族を見直す

　いまやひとり暮らし（単独世帯）が全世帯の38.0％も占める時代となっているが（2020国勢調査）、ここで忘れてはならないことは、赤ん坊や子どもは、一人で暮らしてはいないということである。人間は、生まれたときに世話（ケア）をする大人がいなければ生きていくことができない存在である。家庭科を学んでいる小中学生は、血縁のある親やパートナー、親族（祖父母など）何らかの縁のある大人など、ともかく、必ず誰か大人や年長者と一緒に暮らしている。国連が「家族」は数千年にわたってすべての社会の中心的制度であったと述べているのは、人間社会が次の世代を産み育てる重要な基本単位として「家族」と呼ぶ制度を持っているからといえよう。生まれた生命は誰かにケアをされなければいのちを繋ぐことが出来ない。人間が生れる場所、人生の重要な初期を過ごす人々の単位である家族について学ぶ意義は、まさに人間と命について学ぶ原点である。家族をケアの場として認識し、家庭科で家族とケアについて学ぶ意義を確認したい。

　『ケアの社会学』を著わした上野千鶴子は、ケアとは「依存的な存在である成人または子どもの身体的かつ情緒的な要求を、それが担われ、遂行される規範的・経済的・社会的枠組みの下において、満たすことにかかわる行為と関係」と定義できるとしている[9]。研究史によれば、ケアは第一義的には「子どものケア」をさし、その後「高齢者介護」「病人の看護」「障がい者の介助」「心のケア」などに拡大して用いられるようになったとされる。

　医療や看護、福祉の現場で、ケアの問題を当事者の語りから検討を深めてきた村上靖彦は、『ケアとは何か』の中で次のように述べている。「そもそも、人間は自力では生存することができない未熟な状態で生まれてくる。ある意味で新生児は障がい者や病人と同じ条件下におかれる。（中略）誰の助けも必要とせずに生きることができる人は存在しない。人間社会ではいつも誰かが誰かをサポートしている。ならば、**独りでは生存することができない仲間を助ける生物として、人間を定義することもできるのではないか**」[10]という（太文字牧野）。

　村上はたびたび、「生を肯定し、支える営み」がケアであるという。これこそ、家庭科が目的としている「人間が生きることの意味と営みを学ぶ」ことではないだろうか。ケアの出発点を新生児に求め、ケアが人間の生涯を通して続く営みであることを知れば、家族はまさに「ケア」の場所であり、家庭科の学習内容にケアの意義やあり方を取り入れることが必要となるであろう。

(3) 福祉多元社会の中のケア

　ひとりだけ密室の家族空間でケアをする責任を負わされたときに、ケアを放棄したくなる状況に陥ることは育児不安や母親による子殺しの研究からも明らかである。養父や義父による子どもの虐待も枚挙に事欠かないほど発生している。子育ての責任を母親ひとりや家族に任せることの問題点はすでに多くの人びとにより、論じられている[11]。子育てを社会全体で分担し、「家族の私事」から解放することの必要性についてもすでに多くの指摘がある。『子どもが忌避される時代』を著わした本田和子は、「ケアされる権利のみを持つ依存的な存在である"赤ん坊"の権利を満たす場。赤ん坊のための「ケアの絆」が社会的にも法的にも保護され、社会全体が子育てを分担し、家族の私事から解放するとき、社会は初めて子育ての機能を回復することができるであろう。その時、家族という名称をもつ単位は、まったくその意味を変えているはずである」[12]と述べている。

　ケアされる権利を持ちながら、当事者として主張しない子どもたちを、大人は排除してしまうのではなく、ケアの絆を社会的な文脈において、どの子どもにも確保することが必要となるだろう。子育て機能を衰退させている家族を解放し、育児の社会化の道を見出すために、われわれは介護の社会化がたどってきた道から、さまざまな示唆を得ることが必要と思われる。日本を含むヨーロッパ社会は、ケアの脱私事化に向けて壮大な歴史的実験に踏み出している。介護保険に象徴される「介護の社会化」の次に来るのは「育児の社会化」であろうと上野はいう[13]。

　もともと出帆した時から座礁を運命づけられている「近代家族」をファインマンは「積みすぎた方舟」と表現している[14]。ケアを必要とする高齢者、病人、障害者などのケアの負担を外部から閉じ込められた家族だけが私事として引き

受けることは最初から無理な相談であったのだ。果たして、日本の近代家族はそのゆくえに育児の社会化を十分に視野に入れているだろうか。子育ての機能を衰退させ、すでにその座礁が始まっている日本の家族は、育児の社会化の道を急がなければ、「子どもたちが危ない」という段階に来ているといえるだろう。

　『ケアの社会学』の中で上野は高齢者介護の負担を引き受ける社会的枠組みとして、「福祉多元社会論」を提案し、いくつかの理論的枠組みを紹介している。その中で福祉のアクターに基づく4つの領域として、官、民、協、私のセクターをあげている[15]。

　(1)官セクター（国家）Public　(2)民セクター（市場）Market　(3)協セクター（市民社会）Common　(4)私セクター（家族）Private 官、民、協のすべてのセクターの働きがなければ、今日では介護も育児も子育てもその機能を果たすことができないのである。とりわけ、協セクター（地域社会）による分担が、近年その意義を増してきている。子育て広場や子育てサロン、子ども広場などは、密室空間での子育てから母子を解放し、親子のネットワークの拡大を作り出している。子育ての場合、家族が機能していれば官、民、協の役割が不要なのではなく、近代家族そのものが子育て機能や介護機能を衰退せざるを得ないために、社会的機能を必要としているのである。

3　家庭科の中で「ケア」を学ぶ

(1)人権の問題としてのケアの学習

　家庭科が女子のみ必修であった時代には、「保育」は家庭科の重要な教育内容であった。1990年代から男女必修家庭科の時代になり、「子どもの発達と保育・福祉」「高齢者の生活と福祉」の内容が加わった。子どもの保育も高齢者の介護も今日では小さくなった家族だけで引き受けられる問題ではない。家族と、官、民、協が共に引き受けなければならないのである。「ケア」の思想は、子育てや介護につきものの親と子、嫁と姑といった私的な関係のイメージを取り外し、人間相互の関係のあり方を考えさせる言葉である。

　誕生から死まで、人々のウェルビーイングを実現させるためにも、家庭科で

の「ケア」の学習と行動が必要とされているといえよう。

　では、家庭科ではケアについて何を、どのように学べば良いだろうか。もう少し具体的に考えてみよう。ケアは、ケアをする側、ケアされる側の相互行為によって成り立っている。上野は相互行為としてのケアは次の4つのケアの集合として成りたっており、ケアの人権が成立するとしている[16]。

　　①ケアをする権利　②ケアされる権利　③ケアすることを強制されない権利　④ケアされることを強制されない権利

　これらの人権が保証されていない場合には、嫁による義母の家族介護が強制労働となったり、親による不適切なしつけが子どもの虐待となったりする。ケアという行為を選択することによって当事者が社会的不利益を被ることになれば、ケアする権利を行使する意味がない。ケアする権利、ケアを受ける権利は人権の問題であることをまず、学んでおきたい。

　家庭科では個人の自立や生活の自立など、親や他人に頼ることなく、個として生きる力を身につけることが強調されてきた。青年期には特に生活的自立、精神的自立、経済的自立などの面から、ひとりでできるようになることが目的とされてきたといえる。他人に頼らないことが、望ましい生き方であると考えて長い人生を生きようとするならば、困難をかかえたときに、かえって自分を苦しめることになることがある。

　人は誰でも、病気や怪我や障がい、身体機能の未成熟や衰えなどのために、医療や看護、介護、等の専門家のケアを必要とすることがある。家族や友人や知人など身の回りの人びとによって、ケアされ、弱さを支えてもらうことも少なくない。病気や事故、失業や災害など、避けられない困難や事態に遭遇した時に、他人に援助やケアを求めることは人権の一つである。

　困難な時、苦しい時に他人にケアを求めて良いこと、ケアを求めることができる力を、まず育てておきたい。その後ケアの絆を、官、民、協セクターへと広げて、多くの多様なケアを受けることができる力が必要となるのである。

(2) ケアすることができる力を学ぶ

　他人をケアすることができる力とはどのような力なのだろうか。これは能力なのだろうか、どのように育てられるものなのだろうか。

　『ケアとは何か』の著者村上靖彦は、一般にはケアとは、苦しんでいる人の苦痛を緩和したり、生活に困難をかかえている人の身の回りの世話をすることと捉えられているが、当事者はひとりで力を発揮することはできず、誰かと繋がったときに本来の力を発揮することができるようになることに注目する。そしてケアが始まるための前提条件として、「当時者とコンタクトを取ろうとするケアラーの側の努力がある」と村上はいう。そして繋がることができる力（ケアの場のコミュニケーションの力）を次のように整理している[17]。

　　①当事者のサインをキャッチする　　②当事者に声を掛ける

　　③相手の位置に立とうとする　　　　④当事者と共に居る

　障がい者や赤ちゃん、病人など当事者のサインをキャッチし、相手と共にいることができる力は、コミュニケーションの基本的な大切な力であるといえよう。瞬き以外に身体を全く動かすことができない ASL の患者とのコミュニケーションの方法なども含めて、村上はケアとは何かの第 1 章を、この①から④のコミュニケーションの力を章立てとして、ケアの方法とケアする力について丁寧に論じている。

　イヴ・ジネストとロゼット・マレスコッティの 2 人によってつくりだされたケアの技法ユマニチュード（Humanitude）は、「人とは何か」「ケアする人とは何か」を問う哲学であり、実践技術であるという。徘徊したり、攻撃的になったりする認知症の人、寝たきり状態だった人がユマニチュードによる介護によって、魔法？奇跡？と驚かれながら回復の道をたどるのである[18]。

　ユマニチュードのケアの技法も「見る」「話す」「触れる」「立つ」のコミュニケーションを取る技法を丁寧に大切にするものである。例えば「話す」では、「赤ちゃんや愛する人に話しかけるように、あくまで優しく、歌うように、穏やかに」という。「それによって愛情深く、優しさを込めて、相手の尊厳を認めた表現になるでしょう、人生におけるポジティブな関係を思い出して声を出すように」と奨める[18]。

　ケアの絆の基本を述べているが、いずれも、人間関係を築く基本の技法である。このケアの技法は、人生のどこでも、いつでも役に立つであろう。

(3)アクティブラーニングによる主体的、対話的で深い学びを

　アクティブラーニングは、今回の学習指導要領で特に強調されるようになった。主体的、対話的で深い学びによって新しい時代に必要な資質、能力を育てることを目指している。教師が示す正しい答えを理解し、記憶し、必要な時に引き出すのではなく、自分であるいは友人や教師と対話をしながら、さまざまな回答を知り、よりよい回答を導き出していく学習方法である。当事者のサインをキャッチしたり、相手に声をかけ、相手の立場に立とうとするケアの関係の学習には、アクティブラーニングが、まさに有効で必要な学びとなるだろう。

　これまで家庭科で取り上げられてきた学習方法の中から、ケアについて学ぶことができる例を挙げてみたい。

　①　乳児や幼児を見たり、教室に招いてふれあう機会を持つ

　「ケア」の必要性や意義を最も強く感じることができるのが、乳児や幼児との関わりである。赤ちゃんや幼い子どもと実際に接し、コミュニケーションを取り、乳幼児の願いや欲求を理解する経験をたくさんして欲しい。産休中の先生と赤ちゃんを一緒に教室に招き、赤ちゃんの腕や足を触らせてもらう。また子育ての大変さや楽しみを親から話してもらう。特に小学校や中学校では、この乳児とのふれあいは、効果が大きい。産休中、乳児に 2 ヶ月おきにきてもらい継続して乳児の成長を知るのも良い。

　②　幼児とのふれあいを楽しむ機会を持つ

　学校の近くの幼稚園、保育所、認定こども園などを生徒が訪問し、幼児と遊ぶ機会をもつ。手作りのおもちゃを持って行って一緒に遊ぶのもよい。石や地面や草花、身体など自然物を使って遊ぶことも工夫させたい。地域の親子教室や子育てサロンなど公的な活動を、学校の多目的室などを会場として開催することも良い。主催者の職員も保護者とも協力ができる。

　③　学校の校区に住む高齢者を教室に招く

　自分たちと同じ年代だった頃の地域の様子や遊び、食べ物、楽しかったこと、つらかったことなどの話を聞く。高齢者から、地域特有の野菜や果物を使った料理を教えてもらう、などもよい。

　④　学区に住む障がい者を教室に招いて、話を聞く

これまでに経験したつらかったこと、うれしかったこと、困ったことなどを聞き、誰に、どのように助けてもらったかを知る。自分たちと同じ年代の人へ伝えたいこと期待していることなどを話してもらう。

　⑤　いろいろな国にルーツを持つ人を招いて母国の子どもたちの生活などの話を聞く

日本で暮らして、困難に感じること、助けが欲しいと思ったことなどについて聞く。

　⑥　福祉の官、民、協に当たる職場で働いている人を招き、ケアの仕事についての話を聞く

仕事の苦労や喜び、生きがいなどを話してもらう。

　⑦　映画、小説、YouTube、コミック、雑誌、絵本、ＴＶ、ビデオなどからケアについて学ぶことのできる題材を集め、授業で紹介し共有する

　⑧　話を聞いたり、見たりして気づいたこと、考えたことを友達に伝える

グループ・ディスカッション、模造紙、ホワイトボードなどを用いて、気づいたことを言葉に表す。

　⑨　他人の意見から気づいたこと、学んだことを記録するために、メッセージカード、絵本、イラスト、ワークシート、パソコンなどを活用する

以上はごく一例である。乳児から高齢者までできるだけ多様な人々と接し、多様な考え、多様な生活のようすを知り、考えを友人と共有する学びをしてほしい。

4　終わりに──「ケア」の課題と家庭科教育の役割──

ケアされる権利のみを持つ依存的な存在である"赤ん坊"の権利を、「人権」の中心的な基盤とする社会を可能にすることなしには、サスティナブル社会の実現は不可能であろう。出生率の低下が続いている日本は、コロナ禍の拡大も加わって、新しいいのちの誕生が毎年大きく減少している。

歴史社会学者のステファニー・クーンツは「子育てというのは、両親だけにまかせてはおけない重要な仕事であると考えられている社会において子どもは一番良く育つ」と述べている[19]。赤ん坊のための「ケアの絆」が社会的にも法

的にも保護され、社会全体が子育てを分担し、家族の私事から解放するとき、社会は初めて子育ての機能を回復することができるであろう。

　これからの社会の価値の基準として、"世界の中心に赤ん坊の笑顔をおく"ことができるかどうかによって評価したい。赤ん坊が十分にケアされ、障がい者、高齢者、病む人びともまたケアされ、ケアをする権利が果たされる世界を実現したいものである。

　西暦2000年、日本の介護保険制度がスタートした。介護保険によって高齢者福祉が、恩恵から権利へと転換したのだが、制度や運用上のさまざまな課題が生まれている。人生100年時代と言われるようになり、高齢者の疾病医療、ケアの問題は、今後の日本でますます大きな課題となるであろう。

　海外ではコロナ禍がもたらしたケア実践とケア労働の重要性とケアをおろそかにしてきた社会のあり方を批判し、「ケアを貶める政治を超えて、ケアに満ちた世界へ」をスローガンとした『ケア宣言』が出版されている[20]。家族、コミュニティ、国家、経済、世界、地球環境の危機を解明し、ケアを中心に据えた相互依存の政治を提案している。今やケアの問題は人間の生き方や政治のあり方を決める世界的な課題ともなっているのである。武器や戦争による解決ではなく、ケアに満ちた世界を確立するために、教育が果たす役割はますます重要になっているといえよう。

（牧野　カツコ）

引用・参考文献
1 ）片田江綾子（2010）「家族について教えるということ——家庭科教員の家族教育体験に関する現象学的研究——」『日本家庭科教育学会誌』Vol. 53、No. 1、pp. 22-31、同（2014）「家族教育における「倫理的な指導不安」——生徒のプライバシー保護と家庭科教員の不安をめぐる現象学的研究——」『日本家庭科教育学会誌』Vol. 56、No. 4、pp. 194-202
2 ）綿引伴子（2018）「家族学習の課題」『日本家庭科教育学会誌』Vol. 61、No. 1、pp. 3-11
3 ）戦後教育改革資料研究会編（1947）『文部省 学習指導要領 家庭科編（試案）昭和二十二年度』日本図書センター
4 ）日本家庭科教育学会編（2000）『家庭科教育50年——新たなる軌跡に向けて——』建帛社 資料編、4. 学習指導要領における家庭科の目標の変遷　pp.

259-265および5．学習指導要領における家庭科の教育内容の変遷 pp. 226-273

5）家庭科の男女共修をすすめる会編（1977）『家庭科、なぜ女だけ！　男女共修をすすめる会の歩み』ドメス出版および同（1997）『家庭科、男も女もこうして開いた共修への道』ドメス出版

6）文部科学省（2017）『小学校学習指導要領（平成29年告示）』および同（2018）『高等学校学習指導要領（平成30年告示）解説 家庭編』

7）国際連合広報センター（1994）国際家族年（最終閲覧日年3月1日）https://www.unic.or.jp/files/family01.pdf

8）上野千鶴子（1993）『近代家族の成立と終焉』岩波書店

9）上野千鶴子（2011）『ケアの社会学──当事者主権の福祉社会へ──』太田出版、pp. 39-43

10）村上靖彦（2021）『ケアとは何か──看護・福祉で大事なこと』中公新書、まえがき、p. iv

11）牧野カツコ（2009）「子育ての場という家族幻想──近代家族における子育て機能の衰退──」『家族社会学研究』第21巻第1号、pp. 7-16

12）本田和子（2007）『子どもが忌避される時代』新曜社

13）上野千鶴子（2008）「家族の臨界──ケアの分配公正をめぐって──」日本家族社会学会『家族社会学研究』第20巻第1号、pp. 28-37

14）Fineman, M. 1998, *The neutered mother, the sexual family: And other twentieth century tragedies.*（上野千鶴子監訳・解説、速水葉子・穐田信子訳、2003『家族・積みすぎた方舟：ポスト平等主義のフェミニズム法理論』学陽書房

15）上野千鶴子（2011）前掲書（第9章 誰が介護を担うのか）pp. 217-238

16）上野千鶴子（2011）前掲書、pp. 58-64

17）村上靖彦（2021）前掲書、pp. 2-20

18）本田美和子・イヴ・ジネスト、ロゼット・マレスコッティ（2014）『ユマニチュード入門』医学書院、pp. 54-56

19）Coontz, S. 1992, *The way we never were: American families and the nostalgia trap*（岡村ひとみ訳、1998、『家族という神話：アメリカン・ファミリーの夢と現実』筑摩書房

20）ケア・コレクティブ著、岡野八代・富岡薫・武田宏子訳・解説（2021）『ケア宣言 相互依存の政治へ』大月書店

第9章　子どもの居場所と世代間交流

はじめに

「あなたにとって、ほっとする場所は？」と聞かれたら、何と答えるだろうか。自分の部屋、お気に入りのカフェ、趣味の集まり、友人と一緒にいる場など、その答えは人によってさまざまだろう。過ごしやすい、心地よいと感じられる空間があるということは、人の健康にとって非常に大切なことである。不安を感じるような場に身を置き続けていては、身体も心もボロボロになってしまう。近年、わが国では「子どもの居場所づくり」が社会的課題として取り上げられている。学齢期にある子どもたちは、自宅と学校で過ごすことが1日の大部分を占める。たとえそこに居心地の悪さを感じていたとしても、そこにいるしか選択肢が無いと思ってしまっている子もいる。時には子どもだけではなく、その保護者である親も、ともに居心地の悪さや辛いと感じる環境から抜け出せずにいることもある。子どもたちのウェルビーイングを支えていくうえで、彼らにとって安心できる居場所を保障することは急務である。子どもたちはどのような居場所を求めているのだろうか。

1　子どもたちが置かれている「居場所」の現状

子どもの居場所に関する現状について、こども家庭庁[1]は次のように述べている。第一に、社会の変化を踏まえた居場所づくりの必要性である。第二に、課題の複雑化・複合化、価値観の多様化に伴う居場所づくりの必要性である。つまり、現代の日本では子どものための多様な居場所が求められており、国全体で子どもの居場所づくりに積極的に取り組んでいく方向性が示されている。そのような中で、近年では家庭や学校以外の子どもの居場所として、さまざまな場が整えられつつある[2][3]。

一方で、学校外の支援とつながることができていない子どもたちも未だ多数

存在する。例えば、フリースクールを含む民間施設の利用者は、不登校児童数のうちのわずか3.7％となっている[4]。これについて、「不登校新聞社」代表の石井氏は、不登校の子どもたちがフリースクールを求めていないということではなく、求めているにもかかわらず、どんなところなのかの情報がなく、さまよっていると指摘する[5]。また、学校以外の支援機関（教育支援センターなどの公的機関、フリースクール等の民間施設、オンラインを活用した自宅学習等）の利用は4割以下と、学校外支援の利用はあまり進んでいないことが報告されている[6]。

2　子どもたちが求める支援

　では、子どもたちはどのような支援を求めているのだろうか。文部科学省が実施した、小中学生を対象とした不登校児童生徒の実態調査[7]によると、誰かに相談しやすい方法としては、「直接会って話す（小学生48.5％、中学生45.9％）」ことを挙げた子どもが最も多く、相談できる相手と直接会えるような、子どもが安心できる居場所が求められていた。一方で、次に多かった相談方法は直接顔を合わせずに相談ができる「メール・SNS（LINE など）（小学生28.6％、中学生41.5％）」という結果であった。また、両者を選択した人は、ほとんど重複しない結果であった。子どもたちの希望によって、さまざまな相談方法の選択肢が用意されていることが求められている。

　実際に子どもたちが相談したことのある相手としては、「家族（小学生53.4％、中学生45.0％）」が最も多く、次いで「誰にも相談しなかった（小学生35.9％、中学生41.7％）」であった。さらに「学校の先生（小学生13.3％、中学生15.0％）」と続く。一人で悩みを抱えながら過ごす状況に陥っている子どもたちは少なくない現状である。悩みを抱える本人および相談を受けた人が「学校以外の居場所」についての知識を持ち、あらかじめ多様な選択肢があることを知っておくことが、早期支援につながっていく。

3　子どもの居場所支援の実際

　子どもの居場所支援の実際としては、次のような居場所が展開されている。
例えば、子ども食堂、プレーパーク、児童館（児童センター・ティーンズセン
ターなど）、学習支援室、フリースクール、子どものためのシェルターなどが
挙げられる。これらは、その利用目的も、対象とする子どもも、利用の仕方も
異なるが、いずれも必要な子どものための居場所となっている。このほかにも、
習い事の場やオンライン上の仮想空間などが、家庭や学校以外の第3の子ども
の居場所として機能している場合もある。

　また、こども家庭庁[8]は、子ども・若者の居場所づくりにおいて大切にした
い視点として、次の2点を挙げている。

①居場所づくりにおいて重要なことは、こども・若者の主体性の尊重である。
②その場を居場所と感じるかどうか等は、本人が決めることである。

　そして、「居たいと思える場所」「行きたいと思える場所」「やってみたいと
思える場所」という3つの区分で大切にしたい視点を示している。多様な居場
所を求める子どもたちがいる中で、ひとつの施設だけで、すべての子どもたち
のニーズを網羅する居場所を提供することは難しい。子どもが自力で行ける範
囲に複数の居場所があり、子ども自身が居場所を選んで利用することができる
環境を整えることが求められているといえる。

　また、居場所で過ごす子どもたちの様子についてもさまざまである。ここで
は子ども食堂の例を挙げる。一口に「子ども食堂」といっても、その運営方法
や雰囲気の違いは大きい。ある子ども食堂では、皆で食べ始める時間が決まっ
ており、スタッフと利用者が一緒に準備をしながら他の人との会話を楽しんだ
り、交流したりするスタイルをとっており、会話の中から出てきた悩みに応じ
て必要な支援につなげていた。別の子ども食堂では、スタッフが利用する子ど
もに深入りはせず、訪れた人から順番に食べ始め、用が済んだらすぐに帰るこ
とができる形をとっており、匿名で気軽に利用できるスタイルで運営していた。
全国で9,000箇所以上あるとされる子ども食堂[9]では、9,000通り以上の方法で
子どものための居場所が提供されている。このように、さまざまな目的・理念

のもとに運営されている子どもの居場所があり、多様な考えや背景をもつ子どもが利用している現状であるが、いずれにも共通しているのはそれぞれの居場所が提供可能な範囲で、「子どもにとっての心地良さを大切にしている」ということである。

4　交流を通して異世代とつながる

　子どものための居場所の中には、利用対象を限定せず、地域の人々にも広くオープンになっている場合もある。そのような場では、異世代間の交流がうまれることもあるだろう。子どもの居場所づくりは、単に子どもを支援するだけではなく、子どもとのかかわりから周囲が得られることも多くある。たとえ身近な距離で暮らしていたとしても、世代や生活スタイルが異なれば、日常の暮らしの中ではほとんど交流が無いことも多い。実際に、わが国の高齢化率は年々高まっているものの、特に都市部では核家族が多く、身近に会話ができるような高齢者がいない生徒も多い。中学生がもつ高齢者イメージを分析した研究[10]によると、高齢者イメージを形成する最たる要因はメディアの影響であり、幼少期から児童期において特に意識せずに視聴していたテレビ番組から、イメージの形成要素となる情報の刷り込み様の状況を起こしており、その記憶に残っていた事柄はほぼネガティブな高齢者イメージにつながっていた。一方で、高齢者施設への訪問の経験は、高齢者イメージに対してそれまでの漠然としたネガティブなものから、リアリティを得ることでポジティブな方向へ変化させる作用があることが確認された。このように、実際に相手とかかわることで、身近に暮らす他者の存在がはじめて見えてくることもある。それは、生徒たちだけではなく、高齢者の側も同様である。そのような中で、中学校の家庭科では平成29年告示の学習指導要領[11]から高齢者学習の内容が多く盛り込まれた。今後は高齢者との世代間交流が広がっていくことが予想される。

　また、同様に異世代について知るための機会として、中学・高校の家庭科では乳幼児とのふれ合い体験学習が行われている。生徒たちは、交流ができるような関係性の幼い乳幼児が身近にいない場合も少なくない。大人から見れば中高生も乳幼児も、同じ「子ども」という枠組みの中にあると思われるかもしれ

ないが、生徒たちにとっては、乳幼児は異世代の存在なのである。

5　さまざまな実践の形から幼児を理解する

　ふれ合い体験学習では、同じ社会に暮らす他者を知る、乳幼児とのかかわり方を考え工夫できるようになるという第一の目的のほか、乳幼児への肯定的なイメージをもつようになる[12]、共感的応答性の向上[13]、育てる側としての意識形成[14]、自己や人間関係について考える機会となる[15]、生徒の自尊感情の向上[16]など、先行研究によってさまざまな効果があることが明らかになっている。

　しかし、現状としてすべての学校で生徒と乳幼児が直接交流をする機会が持てるわけではない[17]。ふれ合い体験学習の実施に至らない背景には、生徒数が多すぎて連れていくことが難しい、引率教員が確保できない、近くに交流をするのに適切な施設がないなど、さまざまな理由が挙げられる。加えて、近年は新型コロナウイルスの流行下において、交流を自粛する動きもみられた。ふれ合い体験学習は学校外の人とのかかわりであるという点からも、コロナ禍以前より学校内のみで完結する他の体験活動よりも実施のハードルが高いという声も聞かれる。そのような中で、従来のふれ合い体験学習に代わる活動を行っている学校も増え、新たな形の実践が蓄積されつつある。具体的には、子どもの様子の観察のみを行う方法、ICTを活用したオンライン上での間接的な交流を行う方法、ビデオメッセージや手紙などを生徒と園児が交換する交流方法などが挙げられる。いずれの方法にもメリットがあるが、ここでは大学生における授業実践[18]から、ふれ合い体験学習とそれに代わる活動の特徴を整理していく。

(1) 研究デザイン

　ＡＢＣの３大学において、幼児とのふれ合い体験学習およびその代替となる活動を行った。活動の概要を表9-1に示す。対象者は、家庭科教員養成課程の必修科目「保育学（実習および家庭看護を含む。）」を履修する大学生である。いずれも４年制の女子大学で、栄養士養成課程という特徴をもつ。同一の授業者が同じテキストを用いて授業を行った。各活動の事後授業の中で、活動をふ

表9-1　異なる交流方法によるふれ合い体験学習等の概要

種類	対象者	実施時期	交流相手
A：直接交流 （従来のふれ合い体験学習）	A大学 8名	令和3年 11月	乳児親子 +保育園3-5歳児
B：観察のみ （園児の観察・交流なし）	B大学 39名	令和4年 5月	認定こども園 3-5歳児
C：ICT活用での交流 （オンラインで同時双方向の交流）	C大学 27名	令和3年 12月	認定こども園 3-5歳児

表9-2　「子どもはかわいい」得点変化の人数別比較

	事後に得点が上昇・ 最高値のまま	前後で得点の 変化なし	事後に得点が低下
A大学（対面） n=8	8	0	0
B大学（観察） n=38	31	5	2
C大学（ICT） n=27	25	1	1

り返る内容のアンケート調査を実施した。アンケート調査に用いた項目は、1）子どもはかわいい、2）子どもはめんどうくさい、3）子どもとかかわることに自信がある、である。学生はふれ合い体験学習等の活動前後の自己意識をふり返り、各項目について「そう思う」と感じる割合を10段階で自己評価した。併せて、学生の自由記述から得点の変化の理由を探った。

（2）結果と考察

各項目において、活動前後の得点の変化について、事後に得点が「上昇または最高値のまま」「変化なし」「低下」の3群に分け、人数の比較を行った。

1）子どもはかわいい

結果を表9-2に示す。群別に人数の違いを見てみると、従来のふれ合い体験学習と同様の直接交流を行ったA大学では、すべての学生の得点が事後に上昇

または最高値のままであった。また、観察のみのB大学とICTでの交流を行ったC大学も、事後に得点が上昇または最高値のままの群がもっとも多かった。いずれの活動でも共通していることは、幼児がリアルタイムに活動する姿を学生が見ていたという経験である。

2）子どもはめんどうくさい

結果を表9-3に示す。得点が低下した理由（めんどうくさいと思わなくなった理由）として、A大学では「最初はすぐに泣くし大声で叫ぶし同じことを何回も言わせるし、面倒だなと思う部分があったけれど、泣くことも叫ぶこともすべてにおいてコミュニケーションをはかるものであるという考えに至った」等の記述が見られた。B大学では「自分にできることが多くあると知ったから」「言葉が通じるのだと分かったから」、C大学では「適切な声かけで伝わることが分かったから」「大人の当たり前を押し付けるからめんどうくさいと感じてしまうけれど、子どもに合わせればそれはめんどうくさいことではない」等が挙げられた。本項においても１）と同様に、幼児のリアルな現状を目の当たりにした経験から、子どもの特徴を理解していると読み取れる記述が見られた。

得点の変化なし群の理由として、A大学では「指示されても、自分のしたいことを優先する姿から、そのような子どもへの接し方が難しいと感じた」「集団でそれぞれ意思のある子への対応が難しいと感じた」等が挙げられた。B大学は観察のみということもあり、得点に変化がない学生も多かった。C大学で

表9-3　「子どもはめんどうくさい」得点変化の人数別比較

	事後に得点が上昇・最高値のまま	前後で得点の変化なし	事後に得点が低下
A大学（対面）n＝8	0	2	6
B大学（観察）n＝39	2	17	20
C大学（ICT）n＝27	4	8	15

は「集中して周りが見えなくなる姿もかわいいと思いながら、大変だとも感じた」という理由を挙げていた。

　B・C大学では得点が事後に上昇し、幼児に対するめんどうくささを感じるようになった者もいた。B大学では「子どもの心情が伝わりづらいと感じた」「幼児同士のけんかを仲裁している姿から、大変だという気持ちが強くなった」「先生に叱られて拗ねている子を見て」が挙げられた。幼児の様子を第三者の目線から観察したことで、見えてきたものがあったようである。C大学では「クイズで指示が通らず大変だと感じた」「いうことを聞けない子もいて、大きな声で指示をしなければいけなかった」という理由であった。

3）子どもとかかわることに自信がある

　結果を表9-4に示す。得点が上昇または最高値のままであった群が3群の中で最も多かったのはA大学のみであり、B・C大学では異なる結果となった。自信がついた理由として、A大学では「たくさん会話をしてみて、きちんと話をきいてくれたり、一緒に遊んだり楽しく過ごせた」「もともとは苦手意識があったが、笑いながら話すなど、子どもが寄ってきやすい雰囲気をつくれた」等の、かかわりを通して幼児とコミュニケーションが取れたことによるものが挙げられた。

　得点の変化なし群は、B大学で目立った。また、C大学では得点が上昇または最高値のまま群と変化なし群が同数であった。理由として、B大学では「観察だけではどう接したらよいかは分からずに終わってしまった」「実際に自分がかかわるとしたらどのくらいできるかわからないから」、C大学では「実際に接したわけではないため」等の記述が見られた。直接幼児と交流ができなかった場合は、子どもとかかわることへの自信にはつながりにくいことが推察された。

　また、B・C大学では、活動を通して子どもとかかわることへの自信をなくした学生もいた。その理由として、B大学では「先生がたくさんのことに気をつかっているのをみて、自分はまだまだだと思った」「自分は先生を見てここまでは出来ないと思った」等、園の先生の高度な対応技術を目の当たりにし、学生が自分自身と園の先生の姿を比較したことで、かかわることへの自信を無くした様子であった。C大学では「元気すぎてついていけるか不安になった」

表9-4　「子どもとかかわることに自信がある」得点変化の人数別比較

	事後に得点が上昇・最高値のまま	前後で得点の変化なし	事後に得点が低下
A大学（対面）n = 8	6	2	0
B大学（観察）n = 39	9	22	8
C大学（ICT）n = 27	12	12	3

「友人のかかわり方が上手で自分はまだ力不足だと感じた」等、自分と同じ立場の他の学生のかかわりの姿を自分と比較していた者もいた。

(3) まとめ

　今回取り上げた３種類の実践の比較からは、幼児に対して肯定的な意識を持つようになる方法の一つとして、直接交流だけでなく観察のみやオンラインでの交流の可能性も見出された。幼児の写真や記録された動画ではなく「いま」を生きている幼児の姿にふれる経験は、学生が幼児に対する肯定的な意識を持てるようになることへの影響を与えていることが推察された。

　子どもに対してめんどうくさいという感情を抱くことは、幼児が自分の意志を持ち、時には大人が求めるような形ではない行動も取る存在であることを意識しているということでもあり、幼児のリアルな姿を捉えることができているといえるだろう。こうした幼児の姿をおさえつつ、学生がその姿を受け入れていける気持ちが持てるような授業の工夫が必要である。

　子どもとかかわることへの自信については、観察者という第三者の立場で幼児教育・保育のプロである園の先生の様子を目の当たりにしたことで、学生は自分の未熟さを感じ、幼児とかかわることへの自信を無くしていたことが自由記述から読み取れた。一方で、おそらく保育技術としてはB大学と同等程度と推察されるA大学では、目の前の幼児に自分が働きかけることができたという経験が自信につながっていたようであった。現行の中学校技術・家庭（家庭分野）の学習指導要領解説では「幼児とのよりよい関わり方について考え、工夫

すること」[19]が、高等学校では「乳幼児と適切に関わるための基礎的な技能を身に付けること」[20]が求められている。今回は大学生を対象とした調査ではあるが、かかわり方について学生や生徒が自信を持つためには、相手の幼児に対して自らが起こした行動が影響を与えたという実感が持てることが必要だと考える。

おわりに

　本章では、子どもの居場所を手がかりに、ふれ合い体験学習を中心とした世代間交流について述べた。家庭科で扱う世代間交流は、ともに社会で暮らす他者を知る機会であり、異世代とのつながりを通して、生徒たちが当事者として地域社会の人々の生活について考える機会にもなっている。子どもたちのウェルビーイングの実現には、生活圏の中に自分の居場所がいくつもあり、安心できる人がいる居場所が「ここにもある」と感じられることが必要である。そして、居場所となるのは物理的な場所だけではなく、心の拠り所としての人的居場所こそが求められているように感じる。家庭科で扱う世代間交流は、こうした人と人とのつながりを得られる場でもありたい。

（叶内　茜）

引用・参考文献
1 ）こども家庭庁（2023）『こどもの居場所づくりに関する調査研究報告書概要』最終閲覧日2023年12月 9 日、https://www.cas.go.jp/jp/seisaku/kodomo_ibasho_iinkai/pdf/ibasho_houkoku_gaiyou.pdf
2 ）石井志昂（2022）『フリースクールを考えたら最初に読む本』主婦の友社
3 ）湯浅誠（2021）『つながり続けるこども食堂』中央公論新社
4 ）文部科学省（2022）『令和 2 年度不登校児童生徒の実態調査結果の概要』最終閲覧日2023年11月10日、https://www.mext.go.jp/content/20211006-mxt_jidou02-000018318-2.pdf
5 ）株式会社主婦の友社（2022）PRTIMES「不登校児童は過去最高の約24万人。学校に行けずに苦しんでいる子どもと保護者に『フリースクールという選択肢が存在する』ことを知ってもらうための書籍が発売」最終閲覧日：2023年12月29日、https://prtimes.jp/main/html/rd/p/000002047.000002372.html

6 ）前掲 4 ）

7 ）前掲 4 ）

8 ）前掲 1 ）

9 ）認定 NPO 法人全国こども食堂支援センターむすびえ（2023）『むすびえ web ページ』最終閲覧日2023年12月20日、https://musubie.org/

10）中村正人・白澤政和（2014）「中学生の高齢者イメージ形成プロセスに高齢者施設訪問経験が与える影響」『老年学雑誌』5、pp. 21-38

11）文部科学省（2017）『中学校学習指導要領（平成29年告示）解説 技術・家庭編』

12）岡野雅子・伊藤葉子・倉持清美・金田利子（2011）「家庭科の幼児とのふれ合い体験と保育施設での職場体験学習の効果の比較」『日本家庭科教育学会誌』54(1)、pp. 31-39

13）岡野雅子・伊藤葉子・倉持清美・金田利子（2012）「中・高生の家庭科における「幼児とのふれ合い体験」を含む保育学習の効果；幼児への関心・イメージ・知識・共感的応答性の変化とその関連」『日本家政学会誌』63(4)、pp. 175-184

14）伊藤葉子（2007）「中・高校生の家庭科の保育体験学習の教育的課題に関する検討」『日本家政学会誌』58(6)、pp. 315-326

15）岡野雅子（2006）「中学生・高校生の保育体験学習に関する一考察；幼稚園・保育所側から見た課題」『信州大学教育学部紀要』117、pp. 25-36

16）叶内茜・倉持清美（2014）「中学校家庭科のふれ合い体験プログラムによる効果の比較；幼児への肯定的意識・育児への積極性と自尊感情尺度から」『日本家政学会誌』65(2)、pp. 58-63

17）全日本中学校技術・家庭科研究会研究調査部（2016）『平成27年度中学校技術・家庭科に関する第 3 回全国アンケート調査【家庭分野】調査報告』全日本中学校技術・家庭科研究会

18）叶内茜（2023）「幼児ふれ合い体験の体験方法による効果の検討；直接交流・観察・ICT 交流の比較から」『年報・家庭科教育研究』40、pp. 41-48

19）前掲11）

20）文部科学省（2018）『高等学校学習指導要領（平成30年告示）解説 家庭編』

第10章　家庭科カリキュラムにおける「ものづくり」を再考する

はじめに

　皆さんは「家庭科」と聞いてまず何を思い浮かべるだろうか？　例えば「学習内容が実用的」だとか「実習がある」ことを連想したかもしれない。家庭科の前身にあたる「裁縫科」は、多くの時間を使い文字通り「裁縫＝布を裁ち、縫う」ことを学んだ。当時、裁縫科で学んだことは生活を営む上で重要なスキルだった。しかし、自分で作らなければ衣服が手に入らない時代は既に終わっている。日本総研の調査では、衣類の国内新規供給量（2020）は81.9万ｔ、そのうち廃棄される総量は6割以上の51.2万ｔに上ると推計され[1]、衣類の供給過多と新製品の廃棄が現代日本の社会的課題の一つといえる。同様に、食料自給率の低さとは裏腹に、調理加工品の大量生産・大量廃棄も近年大きな問題になった[2]。家庭科は「生活の向上≒ウェルビーイング」を目標におく教科である。現代の児童・生徒にとって衣服や調理加工品は、よりよいものを「選択」し、適切に「廃棄」あるいは「再利用」する"消費"が身近な現実問題[3]である。それでは「ものをつくることを学ぶ意味・意義」はなくなったのだろうか。

1　家庭科教育における「ものづくり」とは

(1)大学家庭科教育研究会における「ものづくり」

　ここで、大学家庭科教育研究会（以降、「大家研」と記載）における「ものづくり」という言葉の扱いを見ておきたい。野田は1998年、2008年告示の学習指導要領の「目標」で「ものづくり」という言葉を用いた中学校技術・家庭科（技術分野）、小学校理科、小・中学校の「総合的な学習の時間」だけではなく、家庭科にも「ものづくり」を位置づける必要があると述べた[4]。それは、理科における「ものづくり」に係る目標「『見方や考え方を養う』『原理や法則の理

解を深める』『実感を伴った理解』等、学びの手段としての『ものづくり』が
家庭科にも必要[5)]」という考えによる。

　大家研が刊行した書籍[6)]に描かれた家庭科教育における「ものづくり」の記
述は、「70〜80年代は『実用性』に偏重した『実用／やり方主義』への批判と
ともに教育的視点による学習指導の工夫、90年代以降は既製品の供給増という
現状を受け、衣生活の課題にせまる『被服製作』教材の捉えなおし[7)]」という
特徴をもって展開した。渡瀬（2022）は「家庭科教育におけるものづくり」を
「生活の向上を目指す問題解決の過程で、科学的な知識等を踏まえ、経済・文
化・環境に配慮した設計・計画を行い、身体的な技能等を用いて製作を行うこ
と[8)]」と捉えた。「ものづくり」学習の対象は衣生活分野の製作のほか保育分
野のおもちゃ製作や調理加工も含まれるが、本章ではとくに「被服製作／布を
用いた製作」に焦点を当て、カリキュラムの変化に着目する。本章における
「布を用いた製作」とは、「被服」に限定されない手芸品（小物類など）を含み、
「被服製作」よりも広義の製作物を指す。

(2) 大家研における「ものづくり」をめぐる教科論―「科学」と「技術」

　大家研の会誌『年報・家庭科教育研究』の創刊号は1973年（1976年に改訂
版）に刊行された。ここで大家研設立初期に議論された家庭科男女必修化に至
る前の「ものづくり」、とくに被服製作をめぐる教科論を整理しておきたい。

　創刊号で村田は、「家庭科成立のための『仮説的教科論』」として「文化価値
の伝達と創造」≒「技術」と「科学」の伝達と創造と捉え、３つの枠組み（1.
「技術」に対応、2.「科学」に対応、3.「技術」と「科学」に対応）を示し
た。村田による「『科学』に対応する教科」イメージは、「1つの教科の中で自
然科学の学習から社会科学の学習へ発展させ、自然現象を社会科学的に捉えさ
せ、科学的認識を育てていく[9)]」ことを意味する。田結庄は「大家研における
村田理論の到達点は、家庭科の教科成立の根拠を『科学』に求め、社会科学と
自然科学を総合化した『科学』に対応した教科として位置づけたこと」と評価
している[10)]。この村田による「家庭科成立のための『仮説的教科論』」は、「技
術」の伝達重視とは異なる方向性への模索ともいえる。

　中屋は、被服製作を含む衣生活に関する学習内容の再考例として、1950-60

年代の日教組・教研集会（中教研家庭科部会）での「家庭科教育内容系統試案」について言及した。この試案では「労働と被服」の関係を鍵概念に置き、学年ごとで「認識の発展の系列」に基づく学習内容の整理と構造化が図られた[11]。この案で注目されるのは、縫製「技術」の学習だけでなく、生活行為に伴う人体の動きの理解、生産者としての視点等の「科学」「経済」の視点が組み込まれていることである。

　福原は、日教組・婦人部の1958年度（初年度）定例家庭科研究会の研究課題「家庭科における『技術』の教育的意味は何か」の議論において「生活理解に達するプロセスに位置づく被服製作が『技術』であるならば、その教育的意味は十分持ちうるし、『ぬう』という基礎技術はもちろん上衣・下衣の被服製作教材もまた義務教育段階の教材に含めることが可能」という見解を紹介したうえで、製作教材のミニマムを小学校は手縫い（布と布を縫合する最も素朴な要素の理解として、なみ縫い・返し縫い・玉どめ・玉結び・かんぬきどめを行い、教材としては平面構成（袋）を含む）。中学校ではミシン縫い（ミシン操作を中心として平面構成の他にふくらみの要素を加えエプロンを作る）[12]と整理した。これらの製作教材は、当時はもちろんのこと、現在の学習教材よりもかなり絞った提案である。「ものづくり」は「生産技術」という言葉に親和性があるが、福原は先述の議論から「家庭科で扱う『技術』は、生産技術とは質的に異なるという見解、一方、両者は基本的に異質であるとしながらも（中略）家庭科は生産技術教育に対応した技術教育の性格をもちうることも考えられる」ことを述べ、家庭科教育にも「ものづくり」の見方が適用できることを示唆した。

　柳は日本教育大学協会第二部会家庭科部門21回総会（1974）で「家庭科廃止論」への対応で設けられた「家庭科教育の諸問題」分科会に触れ、「教科論」確立と「生活技能（労働力再生産過程にかかわるさまざまな技能）に関する教育」の必要性を説いた。それは「生活文化の伝達は、技能を媒介として行われることが多い。技能の未習得は、文化の伝達そのものを危うくする可能性をもっている（中略）。生活技能の教育を、地域・家族が担い得なければ、（中略）学校の役割の中に組み込むべき[13]」という「文化」的側面からの学習意義の指摘である。

　大家研の萌芽期に見られた議論に表れるように、製作教材を含む「ものづく
り」学習は、戦前の裁縫科と一線を画す「新しい家庭科」の教科論確立に呼応
し、「科学」の視点を強調した理論的意味付けが試みられた。しかしながら、
『年報・家庭科教育研究』の創刊号で高木葉子は、「中学校では『技術を通して
生活を明るく豊かにする』という目標から、製作教材が多く、考えさせたり、
原理原則をつかませたりする時間はとれず、固定的に“し方”を伝承して、た
だ『仕上げること』が目的とならざるを得ない状態[14]」と現状を批評した。高
木直は「中学校で被服製作嫌いが増加したこと」を指摘し、その要因として、
1989年の学習指導要領改訂前までの製作教材が「小学校の学習から飛躍的に難
しくなっていること」、「複雑かつ高度な技術」が盛り込まれていることを挙
げ[15]、「技術」偏重の傾向に警鐘を鳴らした。このような現実と理想の狭間の
中で、「ものづくり」実践はどのように展開されてきたのだろうか。そこで、
本章は小学校、中学校の家庭科学習を経た高等学校段階における1950年代以降
の「ものづくり」学習のうち、とくに「被服製作／布を用いた製作」教材に焦
点を当てる。その際に、高木葉子による「『衣』領域の教育内容試案」の中の
「製作の系統図[16]」の一部とこれまで大家研で論じられてきた「（人体の）構
造」の理解を踏まえた製作の系統図を援用した図を用いる（図10-1 次頁）。
　図の左側には、製作教材で用いる〈布が覆うものの形状・性質〉を①平面
（物体）、②立体（物体）、③立体（人体の一部を覆う）、④平面（上半身／下半
身を覆う）、⑤立体（上半身／下半身を覆う）で分類した。この〈布が覆うも
のの形状・性質〉を基準に分類することで、教材の製作目的と科学的理解の捉
えを見るめやすとする。図の右側に示した「学習内容とのかかわり」は、「衣
生活文化」と家庭経営の視点（とくに購入・廃棄／再生に伴うコスト面や意思
決定）と共に、衣生活に関する学習内容（自然科学／社会科学／人文科学）を
包摂した概念図であり、「文化」「科学」「環境」「経済」の視点が有機的に関連
している。

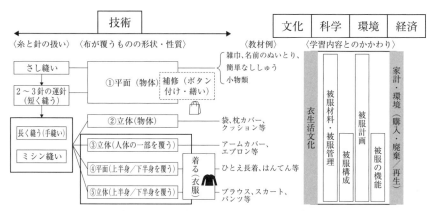

図10-1 製作の系統図と学習内容とのかかわり（渡瀬、2023に一部加筆）

2 家庭科カリキュラムと「ものづくり」

(1)カリキュラムの構造

　次に、「ものづくり」学習の実態について、カリキュラムのどのレベルまでを検証対象にするかが課題となる。カリキュラムの分類例には、草原・大坂らが用いた「公式カリキュラム（Formal curriculum）：学習指導要領や教科書」、「実行カリキュラム（Enacted curriculum）：教師による直面する諸条件と折り合いをつけて考え、デザインし、実践したもの[17]」、田中による「制度化されたカリキュラム：学習指導要領」、「計画されたカリキュラム：自治体・学校による年間指導計画」、「実践されたカリキュラム：教師による授業実践」、「経験されたカリキュラム：学習者が受容し経験したもの」等がある[18]。学習実態を見るためには国際数学・理科教育調査（TIMSS）の「多層的なカリキュラムモデル[19]」にも含まれる「達成された（Attained）カリキュラム」や先述した「経験されたカリキュラム」の分析が重要であるが、本章は「公式カリキュラム」と「実行カリキュラム」の分析を中心に1950年代以降の「ものづくり」学習に関するカリキュラムの変化に注目する。

　高等学校における「ものづくり」に関する学習を「公式カリキュラム」の観点から整理するために、『高等学校学習指導要領解説 家庭編』（1956年〜2019年）とＪ社が同時期に発行した『高等学校　家庭一般、家庭総合（1957年〜

2022年)』30冊、『高等学校　家庭基礎（2003～2022年）』13冊を用いる。Ｊ社の教科書を対象にしたのは、多くの高等学校で採用されていること、科目成立時から刊行されていることによる。次に、「実行カリキュラム」あるいは「計画されたカリキュラム」の現状を見るために、高等学校の年間指導計画（全国の公立・全日制の高等学校で「シラバス」をホームページ上で公開している105校）を分析対象に設定した。

(2)「公式カリキュラム（Formal Curriculum）」から見る「ものづくり」

1）高等学校学習指導要領　家庭編―「家庭一般」「家庭総合」「家庭基礎」

　高等学校学習指導要領の改訂で、1970年告示「家庭一般」の教材例「ひとえ長着（和服）」が1978年告示では「洋服製作」という表現になった。男女必修となった1989年告示、2009年告示の学習指導要領では「中学校での学習経験との関連」を図り、「衣服の製作につながる縫製技術を習得」という弾力的な表現に変わった[20]。1970年告示の学習指導要領では、衣生活に関する学習と製作が図10-1のように「有機的に関連」させることが既に明記されている。この考え方は「被服を衛生的、美的、経済的、効率的な面から考慮して、家族の日常の衣生活を合理的に営むために必要な事項[21]」という記述にも現れている。

　そして、1956年告示の「家庭一般」では、被服と家庭経営を並行して履修させ、「既製服を主に着るようになったライフスタイルの変化を受けて70年代では被服を作ることだけでなく『購入』する『家庭経営』の視点が示された。また、被服の再利用や廃棄という課題に関わる問題への対応について、『生活文化』から学ぶという立ち位置から『よりよい』衣生活を考えさせる[22]」という指導計画が提案されていた。2018年告示の学習指導要領解説でも「資源・エネルギー問題や環境保全に配慮した再利用や適正な廃棄の方法」、「購入、活用、手入れ、保管、再利用、廃棄までを考えた循環型の被服計画の必要性の理解」が示されており[23]、「製作する」ことのみが目的化されない「環境」や「経済」の学習にも配慮する表現が採られた。また、2018年告示では、これまで「被服製作」と記述されていた箇所が「衣服を中心とした[24]」という婉曲表現になり、製作題材が被服に限定されない書き方へと変化した。その一方で同解説の文章では、「特にものづくりの発想を重視し、生活の質を向上させる楽しさも味わ

表10-1　高等学校「家庭一般／家庭総合」における布を用いた製作題材例（概要）（J社、30冊）

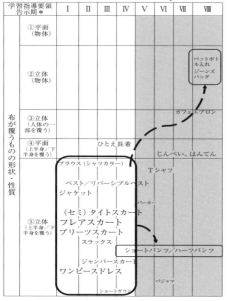

注）男女必修期を網掛けにした。
＊学習指導要領告示期
　Ⅰ：1956年〜　Ⅱ：1960年〜　Ⅲ：1970年〜
　Ⅳ：1978年〜　Ⅴ：1989年〜　Ⅵ：1999年〜
　Ⅶ：2009年〜　Ⅷ：2018年〜

えるように工夫する」と記述され、生徒の製作意欲の向上、自己課題に応じて工夫した製作がさらに重視された。

　次に、「家庭基礎」の学習指導要領を見てみよう。「家庭基礎」は2単位科目として1999年告示から開設された。「家庭総合」に比べ、半分の授業時数であることから、「被服製作」という文言は、これまで学習指導要領には登場してこなかった。しかし、2018年告示の「内容の取扱い」を見ると、「保有する被服の有効な活用や補修（中略）必要な技能を身に付ける25)」と記載され、「補修」ができる技術習得を目指すようにも読み取れる。そこで、次に「教科書」における教材の扱いの変化を見ていく。

２）高等学校「家庭一般／家庭総合」、「家庭基礎」教科書における製作教材例

　本項は、J社の「家庭一般／家庭総合」の教科書に掲載された「被服製作／布を用いた製作」教材例の特徴を明らかにする。表10-1は図10-1の〈布が覆うものの形状・性質〉①〜⑤を縦軸、教科書発行時期を横軸として製作教材を配列した。「家庭一般／家庭総合」の製作教材は「衣服」を扱うため、区分③〜⑤の教材がほとんどであるが、2018年告示の学習指導要領に準拠した教科書では、人体ではなく物体を覆う②の教材が掲載された。区分④にあたる平面構成の和服はⅠ期（1956年告示）とⅡ期（1960年告示）には登場しないが、これは中学校の技術・家庭科の教材として扱われていたからである。1989年告示の男女必修後は、「じんべい」や「はんてん」等、ひとえ長着に比べて縫う長さが

短く、立体構成の学習もできる教材に変わった。区分⑤「立体（上半身／下半身を覆う）」では、Ⅰ〜Ⅳ期までは「自分の体にフィットした洋服」を製作するために、原型を作成し、試着・補正を含む製作過程が教科書に掲載されたが、男女必修後のⅤ期以降は、ルーズフィットの服（ハーフパンツ等）が扱われ、厳密な補正を要する製作教材は減少していく。また、（主に）女子のみ履修だったⅠ〜Ⅳ期では、「スカート」や「ワンピース」等の製作教材が多く掲載されたが、男女必修後は性別を問わずに着られる製作教材（ハーフパンツ、はんてん、じんべい等）になった。Ⅳ期までの学習は、製作した衣服にコーディネートするための被服の購入計画が被服製作の前後に記載されており、製作した服を日常生活に活用することが目指されていた。そして、製作の際に使用する布地をリサイクルしたり、リフォームを促したりする記述が見られたことから、必ずしも新しい布を用いたり、一から製作する教材ばかりではなかったことがうかがわれる。分析に用いた「家庭基礎」の教科書13冊の発行時期（学習指導要領）の内訳は、Ⅵ期：4冊、Ⅶ期：6冊、Ⅷ期：3冊である。J社の「家庭基礎」の教科書は、「被服製作」や「布を用いた製作」について、Ⅶ期までは、作品例が掲載されることはあったが、具体的な縫製技術の記述はない。しかし、2018年告示の学習指導要領に基づいて作成された2022年発行教科書には、製作技術面について記述されるようになった。例えば、中学校までに学習した手縫い（ボタンつけ、スナップ付けを含む）、ミシンの使い方等の縫製技術の確認と共に、本編ではなく「実践コーナー」扱いではあるが、「ジーンズのリメイク（ジーンズバッグ）」が掲載された[26]。「家庭基礎」の科目成立から約20年を経て、「保有する被服の有効な活用や補修」から、「布を用いた製作」学習として「公式カリキュラム」の中に移行してきたように見える。そこで、次項では「実行カリキュラム」の現れの一つとして、年間指導計画について見ていく。

3　「実行カリキュラム（Enacted Curriculum）」における「ものづくり」

(1)調査対象校の状況

　10年前に行った先行研究では、①「家庭基礎」選択校でも7割以上が「布を用いた製作」を実施、②「家庭総合」選択の学校を含めて、ボタンつけ等の簡

単な縫製技術を用いた製作実習が多いことを挙げた。②から、小学校〜高等学校で縫製技術を積み上げにくいことが改めて浮き彫りになったといえる[27]。そこで、全国の公立・全日制の高等学校の「シラバス」を改めて分析した[28]。

分析対象校の開講科目は「家庭基礎」71校（67.6％）、「家庭総合」32校（30.5％）、「生活デザイン」2校（1.9％）で、そのうち「被服製作（布を用いた製作を含む）実施」は88校だった。「家庭基礎」選択の高等学校に限定すると、「布を用いた製作」の実施校は54校（76.1％）だった。シラバス上に挙げられていた製作教材を表10-2に示す。

表10-2　シラバスに挙げられていた製作教材（複数回答を含むのべ数）

「家庭基礎」選択校 （n＝71）	基礎縫い（手縫い・ミシン）13、エプロン8、小物製作6、マスク3、バッグ（トートバッグ・お弁当袋・リバーシブルバッグ）4、アクリルたわし・衣類のリフォーム・裏付きペンケース・刺し子のふきん・刺し子のランチョンマット・三角巾・刺繍製作・雑巾・ペットボトルホルダー・リラックスパンツ（各1）
「家庭総合」選択校 （n＝32）	基礎縫い（手縫い・ミシン・布端の始末の練習）15、エプロン13、衣服の製作8、巾着袋・ハーフパンツ（各4）、三角巾3、トートバッグ2、小物の製作・雑巾・ランチョンマット（各1）
「生活デザイン」選択校 （n＝2）	エプロン製作

製作教材を図10-1〈布が覆うものの形状・性質〉①〜⑤で比較すると、「家庭基礎」選択校は小物、バッグ等の①・②に該当する製作教材が多く、「家庭総合」選択校では⑤に該当する衣服の製作、ハーフパンツが多いという違いがあった。また、コロナ禍の影響からか、布マスクの製作や「手縫い（ミシンの消毒作業が不要）」による製作が多く実施されていた。そして、「被服製作（布を用いた製作を含む）」実施88校のうち、28校（31.8％）が「基礎縫い」を、21校（23.9％）が「エプロン」を教材例としてシラバスに挙げ、10年前の先行研究結果との違いはあまり表れなかった。

(2)指導計画における「被服製作／布を用いた製作」の学習時期

指導計画における製作実習の配列を先行研究の区分（「製作から」「製作を挟む」「製作が最後」「製作のみ」）に従って分類した。製作実習を行う「家庭基

礎」選択校54校では、「製作が最後」33校（61.1％）、「製作を挟む」11校（20.4％）、「製作から」2校（3.7％）、「家庭総合」選択校32校では、「製作が最後」16校（50.0％）、「製作を挟む」7校（21.9％）、「製作から」5校（15.6％）、「生活デザイン」選択校2校では、いずれも「製作が最後」だった。先行研究も「製作が最後（58.5％）」であり、「まとめとして製作に取り組む」という指導計画の構成が見えてくる。教科書では必ずしも「製作」に関する内容が最後に書かれているわけではないことから、授業を担当する教師の教材観を反映しているといえよう。

(3) 指導計画「単元の目標」に現れる「被服製作」の扱い

　次に、指導計画に記載された「単元の目標」文をKH-Coder3を用いて計量テキスト分析した。分析に際し、複合語として次の6語（リメイク、並縫い、被服製作、被服実習、基礎縫い、巾着袋）を設定した。分析対象の「総抽出語数」は「家庭基礎」選択校827語（異なり語数215語）、「家庭総合」選択校728語（異なり語数174語）だった。「単元の目標」文の頻出語、上位5つは「家庭基礎」選択校：「基礎」「技術」「製作」「生活」「身」、「家庭総合」選択校：「技術」「製作」「身」「基礎」「基本」で、最も多く出現した語の違いはあったものの概ね似通った語彙が上位を占めた。次に「単元の目標」文の共起ネットワーク図を作成したところ（共起ネットワークは分析対象のテキスト内の語と語が共に出現する関係性を表す）、「家庭総合」「家庭基礎」共に「生活」という語を含み、「実習」の必要性を表す語彙のまとまりがあった。相違点としては、「家庭基礎」選択校で「修繕」「簡単」等、衣服を製作することを必ずしも意図しない語のグループが形成されこと、「家庭総合」選択校では、「被服製作」「手順」「理解」「パンツ」等、新たに衣服を製作することも含意する語彙のまとまりが出現したことである[29]。「家庭基礎」と「家庭総合」は、被服製作に充てる時間数や取り組む教材が一部異なることで「単元の目標」表現に違いが表れたと考えられる。

おわりに——「ものづくり」と生活のウェルビーイング向上——

　本章は、1950年代以降の「公式カリキュラム（学習指導要領、教科書）」、「実行カリキュラム（年間指導計画）」から、「ものづくり」教材としての「被服製作／布を用いた製作」の扱いを概観した。1970年代に大家研が発行した会誌には、新しい「家庭科」の教科論として「文化価値の伝達と創造」が提起され、「文化価値」の中身として家庭科における「科学」と「技術」の解釈が試みられた。例えば、「物をただ作ることが『実践力』ではなく、なぜそうするのか、という思考や理論を持って学ぶ教育的アプローチの重要性[30]」がそれに該当する。しかし、「製作すること自体が目的化されている」状況は大家研草創期から既に指摘されており、なぜ「ものづくり」をするか、教員はもとより学習者にも共通理解が得られていないことが課題とされてきた。

　高等学校学習指導要領及び同解説には、縫製技術の向上のみを目指すのではなく、衣生活文化や家庭経営の視点に立ち、「科学的」な理解を通して「（衣）生活の改善・向上」を図ることが目指されてきた。しかし、学習者がこの視点のもとで「ものづくり」を受容してきたか、検証する必要がある。ハッテイらは、教育研究におけるメタ分析研究の成果から「専門的技能の熟達」は、ただ練習をこなすだけではなく、構造化された目標設定に向けた集中と注意を含む「熟慮された練習」がないと技能が高まらないことを指摘した[31]。よって、「縫製のよさ（きれい、丈夫、使いやすい）」や「被服構成の工夫」が「科学的」な理解につながれば、家庭科で「ものづくり」をする意義・意味がさらに明確になろう。

　1950年代の高等学校学習指導要領は、自分の体に合う衣服を製作し、それに似合うワードローブを整える、という描き方だったが、既製服が増えた70年代後半には、繊維製品の省資源、リフォームやリサイクルに係る記述が現れた。「衣服を長く大切に着る」考え方のもと、教科書にも死蔵衣服の活用方法として、リフォーム教材が取り上げられたが、日常生活で衣服をリフォームする人は多数派ではない[32]。また、衣服のリフォームを授業で実施する際の課題として、①リフォームする布製品の準備（必ずしも各家庭で準備できない）、②リ

フォーム教材の学習指導の難しさ（学習課題設定の個人差が大きい、リフォームに要する縫製技術の難易度の高さ）、③リフォーム後の作品の活用機会（リフォームすることが目的化され、活用機会が少ない危険性）がある。よって、既存の衣服を「リフォーム」する教材だけでなく、衣服の「解体」から縫製技術や被服構成を確認する「逆再生」的アプローチの学習方法[33]もあろう。

　「家庭一般／家庭総合」の教科書に記載された「被服製作」教材は、学習指導要領改訂に伴い、製作に要する縫製技術の易化が進み、「体を覆う被服」製作から被服ではない「ボトル入れ」等の短時間で製作できる教材に変化している。「家庭基礎」は、当初、製作実習例の記載はなかったが、2022年発行の教科書には、補修の際に必要な縫製技術やリメイク教材が掲載されるようになった。よって、「家庭総合」と「家庭基礎」は「公式カリキュラム」上、製作教材の扱いの差異が縮小したともいえる。

　次に「実行カリキュラム」について、指導計画を例に、「家庭総合／家庭基礎」を比較した。「家庭基礎」選択校の7割は製作実習を行い、単元の最後に実習を設定していた。約10年前に実施した先行研究で似た結果が得られていたことから、学習指導要領や教科書記載にかかわらず、家庭科教員は基礎的縫製技術を高校生に身に付けさせたいと考えていることが推察される。

　2010年代に発生した東日本大震災やコロナ禍で、屋内で制限された生活を余儀なく過ごす時期があった。その生活の中で、人々が「ものづくり」に没頭し、心を整え、やすらぎを得た経験が語られることがあった。同じ頃アメリカでは、調理や製作等の「ものづくり」学習を“生きるための基本的なスキル”と捉え、ものに向き合う直接体験ならではの学びと、その学習を担う「家庭科」に存在意義を見出した[34]。「被服製作／布を用いた製作」等の「ものづくり」は他教科にはない家庭科独自の学習である。生活の向上を目指す問題解決過程に「ものづくり」が寄与できるならば、最短距離の「正解」を暗記するだけでない、試行を伴った学習は不可欠である。技術面だけでない現代的課題に即した「ものづくり」学習の探究的アプローチをいま一度確認したい。

（渡瀬　典子）

注および引用文献

1 ）日本総研（2020）『環境省 令和 2 年度 ファッションと環境に関する調査業務——「ファッションと環境」調査結果』、p. 3

2 ）農林水産省（2023）『令和 4 年度 食料・農業・農村白書』
https://www.maff.go.jp/j/wpaper/w_maff/r4/pdf/zentaiban.pdf

3 ）渡瀬典子（2013）「家庭科教育における「被服製作」はどのように扱われてきたのか」『年報・家庭科教育研究』34、pp. 1-12

4 ）野田知子（2009）「新指導要領を『ものづくり』の視点から検討する」『年報・家庭科教育研究』31、p. 32

5 ）前掲 4 ）、p. 30

6 ）『現代家庭科研究序説』（1972）、『解説 現代家庭科研究』（1980）、『男女共学家庭科研究の展開』（1993）、『子どもが変わる／地域が変わる／学校が変わる 市民が育つ家庭科』（2004）、『市民社会をひらく家庭科』（2015）がある。

7 ）渡瀬典子（2022）「家庭科教育における『ものづくり教材』を再考する——高等学校における『被服製作／布を用いた製作』を中心に——」『年報・家庭科教育研究』39、pp. 81-93

8 ）前掲 3 ）、p. 3

9 ）村田泰彦（1976）「『教科』としての家庭科」『年報・家庭科教育研究』 1 、pp. 1-7

10）田結庄順子、中屋紀子、柳昌子、牧野カツコ、吉原崇恵（2015）「1970年前後の家庭科に関する教科理論構築の背景——村田泰彦の理論を焦点とした当時の代表的な理論について——」『年報・家庭科教育研究』36、pp. 31-46

11）中屋紀子、田結庄順子、柳昌子、牧野カツコ、吉原崇恵（2019）「1950-60年代における家庭科の教科理論——『労働力再生産論』の出現・展開・衰退の過程を追って——」『年報・家庭科教育研究』38、pp. 1-22

12）福原美江（1976）「家庭科教育理論史研究ノート(1)——1960年前後における民間家庭研究を中心として——」『年報・家庭科教育研究』 4 、pp. 15-48

13）柳昌子（1981）「生活技能教育の今日的課題」『年報・家庭科教育研究』 9 、pp. 38-48

14）高木葉子（1976）「『衣』領域教育内容分析と再編成の視点」『年報・家庭科教育研究』 1 、pp. 47-52

15）高木直（2001).「家庭科における被服製作実習の課題」『年報・家庭科教育研究』27、pp. 29-36

16）前掲14）、pp. 50-51

17）草原和博、大坂遊ほか（2014）「社会科教師はどのようなカリキュラムデザインが可能か——歴史学習材の開発と活用の事例研究——」『学校教育実践

学研究』20、pp. 91-102

18) 田中統治（2001）「第2章 教育研究とカリキュラム研究——教育意図と学習
経験の乖離を中心に——」山口満編『現代カリキュラム研究——学校におけ
るカリキュラム開発の課題と方法——』学文社、pp. 21-33

19) Mullis, I.V.S.（2019）*TIMSS 2019 Assessment Frameworks Introduction*,
TIMSS & PIRLS International Study Center, Boston College.

20) 前掲3）、p. 7

21) 文部省（1972）『高等学校学習指導要領解説　家庭編』実教出版、p. 22

22) 前掲3）、p. 6

23) 文部科学省（2019）『高等学校学習指導要領解説　家庭編』教育図書、p. 69

24) 前掲23）、p. 68

25) 前掲23）、p. 36

26) 堀内かおる他（2022）『新図説家庭基礎』実教出版、p. 140

27) 前掲3）、p. 11

28) 対象シラバスの実施年度は2019年度2校、2020年度2校、2021年度101校。
学校所在地の内訳は沖縄22校、愛媛17校、新潟10校、東京・富山8校、北海
道7校、広島4校、埼玉・滋賀3校、茨城・岡山・熊本・静岡・千葉・長
野・兵庫2校、大阪・神奈川・徳島・奈良・三重・山形・山口・山梨1校

29) 前掲7）、p. 90

30) 前掲3）、p. 12

31) ジョン・ハッティ、グレゴリー・イエーツ（2020）『教育効果を可視化する
学習科学』北大路書房、pp. 146-159

32) 渡瀬典子（2018）「岩手県の中学生とウール製品——衣生活における『購
入・手入れ・廃棄』」『岩手大学教育実践総合センター紀要』17、pp. 107-
114

33) 2003年に実施した岩手大学附属中学校の学校公開研究会における実践例等

34) 渡瀬典子（2022）「"Bring Back Home Economics" 言説を通して見る家庭科
教育の意義」『年報・家庭科教育研究』39、pp. 107-117

第11章　対話を通して住生活の本質に迫ることを目指す授業実践

はじめに

　これからの予測不可能な時代を生きていく子ども達が、安全・安心で、自分らしく快適な住生活を営んでいく力を身に付けるためには、どのような学びが必要なのであろうか。

　住生活に関する基礎的な知識・技能には「住宅、居住地域の質」の視点から以下の6項目があり[1]、学習指導要領（平成29、30年告示）では図11-1に示すように、小学校で基礎的な内容Ⅰ「住宅の保健性」「維持管理容易性」、中学校で同Ⅱ「住宅の安全性」「住宅の規模と構成」、高等学校で基礎的な内容「居住地域」「住生活の持続可能性」と共に、改めて6項目全体を学び直すことになっている。必要な内容は一通り押さえられているものの、これらの知識・技能は個別に習得しただけでは現実に住生活を営む力には繋がりにくい。課題学習等において、個々の知識・技能を住生活を見つめ直す切り口として活用する活動と共に、住生活に関する考えを他者と対話して交流する活動を行うことによって、自らの住生活の可能性を拡げる経験が必要である。この学習プロセスによってこそ住生活の本質に迫ることが出来ると考えられる。住生活の本質とは、住生活に関わる様々な知識・技能を活用して自分や家族の住まい方を見つめ直すことによって総合的に判断してどう住まうかを考え続けていくことであり、それは住生活のウェルビーイングを実現する力である。この力を育てるために、対話による交流が不可欠である。

　そこで本研究では、住生活の授業デザインとして、対話を重視する東京大学CoREFによって開発された知識構成型ジグソー法「子ども達一人ひとりが主体となって学びながら、他者との関わりを通じて自分の考えをよくしていくような学び（＝協調学習）を教室の中で引き起こすための授業デザイン」[2]を用いる。ジグソー法は、次節で述べるように課題解決学習であり、また、何より

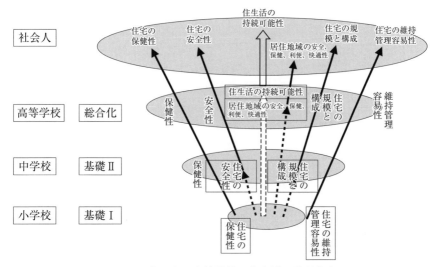

図11-1　小・中・高等学校の住生活の学習内容

対話を重視していることから、思考力を育て、将来にわたって自分らしい豊かな住生活を考える力を育てることに有効と考えた。

1　授業デザイン

(1)知識構成型ジグソー法の概要

　知識構成型ジグソー法は、教師が生徒に課題を提示し、また、課題解決の手がかりとなる知識を与えて、生徒はその知識（部品）を組み合わせることによって答えを作り上げるという授業デザインの手法である。一連の活動は次の5つのステップから成る。

① 課題の提示。課題は、教師がねらいに応じて設定する。生徒は学習前に最初の解答を行うことで、本時の課題を知る。

② エキスパート活動。エキスパート活動で用いる部品は、教師がねらいに応じて厳選して準備する。生徒は、担当した部品について理解する。

③ ジグソー活動。生徒は、それぞれ異なる部品を担当したメンバーからなる新しい班を作り、担当した部分について互いに報告した後、全員で課題の答

えについて話し合ってまとめる。

④　クロストーク。ジグソー活動を行った班ごとに考えた課題の答えについて、教室全体で交換し合う。

⑤　最後に、これまでに分かったことを踏まえて、改めて各自で課題の答えを考えてまとめる。

以上のプロセスについて、従来行われてきた課題解決的な家庭科の授業との違いに注目すると、大きく以下の2点がある。第1は、学習課題が授業の最初に教師から一方的に与えられ、生徒たちには課題との出会いの場や時間が無い点である。第2には、従来は課題解決に当たって生徒自らが仮説を立てて調べ学習を行っていたが、これも、課題解決の材料をエキスパート活動の部品として、教師が準備するという点である。これでは課題に取り組む生徒の主体性が危ぶまれる。しかしながら、これらをカバーして余りあるジグソー法の優れた点が、学習プロセスで実践するよう仕組まれている「対話」である。それは、分担したエキスパート資料を理解し合う場面や、その後、その内容を互いに異なる資料を担当した班員間で説明し合って課題の答えを協力して追究する場面でまず実践される（ジグソー活動）。そして、各班の答えは学級全体で発表し交流される中で、更なる対話が生まれることが期待される（クロストーク）。

(2)知識構成型ジグソー法授業にパフォーマンス課題を加えた授業デザイン

以上のように「対話」を重視したジグソー法であるが、危惧されることは生徒たちの対話が真に主体的なものかという点である。この点を改善するため、本研究では課題をパフォーマンス課題とすることにした。パフォーマンス課題とは、西岡によれば、リアルな文脈の中で「様々な知識やスキルを総合して使いこなすことをもとめるような複雑な課題」である[3]。今回の授業実践では、中学校における住生活の学習内容全体（住宅の安全性と住宅の規模と構成）を含む多様な知識・技能を総合的に活用して、解決策を思考する課題を設定した。

具体的には、突然祖母と同居することになったS子家族の住生活上の課題解決を考えるというものである（図11-2）。S子を生徒達に身近な地域に暮らす中学生とすることで、友人が直面した課題について、生徒達がS子の立場に立って考えようと、熱心に取り組むことを期待した。

> 　私は、小学校を卒業するまで両親共働きの家庭の一人っ子で、下の図のような住宅（静岡市葵区）で生活しています。中学生になってから待望の弟が生まれ、お母さんは現在、仕事を辞めて専業主婦をしています。そんな時、浜松市に住んでいたおじいちゃんが、突然の心臓病で亡くなってしまい、目と足腰の悪いおばあちゃん（76歳）が一人での生活を余儀なくされる状況となりました。家族で相談をした結果、おばあちゃんは私の家に引っ越して来ることになりました。当面、今の住宅で最低限可能な工夫を考え、同居生活をします。おばあちゃんも荷物を大幅に整理して、寝具を除くと、大きめのタンス1台分に収納できるものに限ると言っています。
> 　おばあちゃんの引っ越しに備え、この住宅で、①5人家族の寝室（または個室）をどう確保するか、②おばあちゃんや弟を中心に家族が安全に過ごすにはどうしたらよいか、③南海トラフ等の地震災害や火災にどう備えるか、の3点について、解決策を練り、自分たちの手でできる対策を行うことになりました。このような課題について、皆様からアドバイスをいただければと思います。
> 参考のため、現在の住生活を紹介しますと以下の通りです。私は北側の洋室（6畳）を自分の部屋として使っています。父母とまだ1歳の弟は洋室（8畳）で就寝しています。縁側のある和室（6畳）では、昼間、弟が遊んでいるようです。この和室は、私がまだ幼く、病気をして保育園をお休みした時などに、泊まりがけで手伝いに来てくれた浜松の祖父母と一緒に過ごした部屋です。
> 　それでは、どうかよろしくお願い致します。　　　　　　　　　　　　　　　　S子より

以上の文章には、中学校技術・家庭科（家庭分野）教科書にある鳥瞰図を示した。（図の出典：開隆堂『技術・家庭　家庭分野』平成24年2月10日発行、p. 178）

図11-2　パフォーマンス課題

1）授業の目標

　わが国の伝統的な起居様式を踏まえ、家庭内事故や地震・火災への適切な対策を配慮して、家族の生活と共に幼児や高齢者を含む家族各人の心身の状態に合わせた寝室のしつらえ等を工夫して考えることができる。

2）授業計画

1時間目　パフォーマンス課題を読み、各自でA4判平面図に課題に対する解答を絵や文章で記入する（学習前の解答）。エキスパート活動：各自が担当するエキスパート資料一種を決定して読み込みを行い、各資料に関する理解度を確認するためのワークシートと共に、課題に対する解答をA4判平面図に記入する（エキスパート活動時の解答）。授業中に終了しない場合は宿題となる。

2時間目　ジグソー活動：3種のエキスパート資料それぞれを担当した3名から成る班を作り、各人が各資料内容について説明を行う。お互いの発表を聞きあった後、3名で相談して課題に対する解答を取りまとめてA3判平面図に記入する（ジグソー活動時の解答）。

3時間目　クロストーク：ジグソー活動で班ごとに話し合ったことを学級全体

で発表し合い、討論する。その後、改めてパフォーマンス課題に対して、各自でＡ４判平面図に最終的な解答を行う（最終的な解答）。

3）エキスパート資料と解答用紙とした平面図（Ａ４判とＡ３判）

表11-1に示すような、Ａ、Ｂ、Ｃ３種のエキスパート資料を準備した（各Ａ４用紙４枚。多様な写真や図表を含む）[4]。また、パフォーマンス課題に関する解答用紙は、図11-3に示す平面図であり、解答は図中に絵や文章で自由に書き込んでもらった。

(3)授業実践の概要

　対　　　象：国立大学教育学部附属Ｓ中学校２年生（４クラス　男子85人　女子74人　計159名）

　実践時期：2019年１月～２月にかけて各クラス３時間ずつ

　授 業 者：Ｓ中学校　家庭科教諭

　授業計画からの変更点：実際の授業では、１、２時間目は１月中に実施できたが、２月初めに修学旅行があり、３時間目の実施が２月半ばとなった。そのため実質的に、３時間目のクロストークは２時間目までに学習したことを思い出すことが主な内容となり、特に討論は行われないまま、後半の10～15分で各自が最終的な解答を行うことになった。

表11-1　エキスパート活動資料の概要[4]

エキスパート 活動資料	内　　　　　容
Ａ　家族と共に住まう	1．家族の身体と行動（幼児と高齢者の身体・行動の特徴、老化による体と機能の変化） 2．住宅計画（私たちの生活行為と住空間の関係を整理した図） 3．日本の伝統的な住まいの特徴（日本の気候・風土、起居様式、その他の特徴、和室と洋室の特徴）
Ｂ　家庭内事故を防ぐ	1．家庭内事故（年齢別にみた家庭内事故死の原因、乳幼児と高齢者の家庭内事故の原因と安全対策、ヒートショック） 2．家庭内事故防止の工夫（場所ごとの工夫を示す図や写真）
Ｃ　防災（地震・火災）	1．地震対策（家具等の下敷きにならないために、避難経路確保のポイント、災害時避難、非常用持ち出し用品の準備） 2．火災対策（火災の発生原因、家庭でできる消火方法、火災対策、火災の危険な現象等）

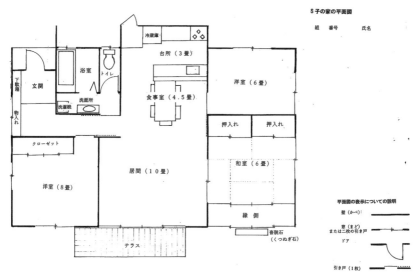

図11-3　解答用紙として用意した平面図

(4)本授業で収集した資料

　本授業実践の成果を明らかにするため、3時間目の授業が終了した時に、班ごとに学習前から最終まで4時点の解答とエキスパート活動時のワークシートを回収し、すべてが揃っている班についてのみ分析の対象とした。その結果、計21班63名分の資料を分析することになった。生徒各人は、班名と共に、担当したエキスパート資料（3種）に対応させてA、B、Cと表現する。

(5)授業実践の分析方法

　本研究では、授業の目標に基づき、パフォーマンス課題をまとめて「転居してくる祖母を中心に、家族各人がどのように就寝するのか」（以下、「就寝形態」と表現する）について①同室就寝者（無し＝単独就寝。又はS子、祖母、父、母、弟と同室就寝）、②就寝室（洋室8畳、和室、洋室6畳、居間）、③寝具（ベッド、布団）の3点と、それぞれについてそうする理由に関する記述に注目する。各エキスパート資料（表11-1）に関する理解については、理由の記述から読み取る。そして、各人や班の各時点における解答用紙（平面図）やワ

ークシートに記述された内容を読み取り、各時点の解答の変化の過程をジグソー班ごとに整理した表（計21枚）を作成した（表11-2、3参照）。以上のように班の単位でまとめる理由は、本授業がジグソー学習で進めたものの、実際には(3)で述べたようにクロストークで十分な討論が実施できなかったため、各時点の解答に表れる変化は主に班内の対話による影響として読み取ることが出来ると考えたためである。

　そして、各班内における対話が充実していたかどうかを把握するため、班員や班による各時点の解答間に認められる差異に注目する[5)6)]ことにより、21班は4つに分けることが出来た。「Ⅰ　対話充実類型」（計7班）、「Ⅱ　対話やや低調類型」（計7班）、「Ⅲ　対話低調類型」（計3班）、「Ⅳ　判断不能類型（計4班）」である。以下では、「Ⅰ　対話充実類型」と「Ⅱ、Ⅲ　やや低調・低調類型」の二つの間での解答の変化の差異に注目することにより、対話による学びの深まりについて考察する。

2　結果と考察

(1)班内の対話の充実程度による学びの差異

　対話が充実していたⅠの班では、充実していなかったⅡやⅢの班と比較すると、その解答には以下の点で大きな差異が認められた。それは、足腰が弱った状態で転居してきた祖母（母方）、1歳の弟、父の日中の生活（仕事が大変等）、そしてS子（思春期、勉強等）といった家族各人の住生活上の要求を予想して、それらに対応する就寝形態、中でも、同室就寝者の組み合わせについて、それぞれに適切な理由に基づいてより多様な方法を考えていたことである。

　これは、転居してきた祖母が単独で就寝するか、同室就寝者がいる場合に誰と就寝するかに端的に表れていた。エキスパート活動後や最終解において、対話が充実していたⅠの班では祖母を単独就寝とする生徒が約1/3に留まるのに対して、Ⅱ、Ⅲの班では約半数を占めていた。さらに顕著な差異は、Ⅱ、Ⅲの班では皆無であった祖母がS子と同室就寝とする住まい方が、Ⅰの班では約1/3を占めることである。S子は生徒と同年代であり、プライバシーの確保について強い要求を持っている。現に、S子の単独就寝案はエキスパート活動時

表11-2　対話によって祖母の就寝形態が大きく変化した班の事例（9班）

解答の段階／担当エキスパート		A担当（A）	B担当（B）	C担当（C）
学習前	洋室8畳	祖母・母（無記入）	父（無記入）	父・母・弟（無記入）
	和室	父・弟（無記入）	祖母・母・弟（無記入）	祖母（無記入）
	洋室6畳	S子（無記入）	S子（無記入）	S子（無記入）
エキスパート活動後	洋室8畳	祖母・父か母（ベッド）布団の出し入れは大変。立ち座りが楽	S子（ベッド）	父・母・弟（布団）ベッドだと高くて赤ちゃんが危ない。
	和室	父・弟（布団）布団の方が落ちたり頭をぶつけたりしない	祖母・母・弟（布団）弟の転倒対応。高齢者は和室が好き	祖母（布団）年寄りは布団の方が慣れている。押入れがある。
	洋室6畳	S子（ベッド）ベッドの方がフカフカ	父（ベッド）	S子（ベッド）布団を敷かなくて済む
ジグソー活動後	洋室8畳	無記入（ベッド2台）＊S子の学習机はリビングの一角に図示されている		
	和室	無記入		
	洋室6畳	無記入（ベッド1台）		
最終的な自分の考え	洋室8畳	祖母・S子（ベッド）＊S子の学習机は同室内のベッドと離れた位置に図示。	祖母・S子（ベッド）＊S子の学習机は図示されていない。	祖母・S子（ベッド）＊S子の学習机はリビングの一角に図示。
	和室	母・弟（布団）なるべく物を置かない	母・弟（無記入）弟の転倒対応。母と一緒だと安心	母・弟（無記入）
	洋室6畳	父（ベッド）	父（無記入）仕事で疲れて一人でのびのびと寝たい	父（ベッド）

＊表の中には、各居室に就寝する家族員を、その後の（　）内には寝具を記す。（　）の後にはそうする理由等を記す。（以上は、表11-3も同様である）

の解答で63名中50名、最終解では63名中54名と、全体として主流である[7]。その中で出てきたS子が祖母と同室就寝するという住まい方の提案は注目に値する。また、以上の提案は、本授業で設定したパフォーマンス課題が、生徒達が課題をより自分事として考えることを促進した結果とも考えられる[8]。

　表11-2には、S子についてエキスパート活動後まで班員3名全員が単独就寝（個室）と解答していたのに、最終的に3名共祖母と同室就寝と解答することになった9班の解答の変化の事例を示した。

〈9班の解答の変化の特徴〉
9班では、学習前とエキスパート活動後の解答まで三人三様で、バラバラである。ただ、S

子についてだけは共通して洋室6畳か8畳の個室が確保されている。エキスパート活動後の解答では、Aのみ祖母はベッド就寝（立ち座りが楽等の理由も明記）である。弟については3名共洋室の場合でも布団就寝であり、理由はベッドだと高くて落ちたら危険というものである。また、Bは他とは異なり、S子だけでなく父も個室就寝とする案である。理由は「仕事から疲れて帰って、一人でのびのび寝たいと思うから」である。それらは、ジグソー活動時に、B、CはAから祖母のベッド就寝の必要性と洋室8畳での複数での就寝案を聞いて取り入れ、また、A、CはBから、父は仕事で疲れて一人でのびのび寝たいから単独就寝とするという主張を受け入れて、最終案では3人の部屋割りの解答が一致したものになり、それまで誰も出していなかった「祖母とS子の二人が洋室8畳で就寝」という案にまとまっている。エキスパート活動後までバラバラだった3人の解答が、ジグソー活動において一つの新たな案にまとまっている。ただ、S子の学習机の位置については、最終案でリビングの一角と寝室でもある洋室8畳内とする案に分かれていた。なお、最終案で全員がS子と祖母の同室就寝と解答したもう一つの班（13班）においては、S子の勉強空間について寝室とは別に洋室6畳を当てるとする案であった。

　以上のように、自らに近い存在であるS子が、転居してきた祖母と同室就寝するという住まい方は、班員に強い刺激を与えると考えられる。以上の同室就寝案は、今回の研究授業では実施できなかったものの、クロストークで学級全体に知らせることができれば、多くの生徒がこういう住まい方もあることに気付き、自らの住まい方の幅を広げることができると思われる。

　ただし、家族の中で母の住生活上の要求については、対話の充実程度にかかわらずいずれの班においても弟や祖母の夜間の介護の必要の点からのみの言及に留まり、個人としての要求が認められず、生徒達の住生活上のジェンダーが明らかとなった。

(2)課題への取り組みをより主体的にする改造案について

　学習前、すなわち最初の解答で、班員の一人（以上）が住宅の平面図（解答用紙）について改造案を提案したり、または弟の成長や祖母の自立度の低下に対応した改造や就寝環境の変更の必要性を提案したケースがあった。これらの提案は、解答用紙（平面図）の変更に該当し、課題の大枠の変更とも言える。すなわち、これは課題に対する生徒の主体性を表すものであり、班員間にも強い刺激を与えることが予想される。なお、「改造」に関しては最初に授業を行った学級で、課題を読んで学習前の解答を行っているときに質問が出た。解答

表11-3　改造案の提案によって思考が深まった班の事例（1班）

解答の段階 ＼ 担当エキスパート		A担当（A）	B担当（B）	C担当（C）
学習前	洋室8畳	父・母・弟（ベッド）今まで通り	無記入	無記入
	和室	祖母（無記入）	祖母（布団又は介護用ベッド）祖母が一人で大変なら母が一緒に寝る	押入れと縁側を潰し、和洋2室に改造して洋室の方に祖母
	洋室6畳	S子（ベッド）今まで通り	無記入	無記入
エキスパート活動後	洋室8畳	S子・祖母（ベッド）トイレに近い。災害時などS子が祖母を助ける。ベッドはすぐに起きれるし、足腰を保護してくれる。	父・母（ベッド）父の私物が多いから祖母や弟を入れたくない	父・母・弟（ベッド）
	和室	母・弟（布団）母の目が届き、弟も安心する。布団は落ちることが無い	祖母（布団又は介護用ベッド）・弟（布団）何かあった時は母も。祖母にとって和室は家具が少ないから安心。弟は畳だと転んでもあまり痛くない。	S子（無記入）畳が好きと言っている。緊急時には縁側から逃げる。
	洋室6畳	父（ベッド）何かあった時に家全体を見れる	S子（ベッド）一人で勉強したいお年頃	祖母（ベッド）祖母が早く逃げるには布団ではダメ
ジグソー活動後	洋室8畳	S子（ベッド）		
	和室	父・弟（布団）縁側を潰して和室を広げる。		
	洋室6畳	母・祖母（ベッド）押入れを潰して洋室を広げている。		
最終的な自分の考え	洋室8畳	S子（ベッド）ちょっと広いからクローゼットとかは家族兼用	S子（無記入）クローゼットは家族兼用	S子（無記入）
	和室	父・弟（布団）畳は弟が転んでも安全	父・弟（無記入）畳は安全	父・弟（無記入）縁側を潰して和室を広げる
	洋室6畳	母・祖母（ベッド）和室の押入れを潰して洋室を広げ、ベッドや椅子を置く	母・祖母（祖母は絶対にベッド）和室の押入れを潰して洋室を広げる。	母・祖母（ベッド）和室の押入れを潰し、洋室を広げる。

用紙に示された住宅について、「改造しても良いか」というものである。これについて、授業者は、「延床面積が増えない範囲での改造は可能」と回答した。授業者は、その後の学級では課題の説明時に以上の内容を追加している。

　以上の改造等の提案は、対話が充実していたⅠの班では3つの班、充実していたとは言えないⅡ、Ⅲの班でも2つの班で出された。後者の2つの班で対話が充実しなかった理由は、その後の解答の変化をたどると、二班で共に班員の一人が改造案を無視していたためと考えられた。Ⅰの対話が充実していた班の

例（1班）を示すと以下の通りである（表11-3）。

〈1班の解答の変化の特徴〉

1班では、Cが学習前の解答で「和室の押入れと縁側を潰して居室を1室増やす」改造案を提示したことが、ジグソー活動時に他へも影響を与えたと考えられる。この改造案は、ジグソー活動において部屋数を増やすのではなく、和室の押入れを改造して「洋室6畳を8畳に広げる」案に変更され、それに伴って家族の就寝形態が変化する。洋室8畳が2部屋確保され、3名ともS子が単独で洋室8畳に就寝する案を支持することになる。この班のもう一つの特徴は、Bがエキスパート活動時の解答として、和室に祖母と弟の二人が就寝する案（寝具は祖母が布団又は介護用ベッド、弟は布団）を出したことである。この解答は、祖母と弟にとって和室の環境が安心だという理由に因るが、二人の就寝時のケアについて配慮しているとはいえない。この点はジグソー活動で修正され、弟は父と共に和室で、祖母は母と共に改造して8畳となった旧洋室6畳で就寝することになる。そして、最終案では3名共に以上の就寝形態（祖母の寝具はベッド）を解答としていた。

　今回提案された改造案は「6畳和室」に関するものがほとんどであり、押入れや縁側を潰して和室を広げたりフローリングにするという改造が多かった。ただし、その具体的な記述から、「縁側（南側）は不要なので、潰して押入れを移動させる」等といった和室の常識が身についていない実態が明らかになった。

おわりに

　今回の授業実践研究では、「対話」によって住生活の本質に迫る授業が実現できるかということを課題とした。そのため、ジグソー法による中学校の住生活学習内容全体を含めた授業を計3時間で計画した。実際にはこの時間数ではジグソー班内での対話までしか実践できなかったが、班内での対話が充実していたと判断できた班は全体の約1/3を占め、それらの班では、住生活に関わる様々な知識・技能を活用して住まい方を見つめ直し、総合的にどう住まうのかを多様に考えるという住生活の本質に達することが出来ており、「対話」の効果を明らかにすることが出来た。しかしながら「3時間」という時間数ではそもそも無理がある。家庭科に充てられた授業時間数が教科成立の極限まで限られており、そのことが特に住生活の授業には端的に表れている現実がある。今後は、学校行事等の体験学習の機会と繋げたり、他領域や他教科と連携した題材計画の開発や授業の研究が不可欠であろう。その際、住生活面に現れたジェ

ンダーや伝統文化の継承・創造等の問題にも触れることが出来れば、一層効果
的と思われる。

（小川　裕子）

注および引用・参考文献

1）小川裕子（2022）「現代の住生活実態と平成29、30年告示文部科学省学習指
　導要領における住生活に関する記述の検討」小川裕子・伊深祥子編『住まい
　方を見つめ直す活動を組み込んだ協同学習』ドメス出版、p.14、15

2）東京大学 CoREF 自治体との連携による協調学習の授業づくりプロジェクト
　（2019）『協調学習　授業デザインハンドブック第3版——知識構成型ジグソ
　ー法の授業づくり』
　最終閲覧日2020年8月20日、https://coref.u-tokyo.ac.jp/archives/17626.pdf

3）西岡加名恵（2017）『パフォーマンス評価で生徒の「資質・能力」を育てる』
　学事出版、pp.7-22

4）エキスパート資料は、先に4種に作成され、新潟市の中学校で授業実践が行
　われた（飯野由香利他（2021）「中学校家庭科の住生活における知識構成型
　ジグソー法を取り入れた住空間の整え方に関する学びを深める授業実践——
　鳥瞰図を用いて住空間の特徴を多角的に捉える学習を通して——」『日本家
　庭科教育学会誌』64(1)、pp.34-45）。本研究授業ではそれらをもとに、平
　成29年告示学習指導要領に合わせて3種に整理すると共に一部のデータを修
　正して作成した。

5）三宅なおみ（2019）「理論編1．学び続ける先生方に向けて」。出典は2）と
　同様、pp.8-10

6）小川裕子・伊深祥子・飯野由香利ら（2021）「中学校家庭科住生活授業にお
　ける生徒同士の対話による学びの実態と課題——パフォーマンス課題と解答
　用紙として平面図を取り入れた、知識構成型ジグソー法による授業を通して
　——」『日本家庭科教育学会誌』64(1)、pp.46-57

7）6）の表7（p.52）に基づいて算出した。

8）本授業とほぼ同様に進めたが、パフォーマンス課題を用いなかった授業実践
　におけるジグソー活動後の就寝形態の解答は、全26班中、祖母・母・弟が和
　室、S子が洋室6畳、父が洋室8畳とした班が11、父・母・弟が和室、S子
　が洋室6畳、祖母が洋室8畳とした班が8と、二つのパターンに集中してい
　た（飯野由香利（2022）「実践例4　鳥瞰図を用いて住空間の特徴を捉える」。
　出典は1）と同様、p.77）。

第12章　現代における不妊教育の重要性
──生活設計教育への提案──

はじめに

　家庭科では将来を見通したライフイベントやライフコースを考える生活設計の単元がある。婚姻の自由のように多様な選択も視野にある。しかし人生には「望まない」のではなく「結婚したいけどできない」「子どもができない」といった事態もありうる。これまで家庭科は理想的なライフイベントを連ねた生活設計ではなかっただろうか。早くに知っていれば対応できたのにという後悔は家庭科学習で防げるのではないか。また家庭科で知識を持ち、ライフイベント・ライフコースに関わる不安や問題を社会全体が理解することは、個々人が生きやすい、ウェルビーイングな社会構築にも繋がる。本章では日本の現状を概観し、現代に必要な生活設計の視点について言及する。

1　日本の現状と若者の希望

(1)非婚希望者や子育てに否定的な若者が増えているのか？

　現在の日本は晩婚化と未婚化が進んでいる。2022年では平均初婚年齢は夫31.1歳、妻29.7歳で前年度より上昇しており、平成期からも上昇傾向にある。婚姻件数も、細かな増減を繰り返してはいるが減少傾向にある[1]。未婚率は1975年あたりから20代も30代も上昇しており、35－39歳の男性は34.5％、女性は23.6％が未婚である。50歳時未婚率も同様に上昇しており、2020年の50歳時男性は28.3％、女性は17.8％が未婚である[2]。

　日本は婚外出産が少ない国であるため、晩婚化や未婚化の進行は生涯子育てを経験しないか、晩産少子になる可能性をも示す。実際に子どもを産んでいない女性の割合は、2021年時点で昭和28年生まれ（68歳）は10.2％だが、世代が下るにつれ割合が上がり、昭和46年生まれ（50歳）では29.4％となっている。

ちなみに47年生まれ以後は27％台〜29％台で推移しており大差はない[3]。まとめると、50歳あたりで未婚者が2割程度つまり5人に1人、出産未経験者が3割程度つまり3人に1人いるということになる。このように、子どもを持たない人は実際には多く存在するが、子どもを持ちたくないから子どもが居ないとは限らないのが留意したい点である。

(2) 若者の結婚願望

結婚も、晩婚化や未婚化の進行は、結婚を望まぬ若者が増加したからでは、といわれることがあるが、本当に若者は結婚を望んでいないのであろうか。

2022年に17歳から19歳を対象に行われた調査[4]によると、「あなたは将来結婚したいと思いますか（事実婚を含む)」という問いに対し、男女全体で43.8％が「したい」、21.7％が「どちらかといえばしたい」と回答しており、合わせると、65.5％が結婚願望を持っている。「どちらかといえばしたくない」（8.2％）と「したくない」（9.2％）を合わせた「したくない」派の割合は17.4％であり、残りの回答は「わからない」「考えたことがない」（計17.1％）であるので、積極的に非婚を考えている若者は1割弱、非婚傾向にある若者は2割弱である。ゆえに過半数が結婚願望を持っている。一方で「実際に結婚すると思うか（複数回答)」という質問をすると、「必ずする」（16.5％）、「多分する」（34.5％）と割合が下がる。結婚しないと思う理由としては「恋人・パートナーがいないから／見つからないと思うから」と「一人でいるほうが精神的な負担が少ないから」が45.7％で同率であり、結婚を望んでいるが叶わない可能性を考えている人と、積極的に非婚を望む人が同率である。つまり、未婚の多さは非婚願望者が多いためとは限らず、希望はあるが現状から実現するのが難しいと思う人も同じく多いことがわかる。

2　家庭科教科書に見る生活設計の現状

現在、家庭科では高校の生活設計の単元にて人の一生の生き方が扱われている。では、実際の家庭科の教科書の扱いはどのようであろうか。高校家庭科には家庭基礎と家庭総合があるが、今回はより単位数の少ない家庭基礎において

どのように扱われているのかを見てみることにする。

　2022年度発行・使用されている家庭基礎の教科書をすべて調べたところ、生涯の生活設計の学習で、「高校生」－（進学）－「就職」－「結婚」－「出産」－「子どもの独立」－（介護）－「退職」－「老後」というモデルプランが（発達課題と合わせて説明している場合も含め）想定されているように思われた。教科書によって扱いの程度は異なり、このようなモデルプランを大方提示していた教科書が１社、具体的なプランは出していないが目次でモデルプランのようなコースを示していた教科書が１社あり、ライフプランを明示していない教科書も２社あった。ライフステージにおける発達課題を「結婚・子あり」で提示をしていたところが１社２種あり、それ以外の教科書にはモデルプランの中に、人生の岐路としての選択肢がある形がそれぞれ示されていた。ある教科書には「結婚／子ども／仕事」には選択肢があり、また別の教科書には「未婚子あり・なし」「再婚」「障害あり・なし」のコースが提示されていた。これらの選択肢は「望む」「望まない」という選択肢であるが、「望むけどできない」という道がないことに注目されたい。日本の現状は、先に見たような結婚だけではなく妊娠も「したいけどできない」という人たちが少なからずいる。これまでの家庭科が想定してきたのは、個人の「したい・したくない」という二択であり、「したいけどできない」という視点はあまり注目されてこなかった。人生の選択は意図的に選べるものばかりではない。このような「したいけどできない」ということが起こるリスクを早い時期にきちんと知っていれば、知らずに直面し、時すでに遅しと諦めざるを得なくなる前に対応したり準備したりでき、不安やリスクを払拭・回避できる可能性がある。これまでの家庭科は、自分の希望が叶う前提でライフイベントを並べる“理想の将来”を考えさせることが多かった。しかし、現代はすでに皆が婚姻経験を持つ皆婚時代は終わり、高齢出産も増え、「したいけどできない」場合も想定した将来の設計とそのリスクを回避または早期対応するための知識が求められる時代になってきている。

　ちなみにこれは、「結婚や出産をしないのも個性／多様性として受け入れる」という考えとは全く異なることを警告したい。これまでの家庭科でも、ライフコースとして「結婚しない」、「子どもをもたない」というような“する／しないの二択”の「しない」選択の尊重には気を配ってきた。実際に教科書にもそ

のような選択肢は見られている。この視点は今後も大切である。しかし、「したいけどできない」人は「したい」人であって、「したくない」人とは全く異なる。「しない人生もあるよね」と指導をするのは「したい」人の望む答えではない。現時点や将来において願いが叶わない不安を持っている、または叶わない状況にいる人に対して希望が叶う可能性が少しでもまだある段階で教えるべきは、その事実に直面し、諦めざるを得なくなる前に対処方法や今からできること、備えるための知識、代替できる方法があるのであればその知識を客観的かつ正確に伝え、自ら動く力を養うことである。

「したいけど（自分の力だけでは）できづらい」例は、「結婚したいけどできない」「子どもが欲しいけどできない」のほか、「働きたいのに再就職に採用されない（中年・高齢期）」や「高齢期に助け合う人がいない」等が考えられる。実際に35歳を過ぎると再就職が難しいとか、高齢期に老々介護どころか、生涯独身や子どもと不仲、配偶者の早期他界など、望んでいなくても"お一人様"になることはある。ちなみにこれらは不労や独居を望む人はいるので、万人が望まない「病気」等になる例とは異なる。いずれも現在の家庭科では「できる」「円満」であることを前提にしている感がある内容である。家庭科ではこれまでも経済的なリスク回避や人的ネットワークの構築などは扱ってきている。そこで本章では、上記のうち最も本人の努力だけでは叶うか不安定であり、また社会面も経済面も精神面も負担が大きい「子どもが欲しいけどできない」という"不妊"の学習に着目し、現状把握と学校での学習意義などについて述べたい。

3　不妊と不妊に関する学習の現状

(1)不妊とは

不妊とは、日本産科婦人科学会によれば「妊娠を望む健康な男女が避妊をしないで性交をしているにもかかわらず、一定期間妊娠しないもの」のことをいい、この「一定期間」は1年が一般的とされている[5]。しかし、2017－2018年に10代以上の7,752人を対象に埼玉県で実施された調査[6]によれば、「『不妊』と定義される自然妊娠しない期間（妊娠を希望していても1年以上自然妊娠し

ないこと）を正しく理解している割合」は男性12.6％、女性14.0％であり、不妊の定義自体世の中に知られていない。この背景には、不妊の学習がどの教科でも行われていないことがあると考えられる。

(2) 不妊に対する認識の現状

　不妊に関する知識の一般正解率は、決して高くない。前掲の埼玉県調査[6]では「『不妊』を心配したことがある夫婦の割合」（正解は35％である）を正しく認識している割合は男性31.7％、女性38.8％で、およそ3人に1人しか正解していない。一方で、「不妊の原因が『男性・女性それぞれにある』ことを正しく理解している」割合は、男性68.8％、女性80.1％で、女性のほうがより認知度が高いが、男女ともに認知されている。ただし、「不妊原因のひとつである年齢による生殖能力の低下が、男性の場合『30代後半』からはじまることを正しく認識している」割合は、男性19.2％、女性25.9％、「不妊原因のひとつである年齢による生殖能力の低下が、女性の場合『30代後半』からはじまることを正しく認識している」の割合は男性29.7％、女性42.2％と、年齢による生殖能力の低下について正しく認識している人の割合は多くなく、特に男性の能力低下については男女ともに少ない。男性の能力低下は50代前半と答えた人が10～15％、女性の能力低下は40代以降に低下すると答えた人が20～30％（特に男性回答者が多い）であり、もっと若い年齢から能力が低下している事実は認識されていない。

　これらの結果をまとめると、将来的に子どもがほしいと望んでいる人が、1年以上の自然妊娠がなくても「不妊」であるという自覚が遅れ、生殖能力の年齢的低下に対する誤認のため、まだ大丈夫と思い妊活（妊娠するための活動。妊娠できるようにする準備や行動など）が先延ばしになることが懸念される。ちなみに、現在独身だが子育てはしたい、または子どもができたら今のパートナーと結婚したいと考えている人が婦人科を1人で訪れても、妊娠能力の検査や卵子凍結はできても法律婚や事実婚でないことを伝えると不妊治療さえ始められない場合もある。現代の日本においてはシングルペアレント思考での妊活は想定されていないのが現状である。夫婦の場合であっても、不妊は女性だけの問題ではないことは認知されてきているが、自己の問題として受け入れられ

るかは別問題であり、プライベートかつセンシティブな内容でもあり、不妊治療をすれば必ず子どもができるという保証もないため、「不妊」や「不妊治療」については、人々に語られにくい現状がある。実際に2015年に行われた調査[7]では、子どものいない夫婦で20歳代は45.2%、30歳代は64.1%、40歳代は52.2%が不妊の心配をしたと回答しており、実際に治療を受けたことがある割合も、20歳代は17.8%、30歳代は32.8%、40歳代は29.4%となっている。3人に1人程度は治療経験があるのであるが、2020年に実施された調査[8]では、不妊治療を知ったきっかけとして、「家族が不妊治療を受けていた」という人は2.1%、「知人等が不妊治療を受けていた」は14.6%で、ほとんどは「テレビやインターネット等のメディアを通じて聞いたことがある」68.1%であったように、リアルな体験を聞くなど身近なよくある問題として考えられる機会は少ない現状がある。

(3) 学校での不妊教育の必要性

　以上より、日常生活の中で身近な例から体験的に不妊や不妊治療について知ることはあまり期待できず、社会全体として正しい認識を持つためには、外的な働きかけによる学習の機会が与えられる必要があることがわかる。その手段の一つとしてテレビやインターネットなどのメディアは有効な手段ではあるが、エンターテインメント性や演出、時間的制約等のもとに伝達される知識が偏る可能性や、正確さに欠く可能性は否めない。見る・見ないも任意であれば知らない人も出てしまう。やはり学校の教科で扱い、客観的・科学的な立場から誰もが享受できる学習機会として展開される必要がある。

(4) 学校での不妊学習の実態

　ちなみに、前出の調査[8]によると、「学校の授業等で聞いたことがある」は15.2%である。前出の埼玉県の調査[6]においても妊娠・出産・不妊に関する教育を受けた経験については、「受けたことがある」（男性6.4%、女性8.3%）、「受けたことがない」（男性80.1%、女性81.3%）、「わからない」（男性13.4%、女性10.1%）となっている。「わからない」という回答は、知識習得が認識されていない（記憶に残っていない）ので学んでいないのと同じと解釈すると、

実に男女ともに９割以上の人が教育を受けた経験がないと認識していることになる。しかし、「妊娠・出産・不妊に関する教育は必要と思うか」と尋ねれば、「必要」と回答した割合は男性が85.8％、女性が90.6％であり、ほとんどの人が妊娠・出産・不妊の教育は必要であると考えており、教育の実施と要望には乖離がある。

　不妊教育に関連しそうな教科として、家庭科と保健体育が考えられるが、現状不妊教育は扱われているのであろうか。教科書の記載事項は学校教育で行われていると判断し、前出の家庭科（家庭基礎）と同年度発行の保健体育の教科書を見てみよう。保健体育について２社３種（３冊）の教科書を調べたところ、「年齢別妊娠率・流産率」や「不妊」という言葉は３冊とも見られたが、「不妊」という言葉の定義や不妊の原因を扱っているのは１社２種であった。また不妊治療の方法や費用、精神的負担まで触れているのは１冊のみであった。不妊治療の通院方法や出産率、不妊治療者率や体外受精件数・割合、不妊治療への社会的支援については扱っている教科書はなく、客観的に不妊治療に関わる人々の現状を摑む学習は見られなかった。家庭科では６社９冊を見たが、不妊に関する事項を扱っているのは３社３種のみであり、内容も「不妊」という言葉が出現していただけや、高齢出産のメリットやデメリットに触れるのみで、保健体育よりも不妊を扱っていない。不妊治療者率や体外受精件数、社会的支援などは、家庭科でも扱いはなかった。

　保健体育は教科の性格上、医学的な知識としての取扱い方であり、用いた教科書によっては不妊自体をあまり学習できない可能性がある。家庭科は社会的な視点からこれらの事項を扱える教科であると考えられるが、残念ながら子どもの誕生後の子育て・保育に関する内容に比べ、不妊に対する知識や不妊治療者への理解・支援を考える学習は展開されていない現状である。

4　不妊学習の意義

　不妊の学習は、子どもを欲しいと思わない人には不要な知識ではないかと思われがちであるが、そうではない。将来社会で働く人にとって「不妊治療を受けている人を理解し、社会全体・社会人として適切に対応する」ためにも全員

に必要な知識である。これは家庭科の保育の学習も同じである。

　育児や出産は、有職者には仕事との両立問題が伴うことがある。育児の場合、実際に仕事を辞めた人の仕事と育児の両立が難しかった理由として、「自分の体力がもたなさそうだった（もたなかった）」（52.8％）が最も多いように、自分の身体的な問題も大きな理由ではあるが、2位の「育休がとれそうもなかった（とれなかった）」（36.0％）、3位の「保育園等の開所時間と勤務時間が合いそうもなかった（合わなかった）」（32.8％）のほかにも、「子供の病気で休まざるを得ないため」（32.8％）、「保育園等に子供を預けられそうもなかった（預けられなかった）」（28.8％）、「会社に育児休業制度がなかった」（23.2％）、「育児に対する配慮や理解がない職場だった」（21.6％）というように、仕事との折り合いがつかず辞めざるを得なかった場合も少なくない[9]。

　平成期にも様々な育児政策がとられたが男性の育児休業取得率はそれほど上がっておらず、問題の解決にまではつながっていない。またこの「両立」は子育て段階だけではなく、子どもが生まれる前つまり妊娠期や妊活期においても通院や体調と仕事との両立問題がある。妊婦の悪阻や体調不良、検診通いなどは比較的認知されていると思われるが、子どもを授かる前の不妊治療時にも体調不良や頻繁な通院を伴う場合があることはどれほど理解されているのであろうか。不妊治療は平日に通院を余儀なくされ、体内リズムに左右される治療であるがゆえに、職場の理解無くしては両立が難しい。厚生労働省下で実施された調査（2017）[10]によれば、仕事と不妊治療の両立ができなかった理由として、「精神面で負担が大きいため」「通院回数が多いため」「体調・体力面で負担が大きいため」が上位3位までの理由となっている。また同調査では、「不妊治療をしている人と一緒に働く上で、どのような情報があれば配慮をしやすいですか。（いくつでも）」と尋ねたところ、最も多かった回答は「どの程度の休みが必要か（時期・頻度）」で79.4％、次いで「治療の内容など、不妊治療に関する一般的な知識」（60.7％）、「不妊治療をしている人の体調について」（59.7％）といった、不妊治療そのものの知識を欲している結果であった。「どのような言葉をかけたらよいか」（39.5％）、「自分のサポートは適切か」（31.7％）のように、配慮する意識はあるが、職場の同僚または上司として不妊治療を受けている人に対して配慮をするためにも、不妊治療の情報が不足し

ていると考えられる。不妊治療に関しては、2022年4月から、人工授精等の「一般不妊治療」、体外受精・顕微授精等の「生殖補助医療」について、保険適用されるようになったことなどから、一般的にも話題になってきたが、不妊治療を考えていたり、取り組んだりしている人がどの程度いるのかや、実は治療にも年齢や方法に制限があることなどはあまり知られていなかったり、社会的な支援も子育てほど広く意識されていない現状があるように思われる。

　仕事との両立を考える場合は、職場の管理職の理解が必要になる。労働政策研究・研修機構が2013年に公表した調査[11]によれば、300人以上の企業において女性管理職は、課長職で未婚者は44.1%、有配偶だが子どもがいない人は14.5%であり、合計すると58.6%は子どもがいない。有配偶で子どもがいる課長職の人は30.2%であることから、女性の課長職にある人は子どもがいない割合が高い。これは部長職でも未婚者と有配偶子どもなしの人を合わせて50%、子どもがいる人が33.4%であることから同じ傾向にあるといえる。また、100人〜299人規模の企業でも同傾向である。ゆえに女性の管理職の半数以上は子どもがいない現状がある。管理職という立場は社員管理の立場でもあるがゆえに、自身に不妊治療・妊娠・出産の自己体験がなくても、これらの時期と仕事の両立について、正しい知識と理解を持っていなければ、適切な社員管理は難しいだろう。一方、男性は、既婚者も多く子どももいる人も多いが、育児休暇の取得率から見るに育児に参加しているかどうか自体が疑わしい。ゆえに、個々の子育てや不妊治療経験に頼るのではなく、男女が、自身が子どもを望むかどうかに関係なく学んでおく必要があり、ここに学校で平等に教える意義がある。無知は誤解や軽視を生むことがある。不妊治療の困難な点を社会全体が知っていることは、広く不妊治療を受けやすくし、支援を広げる目的も持つと考えられる。

5　養子の学習との連動

(1)養子について

　不妊により自分の出産は諦めたが、子育てをしたい夫婦が思い描く先の希望の一つに、養子や里子を迎えるという選択がある。養子や里子については、厚

生労働省（2021）の調査によれば[12]、不妊治療をしている夫婦は「今後、子ども
もを授からなかった際の養子縁組などについて話し合いをしている」と6.2%
の人が回答しており、不妊治療中に欲しいと感じる（感じていた）情報として
「里親・特別養子縁組制度について」を10.2%の人が挙げていることから、多
数派ではないが選択肢の一つとして必要とされている情報であるといえる。本
来、養子縁組や里親制度は子どもの福祉のために行うものであるが、夫婦にと
っても願いを叶えることに繋がるのも事実である。しかし実際のところ、民法
上は特別養子縁組の親の年齢は一方が25歳以上で配偶者双方が養親になること
を同意していればよいのだが、自治体や民間団体では養親年齢と養子となる子
どもの年齢差は原則45歳あたりまでとしている場合が多いといわれている。ま
た、独身や同性婚・事実婚では縁組できない。つまり、子育てを希望する者は、
配偶者不在では不妊治療も養子を迎えることもできない。配偶者がいても年齢
制限がある。これらを若いうちから知っているか否かでは、ライフプランイメ
ージもその後の人生選択も異なる。

　厚生労働省も2022年3月の「社会的養育の推進に向けて」[13]において、「不妊
治療への支援拡充と併せて、特別養子縁組制度等の普及啓発の取組を強化する
ため、普及啓発事業の予算額を大幅に拡充（予算額8,100万円→2億1,000万
円）」としており、里親制度も特別養子縁組も成立率の増加を進める方針を打
ち出している。子ども家庭庁も、不妊治療関連施策とあわせて実施する里親制
度や特別養子縁組制度の普及啓発を行っている。社会の方向性としても、社会
的養護の理念を具体的に理解することも含め、社会人になる前に、基礎的な知
識は持っていたほうが良いのではないだろうか。

(2) 養子学習について

　養子や里子については現在高校までに学習する機会はあるのであろうか。日
本の家庭科の高校の教科書では、前出の家庭基礎の教科書の記述を見たところ、
新学習指導要領版の「養子」「特別養子」「里子」の記載がある教科書が2社、
「養子」のみ記載が1社、これら3つの用語は見られなかった代わりに「ステ
ップファミリー」の記載が見られたものが1社、それ以外の6冊には養子・特
別養子・里子の記載はなかった。家族・家庭の章で特別養子縁組に関する当事

者の声としてコラムが記載されている教科書もあり、高齢出産という年齢における不妊治療の困難さと、そこからの流れで特別養子縁組へ進んだ過程および生後5日の子どもを迎えて良かったことなどが紹介されている例も見られた。しかし、具体的な縁組の方法等の記載はなかった。高齢出産の記載がある教科書でも、実際の記述は「晩婚化や医療の進歩に伴って、高齢での出産率も増えているが、高齢になると妊娠・出産への危険性が高まる可能性もある」として母親の年齢別出生数の割合の推移のグラフが掲載されているにとどまり、養子縁組のメリットは特に語られていない。

　家庭科の学習量と時間数の問題もあるが、社会的に判断をする力をつけるためには家族の学習内容として具体的な数値や方法の補足が望まれる。

おわりに——今後に求められる生活設計教育の変革

　これからの生活設計の教育では、人生の選択が努力すれば叶うものばかりではないだけでなく、時間的制約も視野に入れる必要がある。希望した選択が叶わないときの方法の選択を加味することで、子育ての場合なら不妊治療の可能性や治療しても子どもが授からないときに養子や里子を迎える可能性、結婚できないときの対応などを考える場面となる。この学習により、多様な選択肢におけるメリット・デメリットも知ることになり、当事者の立場に立って考えることもできるようになる。この視点を社会全体がもてば、生きづらさや立ち回りにくさを感じることの少ない、ウェルビーイングな社会を築くことにも繋がる。では、どのように既存学習に組み込めばよいだろうか。

(1)生活設計の学習場面で視野を広げる

　妊娠・子育てを希望するか否か、妊娠しにくいとわかった場合に不妊治療に踏み切るか否か、子どもができなかったときに養子を迎えるか、2人の人生とするか。これらは生活設計の一部であると考えられる。その設計において、経済資源計画、時間資源計画、人的資源計画、理想のライフコースなどを考えあわせることが重要である。すでに家庭科では生活設計の学習は行われているためここに組み入れることは可能ではないだろうか。

(2) 保育の子育て支援の学習と同様に取り上げ、関連させる

　保育では、子育て支援に関する学習がある。子育てには社会的な支援が必要であり、子どもの有無にかかわらず、社会全体の市民が子育ての大変さや子どもの発達段階を理解し、子どもや親にどのように接するかを考え、仕事とのバランスはどうとるか、それをどう支えるかをも考える場面である。不妊治療は子育ての社会的支援の視点と共通点が多い。治療程度は個人差があり、通院も計画的に進められるものではなく、頻度も多い。精神的・体力的な問題もある。出産後の子育て支援とともに不妊支援も一緒に考えることで、社会全体で子どもを育てる支援体制を学び考える機会にできるのではないだろうか。

(3) 家族形態の多様化において養子制度を学び、保育で不妊治療を加える

　様々な家族形態を学習する際に、ステップファミリーを扱い、血縁と家族関係について考えさせることができる。この血縁に関して血縁でない養子を迎えることや、血縁ではあるが別姓であるなど、人の精神的な繋がりと血縁について考えさせる学習を設けてはどうだろうか。保育でも、不妊学習の流れで養子へ繋げ、養子の子の福祉としての意義も紹介してはどうだろうか。

　本章では妊活と不妊を例に述べてきた。「したいけどできない」場面は中・高年期にもある。授業時間に制約はあるが、将来生徒が「早く知っていれば」と後悔しない為にも、「したいけどできない」場合に備える知識を持って判断できることは、自分らしいウェルビーイングな生き方にも繋がるだろう。

（室　雅子）

引用・参考文献
　1）厚生労働省（2022）、「令和4年（2022）人口動態統計月報年計（概数）の概況」、最終閲覧日2023年9月17日。https://www.mhlw.go.jp/toukei/saikin/hw/jinkou/geppo/nengai22/index.html
　2）内閣府（2022）「令和4年版 少子化社会対策白書」、最終閲覧日2023年9月17日。https://www8.cao.go.jp/shoushi/shoushika/whitepaper/measures/w-2022/r04webhonpen/html/b1_s1-1-3.html

3 ）厚生労働省（2021）「令和 3 年度出生に関する統計の概況　人口動態統計特殊報告」、最終閲覧日2023年 9 月17日。https://www.mhlw.go.jp/toukei/saikin/hw/jinkou/tokusyu/syussyo07/index.html

4 ）日本財団（2023）「18歳意識調査『第52回——価値観・ライフデザイン』報告書（2023年 1 月 6 日）、最終閲覧日2023年 9 月17日。https://www.nippon-foundation.or.jp/app/uploads/2023/01/new_pr_20230106_01.pdf

5 ）日本産科婦人科学会 HP「産科・婦人科の病気　不妊症」最終閲覧日2023年 9 月17日。
https://www.jsog.or.jp/modules/diseases/index.php?content_id=15

6 ）第一生命株式会社（2017）「埼玉県と第一生命による県民への不妊に関するアンケート調査」、最終閲覧日2023年 9 月17日。
https://www.dai-ichi-life.co.jp/company/news/pdf/2018_019.pdf

7 ）国立社会保障・人口問題研究所（2017）「第15回出生動向基本調査（結婚と出産に関する全国調査）」、最終閲覧日2023年 5 月 6 日。https://www.ipss.go.jp/ps-doukou/j/doukou15/gaiyou15html/NFS15G_html08.html

8 ）野村総合研究所（2021）「令和 2 年度　子ども・子育て支援推進調査研究事業　不妊治療の実態に関する調査研究最終報告書」p. 136、最終閲覧日2023年 5 月 6 日。https://www.mhlw.go.jp/content/000766912.pdf

9 ）独立行政法人労働政策研究・研修機構（2003）「育児や介護と仕事の両立に関する調査」調査結果、最終閲覧日2023年 5 月 6 日。https://www.jil.go.jp/kokunai/statistics/doko/h1507/documents/ikuji-02.pdf

10）東京海上日動リスクコンサルティング株式会社（2019）「平成29年度 厚生労働省『不妊治療と仕事の両立に係る諸問題についての総合的調査研究事業』」p. 69、最終閲覧日2023年 9 月17日。

11）独立行政法人 労働政策研究・研修機構（2013）「男女正社員のキャリアと両立支援に関する調査」結果、p. 10、最終閲覧日2023年 5 月 6 日。
https://www.jil.go.jp/institute/research/2014/documents/0119_01.pdf

12）同 8 、p. 102。

13）厚生労働省「（資料集）社会的養育の推進に向けて」、最終閲覧日2023年 9 月17日。https://www.mhlw.go.jp/content/000833294.pdf

第IV部　教師を育てる・教師が育つ

第13章　学び続ける家庭科教師を育てる　　　授業リフレクション

はじめに

　少子高齢化の進展など社会の変化に伴い、私たちのライフスタイルは変化し続けている。さらに、現代は VUCA（先行き不透明、将来の予測困難）時代と言われ、政治、経済、個人のキャリアに至るまで、あらゆるものが複雑さを増している。これからの社会を生きる子どもたちが、ウェルビーイングを追究し実現するには、家庭科の授業を通して、自立と共生の視点から生活を捉え直し、よりよい人生や暮らしを創造できる力を身に付けることが重要である。

　そのためには、家庭科教師は、社会情勢など世の中の動向に幅広くアンテナを広げ、子どもたちとともによりよい生活とは何かを問い続ける姿勢をもつことが求められる。堀内（2018）[1]は、家庭科教員の基盤的資質として、生活関連事象に対する関心をもつ、自分の生活の中の課題を見いだす、新しい生活関連情報や社会制度の変化などについて常に吸収し学び続けることを掲げている。家庭科教師に対して、社会変化に応じて主体的に自身の授業力量の向上に取り組むことが期待されている。

　しかし、家庭科教師の置かれている状況をみると、1校1名配置で全学年の授業を担当し、指導計画や教材研究、実験・実習を含む授業実践と評価、実習室の管理などを担っている。そうした日々の忙しさから、自身の授業を顧みる時間を確保しづらい状況にある。また、同僚の家庭科教師がいないため、校内研修で学び合うことが困難である。家庭科教師が力量を向上させるには、学校を超えた教師の協働性が役立つものの（一色ほか 2015）[2]、近年は家庭科教員数が減少傾向にあり、身近に相談する先輩教員がおらず、地区の研究会も厳しい状況にある（中西・堀内 2019）[3]。

　このような状況の中、公開研究授業などの限られた研修機会を効果的に活用して、自己研鑽に取り組む力を身に付けることが必要である。

　本章では、学び続ける教師として、家庭科教師がどのようにして授業力量を向上させることができるかについてみていく。

1　授業力量の向上と授業リフレクション

　家庭科教師は、どのようにして授業力量を向上させているのだろうか。

　授業力量は「信念」「知識」「技術」の３つの側面から構成され、「信念」は中核に位置づき、教材観や指導観など授業に対する価値観を示す（吉崎1997）[4]。そして、教材内容や教授方法に関する「知識」と、授業設計、授業実施、授業評価に関する「技術」は、「信念」の周辺に位置づく（寺嶋2015）[5]。すなわち、「信念」は家庭科教師が有している家庭科観であり、家庭科観は家庭科を教える「知識」や「技術」に影響を与えている。例えば、信念として「家庭科は生活技術を身に付ける教科である」という家庭科観を有する教師であれば、調理や裁縫の技能をトレーニングする指導を行うだろう。また、「家庭科は生活の問題解決を図る力を身に付ける教科である」という家庭科観を有する教師であれば、生活の問題に気づかせて課題を設定し、その課題解決を図る指導を行うだろう。このように、家庭科教師がどのような家庭科観を有しているかにより、教授行動は異なるといえる。

　それでは、家庭科教師の「信念」である家庭科観は、何によって形成されるのだろうか。鈴木・小清水（2021）[6]によると、家庭科教師は、家庭科教員としての役割（家庭科教員だからこそできることは何か）、学習時期（授業で扱う時期は生徒の学習時期に対応しているか）、学校という場（授業で扱う内容は学校で学ぶ必要があるのか）の観点から、自分の家庭科観を省察している。そして、これらの省察によって、家庭科の目標の捉え（家庭科を通してどのような生徒を育てたいか）、家庭科の意義（家庭科の目標で示されている力をなぜ育む必要があるのか）、教える内容（家庭科で何を教えるか）の省察が促されている。また、指導方法（家庭科の授業でどのように指導するか）を省察することで、家庭科の意義（家庭科の目標で示されている力をなぜ育む必要があるのか）の省察が促される。

　すなわち、教師としての役割や授業内容の適切性を振り返ることにより、家

庭科観がブラッシュアップされ、授業の目標や内容、指導法が改善される。授業リフレクションを行うことは、教師自身の家庭科観を再構築することを促し、授業力量の向上に寄与するといえる。とくに研修機会を得づらい家庭科教師は、他の教師の研究授業を参観したり、協働的に学び合う研修の機会をとらえて、自身の授業リフレクションに励むことが期待される。それには、授業をリフレクションする力を、教員養成段階から育成することが必要である。そこで、教員養成課程の学生を対象に、授業設計力と授業実践力の力量形成における授業リフレクションについてみていく。

2 授業設計力の力量形成と授業リフレクション

(1) 授業設計力とは

平成27年中央教育審議会答申（2015）[7]では、これからの教員に求められる資質能力として、自律的に学ぶ姿勢を持ち、生涯にわたって資質能力を高める力や、ICT活用や主体的・対話的で深い学びを実現する授業改善など新たな課題に対応できる力量を高めることが課題として示された。すなわち、実践的指導力を高める力を養うことが期待されている。

実践的指導力という言葉は、授業構想や教材研究、授業実践など幅広い意味を含む。高木（2016）[8]は、実践的指導力を、目標設定、指導過程、評価指標を含めた「授業構想に関わる力」、教える知識や教材の準備を含めた「教材研究に関わる力」、授業の運営、教師の発話、教材教具の活用、児童生徒の「授業展開に関わる力」の3つに分類している。

教員養成課程で初めて家庭科の授業を設計する学生にとっては、まずは授業の目標を明確に設定し、それに沿った指導過程を検討する力が求められる。そこで、「授業構想に関わる力」のうち、授業の目標設定と指導過程を検討する力を「授業設計力」と定義する。

(2) 模擬授業における課題

教員養成課程の「各教科の指導法」では、模擬授業が行われる。模擬的な授業構想や教材研究、授業実践では、主として教師役の学生の指導力向上が意図

されている。受講者数や講義回数の制約から、教師役は代表の学生が務め、その他の学生は生徒役として参加することが見受けられる。生徒役の役割は、指導で優れた点や改善点の示唆を、教師役に与えることである。生徒役の学生も模擬授業を受けて学べることはあるものの、受け身の立場に留まっている。堀内（2008）[9]は、学生が模擬授業の批判に終始して、具体的な授業の代替案を提案できないことを指摘しているが、受け身的な立場であることがその要因であると考えられる。代替案を提案させるには、模擬授業を自分事としてとらえることが重要である。つまり、生徒役も、授業者の立場に立ち、自分だったらどのように授業をするか、授業者の視点をもたせることが必要である。そうすることで、教師役のみならず、生徒役の学生の授業設計力の向上が期待できる。そこで、小清水（2022）[10]をもとに授業リフレクションを促し、授業設計力を高める模擬授業についてみていく。

(3) 授業設計力を高める模擬授業のデザイン

授業設計力を高める模擬授業のデザインについて述べる。研究の対象は、学習指導要領の内容は履修済みであるが、授業設計は初めて行う学生が受講する中等家庭科教育法の模擬授業である。科目の目標は「教材研究や学習指導案の作成、模擬授業の実践を通して、中学校の家庭科の指導における授業実践力を高め、教育実習に対する意欲を高める」である。

講義の流れは、第1回が中学校学習指導要領の振り返り、第2・3回が中高家庭科の教材研究、第4回が模擬授業の概要説明、第5・6回が模擬授業構想、第7〜10回が模擬授業実践、第11回が模擬授業の省察と改善、第12・13回が学習指導の工夫、第14・15回が学習指導と評価である。模擬授業は第4〜11回に該当する。模擬授業は4〜5名のグループで担当し、指定された題材の教材研究と30分間の指導案を作成し、模擬授業を実践した。

模擬授業のデザインの要点は、つぎの2点である。

第一に、受講者全員の授業設計力を高めることを意図して、生徒役に、模擬授業を受講する直前に、自分だったらどのような授業をするか、教科書をもとに各自で授業を設計させた。教科書と学習指導要領は全員が所有している。講義時間中に時間を確保することで集中して授業設計に取り組み、自分なりの授

業のイメージをもった上で、他者の模擬授業に臨むことを意図した。

　第二に、編集を行う教科書会社によって指導内容の重点の置き方が異なるという教科書の特性を活用して、目標設定や指導過程に疑問をもてるような題材を設定した。中学校家庭科教科書（K社、T社）の各題材や目標や学習活動について調べた結果、特徴的な違いがみられたのはつぎの4つのページであった。A：輸送・エネルギーと食料自給率（食生活）、B：生活習慣と家庭生活（保育）、C：自分らしい着方とTPO（衣生活）、D：地域に配慮した住まい方・音と生活のかかわり（住生活）であった。そこで、これらを模擬授業の題材として設定した。

　各回の講義の手順は、①担当グループは授業設計で学んだことを、生徒役は授業設計（授業のねらいと展開）を模擬授業シートに記入（20分間）、②模擬授業の実践（30分）、③担当グループは授業をして気づいたことや考えたこと、生徒役は授業を受けて気づいたことや考えたことを模擬授業シートに記入（15分）、④全体で事後討議（15分）、⑤全員がそれぞれ気づいたことや考えたことを模擬授業シートに記入（10分）である。

(4) 模擬授業の実施と効果の検証

　2017年に家庭科教員養成課程2年生17名を対象に、模擬授業を実施した。4つの模擬授業の事後討議では、表情や声の大きさなどの言動や板書の仕方はほぼ討議の話題にならず、授業の落としどころにつながる目標設定や指導過程に焦点化されていた。A食生活では食料自給率やフードマイレージの解決策を地産地消に求めると入手できる食材が限定される、食料自給率やフードマイレージは生徒が直接解決することは困難なため、取り組める解決策として食品ロスに目を向けさせる、B保育ではしつけとして教えることと同時に、子どもを励まして発達を支援する家族の役割を取り上げる、C衣生活ではTPOをふまえると同時に個性を表現することを含める、D住生活では騒音に対して物理的解決策に終始すると閉鎖的になる、精神的解決策に目を向けさせて周囲とのコミュニケーションを取り上げることなどが話題になった。生徒役も授業設計を行ったことにより、自分の授業設計と他者が実践した模擬授業の目標設定や指導過程の違いに着目したと推察される。

第４〜11回前後の質問紙による意識調査をみると、学生は意欲的に取り組み、学習指導案の作成や教材研究について理解していた。授業設計力に関して、授業構想を立案したり、適切な目標を設定して指導案を作成する力、自分の力で教材研究を行う力、学習者の思考を活発にする発問をする力の向上が認識されていた。教師役と生徒役の講義回の結果を比較した結果、模擬授業実践による学びの意識と、他者の模擬授業受講による学びの意識はほぼ同等であった。以上から、指導内容の力点が異なる教科書を基にした題材設定や生徒役に授業設計を課したことは、個々の学生の授業リフレクションを促し、目標設定や指導過程の授業設計力の向上に寄与したことが示唆された。

(5) 授業設計力と授業リフレクション

授業設計力を高める模擬授業のデザインは、現職教員対象の公開授業研究会の形態と類似している。現職教員は、授業参観を通して自身の授業経験の省察を促されている。すなわち、自分なりの教材や授業展開のイメージをもって他者の授業を参観することで、共通点や相違点をもとに自身の授業リフレクションを行っているといえる。

これに対して、教員養成課程の学生は授業経験が無い。そこで、授業経験を代替するものとして、指導内容の力点が異なる複数の教科書を用いて授業を設計することにより、問題意識を喚起され、批判的検討の視点をもって他者の模擬授業を受講し、自身の授業設計のリフレクションを行うことが可能になる。学び続ける家庭科教師の育成に向けて、教員養成段階から他者の授業から学ぶ姿勢を身に付けることが求められる。

3　授業実践力の力量形成における授業リフレクション

(1) 授業実践力と教授行動の省察

教師は授業改善を繰り返しながら、よりよい授業に向けて授業力量を高めている。2017年に示された教職課程コアカリキュラム（文部科学省　2017）[11]の各教科の指導法では、模擬授業の実施と振り返りを通して、授業改善の視点を身に付けることが掲げられた。先行研究においても、授業を省察して授業を改善

する力の育成の必要性が示され（小清水・小川 2017[12]）、伊深 2015[13]）、荒井ほか 2011[14]））、授業改善を含めて授業実践力を培うことが重要である。

　近年、デジタル化が進展し、学校教育では GIGA スクール構想を基に ICT 活用が推進されている。高橋ほか（2018）[15]）は、汎用のソーシャル・ネットワーキング・サービス（SNS）を活用して模擬授業のビデオやコメントを投稿させることで、回数を重ねるごとに模擬授業に対する自信と理解が高まり、授業動画の共有や他者のコメントが授業改善につながることを明らかにしている。SNS を活用することにより、全員が模擬授業を複数回実施できる、講義時間外に繰り返し視聴できる、自分と他者の模擬授業の比較や自身の改善前後の模擬授業の比較が容易にできるといった効果が期待できる。しかし、授業改善につながる自己省察の内容については明らかにされていない。

　授業実践力を高めるには、教授行動を振り返って課題をとらえて授業を改善することが求められる。そこで、小清水（2021）[16]）をもとに授業改善を促すリフレクションを通して、授業実践力を高める模擬授業についてみていく。

(2) 授業実践力を高める模擬授業のデザイン

　授業実践力を高める模擬授業のデザインについて述べる。研究対象は、学習指導要領の内容は履修済みであるが、初めて授業を設計する学生が受講する、中等家庭科教育法の授業である。模擬授業は反転学習の手法を取り、事前課題で各自が個別に 5 分間の模擬授業を実践（以下、個別模擬授業とする）、録画して汎用の SNS で共有させた。受講者の心理的負担に配慮してコメントは SNS 投稿にせず、講義で個別模擬授業の検討会を実施した。個別模擬授業の各授業者が司会を務め、他の受講者はコメントやアドバイスをした。事後課題では改善した個別模擬授業を実践、録画して SNS で共有させた。個別模擬授業の題材は中学校家庭分野「消費者の権利と責任」とした。

(3) 模擬授業の実施と効果の検証

　2020年に家庭科教員養成課程 2 年生13名を対象に模擬授業を実施し、各講義後に Web による記名式の質問紙調査を実施した。調査内容は、個別模擬授業を実践して気づいたこと、他者の個別模擬授業を視聴して気づいたこと、授業

検討会で改善しようと思ったことで、自由記述で回答を得た。そして、高木（2016）[17]を参考に自由記述の内容をカテゴリーに分類し、自己省察としてどのような気づきが得られたのかを分析した。

　その結果、自由記述の分量は、個別模擬授業を実践して気づいたことよりも、他者の個別模擬授業を視聴して気づいたことの方が多かった。要因として、個別模擬授業は生徒役がいないため、授業者の働きかけへの反応を得ることはできない。しかし、受講者全員が同じ題材で同じねらいの模擬授業を実践したことから、他者の模擬授業との比較が容易であったと考えられる。つまり、自身の教授行動の省察を深めることの有効性が示唆された。

　省察の内容は、大きく2つのカテゴリーに分類された。一つは「消費者の権利と責任」の指導に関するもの、もう一つは家庭科教師としての実践的指導力に関するものであった。自己省察の気づきを分類したところ、授業設計（目標設定、指導過程）に関する気づき、教材研究（教える知識、教材内容）に関する気づき、授業展開（教師の発話、教材教具の活用、生徒への対応）に関する気づきに分類された。教材研究に関する気づきでは、専門的知識を習得する使命や消費者教育における家庭科の独自性、授業展開に関する気づきでは、家庭科教師として客観的な視点をもつこと、主体的な学びを引き出す指導の必要性、授業改善や自己研鑽に対する姿勢などがみられた。

　以上の気づきは、他者の個別模擬授業を視聴することで生じており、SNSの活用が効果的であったことが明らかになった。

(4)授業実践力と授業リフレクション

　授業実践力を高めるには授業経験を積み重ねることが必要である。しかし、ただ授業を実践するのではなく、授業を振り返り、自身の課題に気づくことが重要である。教員養成課程の学生は授業経験がほとんどない。そこで、教授行動の課題に気づかせる手立てとして、SNSを活用して個別模擬授業をお互いに視聴し合うことで、自分と他者の模擬授業との比較が容易になり、自身の教授行動の省察が促され、授業実践力と高める授業リフレクションを行える可能性が示唆された。

　また、デジタル機器を効果的に活用する意義が示された。教科教育法の講義

回の中で実施できる模擬授業の回数は限られる。しかし、反転学習でデジタル機器を活用して個別模擬授業を実践することで、全受講者の模擬授業の実践機会が保障されること、受講者が主体的に ICT の活用法を調べ、活用経験を積むこと、他者の個別模擬授業を相互に比較検討することで多様な指導法を学ぶことが可能になる。そして、講義では対面の良さを生かして、他者から個別模擬授業の意図や教材の入手方法を聞いたり、アドバイスをもらって対話的に学ぶことに注力することができる。

　以上のように、お互いに学び合う経験を通して、自身の力量を高める意欲が喚起され、継続的に自己研鑽に取り組み、授業を改善する力が育成されると考える。

おわりに

　学問や技能を磨き上げるには、切磋琢磨することが有効である。家庭科教師も同様に、授業設計力や授業実践力を高めるには、他の家庭科教師の存在やかかわりが重要である。他者の授業を鏡として、自身の授業を振り返る、すなわち、授業リフレクションを行うことにより、自分では気づかなかった課題がみえてくる。

　リフレクションの方法はさまざまにある。例えば、自分の中に授業のイメージをもって他者の授業を受講あるいは参観することで、授業構成や指導法、教材について考察を深め、授業設計力を高めることができる。この方法は、他者との対話を必要としないで取り組むことができるが、自身の授業に向き合う姿勢をもっていることが必須条件である。自分だったらどうするかを自問自答したり、なぜこのような指導や教材を選択したのか、他者の教授行動の意図を探るなど、思考を働かせることが重要である。

　また、ICT を活用して自分の授業実践を記録しておき、客観的視点から授業を見直すことで自身の授業に対する考察を深め、授業実践力を高めることができる。授業実践の動画撮影が困難な場合は、IC レコーダーの活用が考えられる。白衣や上着の胸ポケットや教卓の上に IC レコーダーを置いて録音しておき、通勤中に再生して授業リフレクションを行うことも可能である。説明の

仕方や生徒との対話を振り返る中で、新たな気づきが得られるだろう。

　学び続ける教師を育成するには、個別最適な学びの実現にみられるように、教師自身が自分に合った学び方を検討することが重要である。仕事だけではなく、家庭生活との関連も視野に入れて、自分が学び続けていくためには、どの時期に、どのような方法が最適であるか、自己研鑽の仕方を考えて実行していくことが望まれる。学び続ける教師の育成では、何よりも教師自らの学ぶ姿勢が問われている。これからは、教員養成課程においても、家庭科の学習指導を行う力の育成のみならず、家庭科教師として学び続ける姿勢を身に付けることを視野に入れた指導が望まれる。

（小清水　貴子）

注および引用・参考文献

1 ）堀内かおる（2018）「学び続ける家庭科教員のための育成指標」『日本家庭科教育学会誌』61(1)、pp. 46-49

2 ）一色玲子、荒井紀子、貴志倫子、井元りえ、亀井佑子、鈴木真由子、羽根裕子、神澤志乃（2015）「「レッスン・スタディ」の国際的動向と日本における家庭科の授業研究」『日本家庭科教育学会大会・例会・セミナー研究発表要旨集』58、p. 89

3 ）中西佐知子、堀内かおる（2019）「中学校家庭科教員のICTリテラシーの実態と課題：神奈川県、佐賀県の調査から」『日本家庭科教育学会誌』62(1)、pp. 27-37

4 ）吉崎静夫（1997）『デザイナーとしての教師　アクターとしての教師』金子書房

5 ）寺嶋浩介（2015）「教員養成学部に所属する教科教育法担当教員の授業イメージ：教科専門担当教員との違いを踏まえて」『日本教育工学会論文誌』39(3)、pp. 153-165

6 ）鈴木真未、小清水貴子（2021）「授業力量形成における家庭科教員の信念と自己省察の関連」『日本家庭科教育学会誌』64(1)、pp. 15-22

7 ）中央教育審議会（2015）「これからの学校教育を担う教員の資質能力の向上について：学び合い、高め合う教員育成コミュニティの構築に向けて（答申）」
最終閲覧日2023年12月25日
https://www.mext.go.jp/b_menu/shingi/chukyo/chukyo0/toushin/1365665.

htm

8 ）高木幸子（2016）『家庭科授業がわかる・できる・みえる——家庭科教員養成における授業実践力の養成』教育図書

9 ）堀内かおる（2008）「家庭科教員養成における模擬授業の有効性：コメント・レポートによる相互評価に着目して」『日本家庭科教育学会誌』51(3)、pp. 169-179

10）小清水貴子（2022）「授業設計力の向上を意図した模擬授業の指導法の検討」『年報・家庭科教育研究』39、pp. 1-10

11）文部科学省（2017）「教職課程コアカリキュラム」
最終閲覧日2023年12月25日
https://www.mext.go.jp/component/b_menu/shingi/toushin/__icsFiles/afieldfile/2017/11/27/1398442_1_3.pdf

12）小清水貴子、小川裕子（2017）「実践的指導力の向上を目指した家庭科教員養成授業プログラムの実践と効果の検討」『日本家庭科教育学会大会・例会・セミナー研究発表要旨集』60、p. 40

13）伊深祥子（2015）「家庭科教育における模擬授業の分析」『日本家庭科教育学会大会・例会・セミナー研究発表要旨集』58、p. 49

14）荒井紀子、竹内惠子、松田淑子、鈴木真由子、綿引伴子（2011）「問題解決リテラシーに関わる家庭科教員の力量形成の為のプログラム開発」『日本家庭科教育学会大会・例会・セミナー研究発表要旨集』54、p. 34

15）高橋純、佐藤和紀、大村龍太郎（2018）「教員養成段階における汎用のSNSを活用した模擬授業演習の試み」『日本教育工学会論文誌』42(Suppl.)、pp. 97-100

16）小清水貴子（2021）「SNSを活用して教授行動の自己省察を促す家庭科模擬授業の検討」『日本家庭科教育学会大会・例会・セミナー研究発表要旨集』64、p. 23

17）前掲 8 ）

第14章　家庭科教師のライフストーリーの　　　　教員養成における活用

はじめに

　本研究の目的は、教員養成課程における中等家庭科指導法[1]において家庭科教師のライフストーリーを活用することが、履修する学生の家庭科観の形成にどのように寄与するのかを検証することである。

　家庭科教師の授業デザインの力量は「信念」「知識」そして「技術」の３つの側面からなるとされ[2]、このうち授業に関する自覚的／無自覚的な価値観や指針である「信念」は力量の中核として位置づけられている。しかし家庭科教師を志す大学生の「信念」の形成に着目した研究は、青木による問題解決学習の有効性の検証[3]や森・鈴木による異教科間交流の成果の検討[4]などを例外としてわずかである。

　ところで、筆者はこれまで、家庭科教師の教科観や授業デザインの力量の形成には、職業上の経験だけではなく個人的生活経験[5]が重要な役割を果たしていることを実証的に明らかにしようと試みるなかで[6]、個人的生活経験が自身の家庭科観や家庭科の授業デザインに影響しうる可能性に自覚的であることが、教師を志す学生にとっても必要であると感じるようになった。このことはひとり筆者のみならず、多くの中等家庭科指導法の担当者が感じてきたことであると考えられる（例えば、堀内による教師の発達のための指標[7]や、木村による調査[8]に見出すことができる）。それでは、家庭科教師を志す学生が個人的生活経験と自身の家庭科観の関連を省察するための支援方策としてはどのようなものが考えられるだろうか。

　上記の問いに対する答えのひとつとして、教師のライフストーリーの活用が挙げられる。ライフストーリーとは、「ある人物が自分の生について語った物語」[9]のことであり、渋谷ら、村井、そして西倉により教職課程において現職教師のライフストーリーを活用することの意義が論じられている。渋谷らによ

る実践は、熟練期にある教師を講演に招き、学生に省察を促すというものであり、学生が自らの被教育経験を対象化し、教育実践を社会や歴史の中でとらえることができるようになるなどの成果があったことが報告されている[10]。また、村井による実践は、学生が自身のライフストーリーを語り、他の履修者のストーリーを聞き合うという活動に取り組んだのちに、現職の教師のライフストーリーを読むものである。結果として「目指すべき授業像・教師像を明確に」することができたとその有効性を認めている[11]。他方、西倉は両実践の課題を次のように指摘する。すなわち、渋谷らの実践について、講演という方法は語り手と聞き手の相互作用が生むには効果に乏しく、また村井の提案するテクスト化されたものを「読む」行為も同様に教師観や教科観を変容させるには不十分であるというのである[12]。この指摘には首肯できる部分もあるが、学生が各々で適切なインタビュイー（教師）を探し出して協力を得ることは、教科によっては負担が大きく、こと家庭科に関しては、偶然に左右される面があまりに大きいのではないかという懸念がある。また、授業担当者が意図的に選択された事例を提示することにも意義があると思われる。以上のことから、本研究では村井による実践のように、授業担当者が教師にライフストーリー・インタビューをおこない、テクストとして提示するという方法を採用した。そのうえで授業の目的を信念の形成を支援すること、とくに「個人的生活経験が教師としての家庭科観や家庭科の授業デザインに影響しうる」ことへの認識を深めることに焦点化し、ライフストーリー活用の有効性を検証することを目指した。

1　家庭科教師のライフストーリーを用いた実践

(1)科目の概要と授業内容

　対象科目は中等家庭科指導法の１科目（２単位）であり、授業の一部で家庭科教師のライフストーリーに関して４回連続の講義を実施した。４回のうちの初回で、先述の村井の実践を参考に、履修者が自らの教師観・教科観を振り返る活動を設けた。続く３回の授業では、表14-1に示すように矢子先生・池田先生・田辺先生（いずれも仮名）[13]という３名の高等学校家庭科教師のライフストーリーをテクストで配布し、過去の経験がどのように授業に反映されている

と考えられるのか、授業の様子（エピソード）のエスノグラフィックな描写と
筆者の解釈を含めて提示した[14]（資料14-1）。具体的な実践のイメージを喚起す
るよう、写真やワークシートなどの資料等も交えて解説した。3名の家庭科教
師の主なエピソードは6つずつであり、概略は表14-2に示す通りである。

(2) 提示するライフストーリーの選択基準

ライフストーリーの語り手となる家庭科教師3名は、異なる特質を有するよ
うに選択した。筆者が得た結果[6]では、家庭科教師の個人的生活経験が授業デ
ザインへと反映されるプロセスは2つに大別される。問題意識の源泉となる個
人的生活経験から社会や学校教育に対する問題意識が生じ、それが家庭科観の
一部として意識され、さらに形成された信念を原動力として授業実践をおこな
うというプロセスと、個人的生活経験が問題意識の醸成や信念の意識化は経由
せずに、方略として直接的に用いられるというプロセスである（図14-1）。前
者のプロセスを経た個人的生活経験の授業デザインへの影響を《授業デザイン
の基底への反映》、後者を《授業デザインにおける具体的方略としての活用》
として、矢子先生、池田先生、田辺先生をマッピングしたものが図14-2である。
3名はそれぞれ《授業デザインの基底への反映》も《授業デザインにおける具
体的方略としての活用》も顕著である例、どちらも中程度である例、《授業デ
ザインの基底への反映》は顕著であるが、《授業デザインにおける具体的方略
としての活用》は中程度である例として位置づけることができる。

(3) 履修者へのインタビューの実施

授業実践の有効性の検討のため、履修者を対象にインタビュー調査を実施し
た。手続きとしては、当該授業最終回に調査の目的、協力者個人が特定できる
情報は公開しないこと、成績評価のうえで一切の利益も不利益もないこと、そ
して調査への協力は任意であること、内容は対象者の同意なく外部に公開され
ないことなどを説明し、協力を依頼した。LMS上のアンケート機能を用いて
「ぜひ協力したい」「時間があれば協力してもよい」「協力できない」のうちひ
とつを選択するよう任意で求め、「ぜひ協力したい」もしくは「時間があれば
協力してもよい」を選択した履修者に、成績開示請求及び異議申立て受付期間

表14-1　ライフストーリーの語り手である３名の家庭科教師のプロフィール

事例	年齢（当時）	家族構成（当時）	出身学部	現任校（当時）
1：矢子先生	40代	夫・子２人	家政系学部	普通科（公立）
2：池田先生	40代	夫・子２人	教育系学部	普通科（私立）
3：田辺先生	40代	夫・子３人	家政系学部	専門学科（公立）

※教師名はいずれも仮名である

資料14-1　矢子先生（事例１）のエピソード1-2の説明（一部抜粋）

　矢子先生は生徒と活発にコミュニケーションをとり、ときに教室内を縦横に移動して会話を交わしながら授業を進めている。食生活の導入で実施された「咀嚼の授業」では、授業の冒頭で「祖母が口を開けてものを食べることは卑しいことだと躾けられ」たことや、そのために食事の際に私たちが「（咀嚼をして）消化の様子を見せ合って」いるけれども本来は「隠すべきことかもしれない」などと冗談混じりに話すなど、個人的な意見をそれと断って伝えていた。自らの考えを積極的に開示する矢子さんは、生徒から「変わってると言われるんですよね」と語るが、これは生徒たちが矢子さんに対して親近感を持っていることの表れであると同時に、発想のユニークさを不思議に思いながらも受容していることの証左といえるのかもしれない。

　「咀嚼」に始まる食生活題材のなかで実施される調理実習では、「切り干し大根」や麹など発酵食品を取り上げる。とくに「切り干し大根」については、「口に含み咀しゃくする時"シャキシャキ"とした歯ごたえを感じ」ることをねらいのひとつとしている。古くから伝わる生活文化に根ざした実習題材を多く取り上げることについては、「昔の人が、時間をかけて手をかけて、やって来たものっていうのを、再現するっていうよりは、それを感じてもらいたい」と語っている。

　このような矢子先生の家庭科教育実践の根底には、「新しいことと古臭いことをやりたいという二つがつきまとう」という目標観がある。伝統を重んじる一方で科学的な実験なども積極的に取り入れることの背景には「家の中にちょっとリベラルな母親と、それからなんかほんとにもう昭和の初期のような感覚の、えー祖父、それから働いたこともない祖母、っていう３つの社会があったみたいな感じで育てられた」経験があると矢子先生自身は自己分析している。「咀嚼」をテーマとした題材は、人とともにものを食べること（共食）の意義から出発して、現代的な栄養学へとつなげるものである。矢子先生の個人的生活経験に由来する教科観、すなわち「新しいことと古臭いこと」を結びつけること、が端的に表れていると考えることができるのではないだろうか。

表14-2　授業中に紹介した３名の家庭科教師の主なエピソード

	事例１：矢子先生	事例２：池田先生	事例３：田辺先生
1	エピソード1-1：衣服の構成の授業では、ウルトラマンのフィギュアをもとに型紙を再現させようとしたが、うまくいかなかった	エピソード2-1：家庭科室にやって来た生徒と挨拶だけでなく軽い立ち話をするなどして、積極的にコミュニケーションを取る	エピソード3-1：地域の団体やコミュニティに定期的かつ積極的に参加し、情報を得ている
2	エピソード1-2：食生活領域は「咀嚼」をテーマに進め、調理実習も食感を味わうことができる「きんぴらごぼう」や「切り干し大根」などを取り入れる	エピソード2-2：生徒が、発問に対して投げやりな口調であったり、無遠慮な言葉を発したりしても、受容的な態度を崩さない	エピソード3-2：性的自立に関連して、ペアワークなどを交えてデートDVについて考える授業を１時間確保している
3	エピソード1-3：プリントは「穴埋め欄」を少なくして、引用資料や生徒が自らの考えを記入する欄や、学習状況を自己評価する欄を多く設けるようにする	エピソード2-3：食品群ごとの１日の摂取量がわかるように実物を用意する。小柄な生徒が多いため、目安よりも少し多めにしている	エピソード3-3：生徒が将来、子育てなどの困難を他者の助けを借りて解決できるように当事者や支援者など「本物の人」に出会わせるようにしている
4	エピソード1-4：生徒が調理器具の基本的な使い方ができていないことを見学者に指摘され、自由な発想で調理をするにも土台が必要だと思い至った	エピソード2-4：理系分野に関心のある生徒が多いクラスでは、理科など他教科の学習内容（例えば、脂肪酸の性質など）も補足説明する	エピソード3-4：生徒が社会における様々な立場の人々と接して「リアルな声」を聞くことができるようインタビューをする課題などを出している
5	エピソード1-5：家庭への波及効果も期待して、「さばを３枚におろす」という宿題を出したところ、保護者からも好評であった	エピソード2-5：親子丼にだしを入れないとどのような味になる？と生徒に問われ、授業中に１班だけ両方を作って比べてみるように促した	エピソード3-5：生徒にとってクラスメイトの発言は影響力が大きいので、ペアで意見を交換する機会を意識的に多く取り入れている
6	エピソード1-6：家族に関する授業において、意図せず生徒を傷つけてしまった経験から、自分のことにあてはめられるけれども他人のことを扱っているような教材を目指している	エピソード2-6：虐待などセンシティブな内容が含まれる保育領域は、家庭環境がある程度把握できる３学期に扱っている。また、広範囲に応用可能な内容以外は個人的経験をあまり話さないようにしている	エピソード3-6：初任校では教科書を無視した独りよがりな実践をしていたが、教科書の編集に携わってから教科書の意図を理解することができた

※教師名はいずれも仮名である。エピソードは、概ね授業中に紹介した順序に配列した

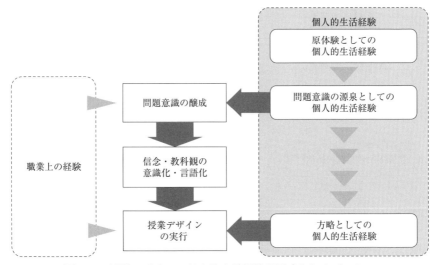

図14-1　授業デザインに個人的生活経験が反映されるプロセス

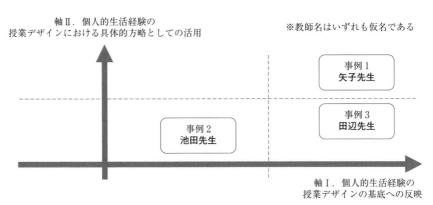

図14-2　本研究で提示する３名の家庭科教師のライフストーリーの事例の位置づけ

　の経過を待って個別に連絡し、アサヒさん・ウミさん・ハルカさん・ミツキさん・ユウキさん・レイさん[14)]の６名（表14-3）から内諾を得た。

　協力者には、調査実施当日に改めて協力は自由意志によること、途中で協力を無条件に中止できること、そして内容は協力者の同意なく外部に公開されないことなどを口頭および文書で示した。インタビューの方法は半構造的なインタビューであり、自身の経験を踏まえて語るように促した。質問項目は、①授

表14-3　インタビュー協力者６名のプロフィール（インタビュー実施当時）

協力者	学年	学科	教育実習の経験	進路希望
アサヒさん	４年次	家政科	有〔中学校（家庭科）〕	教職（家庭科）
ウミさん	４年次	他学科	有〔中学校（他教科）〕	教職（他教科）
ハルカさん	３年次	家政科	無	教職（他教科）
ミツキさん	３年次	家政科	無	教職（家庭科）
ユウキさん	３年次	家政科	無	教職（家庭科）
レイさん	３年次	家政科	無	教職（家庭科）

※インタビュー協力者名はいずれも仮名である

業の描写やライフストーリーについて印象に残った点、②授業に参加して考えが変化した点やより深まった点、そして③授業に対する意見や内容についての改善点である。時間は40分を予定していたが、結果として45分〜１時間20分となった。同意を得て録音し、逐語録を作成した。

　分析にあたっては、第一に、提示したエピソードのうちどのエピソードに言及があったのかを確認した。第二に、逐語録を意味のまとまりに分節化し、家庭科教師のライフストーリーをどのように解釈し、どのように信念が変容したのかについてのコードを付与し、それらを統合してカテゴリを生成した。これらの結果を総合し、考察を導いた。

2　家庭科教師のライフストーリー活用の効果と課題

(1)エピソードへの言及の有無

　６名の協力者のインタビューにおける語り[15]において、提示したエピソードのうちどのエピソードに言及があったのか、言及があった場合にはそれが自己の教科観を省察する文脈における発言であるかを分類した（表14-4）。最も言及の多い池田先生のエピソード2-6、矢子先生のエピソード1-1と1-4、そして池田先生の2-1と2-5は、いずれも教師と生徒との関わりを描写したか、教材が中心となっているものでも生徒の教材に対する反応がストーリーの骨格となっているエピソードである。他方、池田先生のエピソード2-2、そして田辺先生

表14-4　インタビュー協力者6名の各エピソードへの言及の有無

	エピソード	アサヒさん	ウミさん	ハルカさん	ミツキさん	ユウキさん	レイさん
矢子先生	1-1	−	■	■	■	−	−
	1-2	■	−	−	■	−	−
	1-3	−	−	■	−	−	−
	1-4	■	−	−	−	■	■
	1-5	−	−	−	−	−	■
	1-6	−	−	−	−	■	−
池田先生	2-1	−	■	−	■	−	■
	2-2	−	−	−	−	−	−
	2-3	−	−	−	■	−	−
	2-4	−	−	−	−	■	■
	2-5	−	−	−	■	−	■
	2-6	■	−	■	−	■	■
田辺先生	3-1	■	−	−	−	−	−
	3-2	−	−	−	−	−	−
	3-3	−	−	■	−	−	■
	3-4	−	−	−	−	−	−
	3-5	−	−	−	−	−	−
	3-6	■	−	■	−	■	−

（凡例）　■：言及あり、−：言及なし
※教師名、インタビュー協力者名はいずれも仮名である

のエピソード3-2、3-4、3-5についてはインタビューにおいて履修者から言及がなかった。教師の言動や指導方略、教科観に対する意見を履修者が述べたり、あるいは議論をしたりするなど、ライフストーリーを素材として履修者が互いの見解を共有する時間が十分でなかったことが、印象深いエピソードとして言及されなかった理由として考えられる。

(2)ライフストーリーの解釈に関するカテゴリの生成

　インタビューの逐語録から意味の発話のまとまりである分節が46件抽出され、帰納的な分析により「共感・安心」「不安・葛藤」「新たな視点の獲得」そして「活用や具体的な展望」の4つのカテゴリが生成された（表14-5）。

表14-5　インタビュー協力者6名のライフストーリーの解釈に関するカテゴリ

カテゴリ	コード
共感・安心	1. 自分も個人的生活経験を話す派なので、親しみを感じるが、なんでもかんでも話してはいけないと思う 2. 自由でいいんだ、自分のやり方でいいんだと思えるようになった 3. 社会と自分が繋がっていることを考えるという意味でも、新聞記事は重要である 4. 人に頼ってほしいということが軸になっていて、いいなと思った 5. 生徒の個性を引き出すような授業がいいと思った 6. 祖母と暮らしているので、古いところもしっかり伝えていきたい 7. 伝統を後世につなげていかなければならない理由について納得した 8. 保育領域で、先生の発言がきっかけで（生徒の家族関係に）何かが起きないようにするというのは本当にそうだなと思う
不安・葛藤	9. 育った環境で価値観は変わるため、話をしすぎると、生徒が違う捉え方をしてしまうかもしれない 10. 教員としての生き方、どういう人生になるのだろうと思った 11. 経験させることは大事だと思うが、知識や余裕がないとできないだろうし、勇気が必要だと感じる 12. 個人的な経験については、話すのはマイナスにはならないと思うがプライバシーに気をつけることも大切である 13. 自分の経験を話すことで、生徒を傷つけないようにしないといけないと思った 14. 生徒には自由にさせつつ、失敗を防ぎ、正しい方向に導いていくのが難しいのでないかと感じる 15. 生徒目線で、生徒と向き合えるかなと思ったら、難しいのではないかと思った 16. 先生が生徒と距離が近くなるのは怖いが、そうなりたい 17. 普通科の（高校の）イメージがなく怖さを感じるが、生徒の興味に合わせた展開ができれば強いと感じる
新たな視点の獲得	18. だんだん自由になっていくと思っていたが、教科書を使うようになると言っていたのが印象的である 19. どういう思いで授業と向き合うかで、生徒が身につける力は変わってくるだろう 20. どの教科でも、信念や観をはっきりと持っていて、それが授業に反映されるのが良い先生という考え方が若干崩れた 21. 教科によらず、個人的生活経験の影響はある 22. 教師が問題意識を持ち、カリキュラムを実行すると、生徒も先生と同じ過程を通ることができる 23. 経験してないことを想像したり考えたり理解したりするのが教育ではないかというのは、確かにそうだなと思う 24. 自分も含めてバックボーンが違ういろんな先生がいて、その先生だからことできる授業づくりがある 25. 自立だけでなく共生にも目を向けないといけないと感じた 26. 情報交換をする場所が、先生にとって貴重である 27. 生徒にこうあってほしいみたいなこと、観がちゃんと表れている 28. 先生によって、違いすぎると問題とされるわけだから、学習指導要領が重要である 29. 他教科にできないことを家庭科の課題、役割として見つけることが大切だと感じる

※表14-5　次ページへ続く

※表14-5 前ページよりの続き

カテゴリ	コード
活用や具体的な展望	30.　どういう生徒を育てたいのかを自分の中で持っておくことも大切だと思う
	31.　一人暮らしをする時のために、面白い、楽しい経験をさせたい
	32.　基本やベースがあったほうが生徒たちにとってもよいのではないか
	33.　教科書に頼りがちだが、教科書通りにとらわれずにわからなければ聞けばよいという精神をもちたい
	34.　やりたいようにやってみて、問題に直面して、考え直すという姿勢は尊敬する
	35.　自分には軸がないので、軸を作ろうと思った
	36.　自分の経験を何でもかんでも話すのではなく、何を言いたいのかを自分の中でまとめる必要がある
	37.　自分自身が様々な経験をして引き出しを増やすことが、生徒の自立を促すために必要だと思う
	38.　自立も大切だが、時には助ける、頼るっていうことも伝えていきたい
	39.　軸があれば授業が作りやすいと感じ、軸を持ちたいと思った
	40.　授業を受けたことで生徒が自分の家庭に対してマイナスの捉え方をしないように、生徒の背景を知らないといけないと感じる
	41.　人に頼る力も、家庭科で教えていけるのではないかと思う
	42.　人生に密着している教科でありつつ、プライバシーにも配慮することが必要だということに考えついた
	43.　生徒の自己流の考えをはね除けないようにしながらも、正しいものを学んでいくという指導ができればよいと思う
	44.　素朴な生徒の疑問をうまく取り入れていきたい
	45.　道具を使う理由を聞かれた時に、答えられるようにしなければいけないと思った
	46.　保護者にも影響がある授業ができるのであれば、そのほうがよいのかもしれない

　まず、カテゴリ「共感・安心」に分類された語りからは、家庭科教師の多様性に触れ「自由でいいんだ、自分のやり方でいいんだ」と再認識する様子や、「社会と自分が繋がっている」「人に頼（ることも自立のひとつのあり方である）」といったすでに有していた教科観に引きつけて、教師のライフストーリーを理解する様子を見てとることができる。これらの語りが自信や自己効力感を深めるものであった一方、「不安・葛藤」については正反対の語りがみられた。ライフストーリーを紹介する目的が個人的生活経験の授業デザインに対する影響であったため、教師が個人的生活経験を直接的にエピソードとして生徒に伝える場面なども多く盛り込んだが、そのことが「生徒を傷つけないようにしないといけない」「生徒と距離が近くなるのは怖い」というように否定的な事例としての印象を与えたことがうかがわれる。「新たな視点の獲得」「活用や具体的な展望」については、履修者の属性による傾向の差異もみられ、他教科の履修者であるウミさんからは、「新たな視点の獲得」を中心に教師の個人的

生活経験と授業デザインの関連についての客観的な視点から洞察が語られた反面、具体的な授業のエピソードについての記憶は希薄であり、共感や具体的な授業実践への活用に関しては家庭科教員を志す履修者に比べその件数は多くない。対照的に、家庭科教員を志望する学生は「活用や具体的な展望」に属する語りが中心であったが、それだけでなく、レイさんの「自立だけでなく共生にも目を向けないといけないと感じた」のようにライフストーリーとの邂逅により教科観が進化したと考えられる語りもみられた。また、「活用や具体的な展望」のなかにも、信念や教科観を持つことの必要性についても言及されている。以上よりライフストーリーを家庭科教員養成において活用することは、対象とする学生の学年や、これまでの被教育経験によらず家庭科観形成に一定の影響があると結論することができる。

おわりに

　本研究の目的は、中等家庭科指導法の授業において、現職家庭科教師のライフストーリーを提示することが、家庭科授業デザインの力量の基底ともいえる教科観の形成にどのような影響を及ぼすのかを検証することであった。結果として、ライフストーリーの教員養成における活用の有効性に関する先行研究の知見が再確認され、さらに個人的生活経験が教師としての家庭科観や家庭科の授業デザインに影響しうることへの認識を深めるという目的もおおむね達成されたといえる。とくに、個人的生活経験が授業デザインへと反映されるプロセスの差異に基づいて、類型を異にする３名の教師のライフストーリーを選択したことは、家庭科教師の多様性を伝える効果をもたらすと同時に、家庭科という教科を指導するにあたり教師自身の信念や価値観が否応なく反映されてしまうことの長所と短所について認識を深めることができた。一方で、教師の信念や価値観の多様性と授業デザインに対するその影響を強調することは、「倫理的な指導不安」[16]を過度に高めることに結びつきかねないという懸念も顕わとなった。また、類型化による事例の選択は有効であるとはいえ、対立構造を示すことが個人的生活経験の活用の程度の大小というような単純な図式として認識され、かえって逆効果になる危険性についても明らかとなった。さらに、個

人的生活経験の影響のうち、個人的生活経験の具体的方略としての活用の側面を提示したことは、履修者の教科観の形成ないし深化に寄与したが、他方で個人的生活経験の授業デザインの基底に対する反映という側面についてはやや抽象的であったためか、十分な理解が得られたとはいい難く、その伝達方法に改善が必要であることが明らかとなった。

　教師が自身の信念や生活者としての問題意識をもとに授業をデザインすることは諸刃の剣にもなり得るが、社会の変化に対応する家庭科教育を実践していくために不可欠の姿勢でもある。本研究では、教員養成の場におけるライフストーリーの活用という観点から論じたが、ウェルビーイング実現の主体を育む家庭科教育の担い手となる教員を養成し、あるいは支援するための方策については、今後さらなる探究が必要である。

付記：本稿は『年報・家庭科教育研究』第40集所収の論文「家庭科教員養成における教師のライフストーリーの活用の効果：教科観の形成に着目して」を加筆修正したものです。

　本研究は、日本学術振興会科学研究費助成事業（若手研究）「教師の発達におけるワークライフバランスの影響の解明と家庭科教員養成への応用」（課題番号：20K13976）の助成を受けておこなわれ、インタビューは国立大学法人埼玉大学におけるヒトを対象とする研究に関する倫理委員会による承認（番号：H28-E-14）を受けて実施しました。研究に際してご指導・ご助言を賜りました、河村美穂先生、長拓実先生に御礼申し上げます。匿名調査という性質上、お名前を挙げることはかないませんが、インタビュー調査にご協力くださいました皆様に感謝の意を表します。

（瀬川　朗）

　　注および引用・参考文献
　1）以下、教育職員免許法施行規則の科目区分で中学校・高等学校教諭一種免許状（家庭）の「各教科の指導法（情報通信技術の活用を含む。）」に対応する科目（群）をたんに「中等家庭科指導法」と記す。
　2）鈴木真未・小清水貴子（2021）「授業力量形成における家庭科教員の信念と

自己省察の関連」『日本家庭科教育学会誌』64(1)、pp. 15-22

3）青木幸子（2009）「家庭科教員養成における探究学習と力量形成：課題認識
　　と教科観の形成」『東京家政大学研究紀要　人文社会科学』49、pp. 9-19

4）森千晴・鈴木明子（2021）「中等家庭科教員養成における教科観構築のため
　　の方略：3教科の模擬授業への参加による教科観の変容」『日本教科教育学
　　会誌』44(3)、pp. 53-63

5）「職業上の経験」は「日々の教育実践での出来事、児童・生徒や同僚との人
　　間関係、校内外での研修など公的性格の強い専門職としての経験」を指し、
　　「個人的生活経験」は「幼少期から現在までのライフイベント、教師として
　　ではなく社会の一員として参画する社会的活動や余暇活動などをも含む家庭
　　や地域社会などでの経験」を指すものとする。

6）瀬川朗（2022）『家庭科教師のカリキュラム・デザインに対する個人的生活
　　経験の影響に関する研究』東京学芸大学　博士学位請求論文

7）堀内かおる（2018）「学び続ける家庭科教員のための育成指標」『日本家庭科
　　教育学会誌』61(1)、pp. 46-49

8）木村典子（2007）「家庭科教員志望者の家庭科観と生活経験の関連」『文化女
　　子大学紀要　服装学・造形学研究』38、pp. 95-106

9）ウヴェ・フリック、鈴木聡志訳（2016）『質的研究のデザイン』新曜社

10）渋谷真樹・越野和之・横山真貴子・豊田弘司（2012）「教員養成導入期にお
　　ける教師のライフストーリーの有用性：『教職の意義等に関する科目』への
　　活用に向けて」『奈良教育大学紀要　人文・社会科学』61(1)、pp. 1-11

11）村井大介（2015）「教員養成におけるライフストーリーの応用可能性：社会
　　科教師を志望する学生の教科観と教師観の形成」『日本教師教育学会年報』
　　24、pp. 154-164

12）西倉実季（2017）「教員養成におけるライフストーリーを聞くことの意義：
　　語り手との相互作用に注目して」『和歌山大学教育学部紀要　人文科学』67、
　　pp. 113-120

13）なお、授業の配布資料では教師の個人としての側面を重視するため敬称を
　　「先生」ではなく「さん」とした。

14）いずれも仮名である。

15）6名のストーリーラインは、瀬川朗（2023）「家庭科教員養成における教師
　　のライフストーリーの活用の効果：教科観の形成に着目して」『年報・家庭
　　科教育研究』40、pp. 27-40を参照されたい。

16）片田江綾子（2013）「家族教育における『倫理的な指導不安』：生徒のプライ
　　バシー保護と家庭科教員の不安をめぐる現象学的研究」『日本家庭科教育学
　　会誌』56(4)、pp. 194-202

第15章　小学校家庭科教育法をどう教えるか
──小学校教員養成課程の専門性──

はじめに

　将来の小学校教員に対して、「家庭科をどう教えるか」の講義を担当しなくなって10年がたった。筆者の取り組みを今に至って考え直してみると、今後へ生かすことができることがあるのではないかと思われる。

　「家庭科をどう教えるか」の講義、少し補足をしよう。小学校教員養成課程のなかで、各教科の根底にある「専門」についての知見を受講生に教えるための講義科目がある。それは小学校の教科に従って各教科について、それぞれ2単位の構成となっている。さらに、それぞれの科目の教育法（各教科をどう教えるか）がそれぞれ2単位用意されている。

　家庭科についていえば、小学校専門科目（筆者が所属していた宮城教育大学では、小専家庭と称していた）2単位と小学校家庭科教育法（宮教大では家庭科教材研究法と称していた。以降こう示す。）小専家庭と家庭科教材研究法の2単位が小学校の家庭科を教えるためのいわば「職業教育」科目として用意されていた。

　このなかで、小学校家庭科を教えるための専門的な知識と技術とを得て、「小学生に教える方法」を受講生は身につけなければならない。これらの講義の態様は、教職員免許法に定められているから、ほぼ全国共通である。

1　小学校家庭科教育法を担当して

(1)受講生が多く、実習室がない

　この科目を担当しての困難点をまず挙げる。北海道教育大学（函館分校）で、はじめてこの科目を担当した時（1980年代）には、前・後期それぞれ150名単位の受講生数だった。これでは、家庭科の取り組みの中で重要であると筆者が

考えていた「実習」が取り組めない。そこで、実習室に合わせてクラス数を増やした。2講義時間をお願いしていた非常勤務講師に違うクラスで同じことを2度講義してもらうよう依頼するなどもした。この取り組みの背景には1989年に担当した福岡教育大学での講義の体験があった。福岡教育大学では演習科目で、50人規模の学生を受け止めることができる大きな調理実習室と被服実習室が在った。その実習室は小野テルが福岡教育大学の創設のときに設計したものであったことを後から知り、彼女の先見の明を思った。

　1992年に異動した宮教大では、「実習」が取り組める講義室（理系実験室）があったので、約250名の受講生を4クラスに分けて取り組んだ。「実習」の内容も充実できた。この講義室の存在には宮教大の教育改革の背景があった[1]。

(2)「実習」での取り組みで特に配慮したこと

　講義時間内に収めるための「講義設計と準備」を怠らないことがまず求められた。何を諦め、何を強調するか。それを決めることが肝心である。例をあげる。実習の材料は予め用意しておくのだが、さらに、すぐに取り組めるように細かく準備する必要がある。例えば、「一人一つ作る大根サラダ」の実習では、大根は洗って、安定した面をまな板にすぐに載せられるように半円柱に切ってから人数分実習台に載せて置く。小学生が初めて包丁を持っても取り組みやすいようにと考えたものでもある。大根を1本のママ持ち込んで切り分ける作業に取り組むと、かなり時間がかかるし、包丁に慣れていない受講生の怪我も心配される。それは、避けたかった。大根の皮をむく作業の指導は削除して、ピーラーを使うことにした。出来上がった完成品を試食する際に必要なドレッシングは予め用意した。関心がある受講生には資料に従って自分で作ることができるように配慮した。この作業には講義補助者の助力が効果的だった。

・一人ひとりの受講生各自が能力を身につける

　また、受講生に実際に包丁遣いを体験させ、各自にしっかりとした「切る」能力を身につけてもらいたいと、一人が一品を作ることを前提とした取り組みをした。そのために、必要な用具は受講生の人数分用意をした。包丁、まな板、ピーラー、小さなボール、そしてできたサラダを盛り付ける小さな皿など50個から60個が必要だった。この講義を受けるだけで、包丁遣いを一定程度習熟で

きるようにと、包丁で切る課題を重ねて数回取り組んでいる。一人一つ作る大根サラダに続いて、ガレットづくりでは野菜を薄く切ってから細く切る。切る練習の最後に、「一人一個のケーキずしづくり」に取り組む。材料のうち、人参、きゅうり、たくあんの３つのなかで必ず二つは使うことと指定し、あとは持ち込み自由としていたので、薄く切る、細く切ることが必要である。

　この計画を立てた理由は、調理には、包丁遣いの能力をつけることが特に必要だと考えたからである。このようにポイントを絞ることが必須である。

(3)調理手順書の改善やビデオ資料の使用など

　この取り組みには、食生態実践フォーラムの研究成果『Ｃカード』[2]を参考にして書き換えたレシピ図が有効だった。材料、手順、出来上がりまで一見して見分けることができ、途中で躓いても、どこの作業を自分がしているかがすぐわかるというものである。調理手順書は数多く出されているが、写真付きでもわかり難いものが多い。それに比べると、『Ｃカード』は断然わかりやすい。

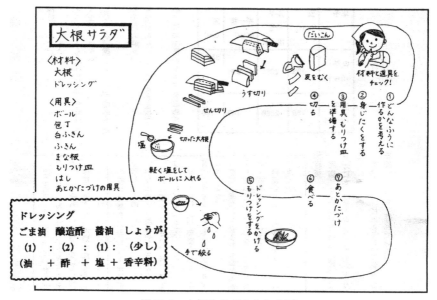

図15-1　大根サラダの作り方図

それに学んで、「大根サラダづくり」に合わせて、当時、宮教大に在学中だった小川綾乃さんに書いてもらったものが図15-1である。

　また手縫いの指導ではビデオを用いた教材が有効だった。大きな模型の針と太い糸を使って、糸通しや玉どめをあらかじめ、ビデオ撮影しておく。講義ではそのビデオ映像を受講生に遅回しで見せる。一時停止を加えて、確認もする。彼らはビデオを見ながら、手に取った針と糸をもって、ビデオ映像とともに、針と糸とを使う。

　『Cカード』を入手できた背景には、食生活実践フォーラムの実績に触れることができたことはもちろんのことだが、それに至る筆者の教材研究の蓄積があったことを記しておこう。筆者はそれまで、「北海道授業書研究会」（藤岡信勝代表）で、仮説実験授業（リーダー板倉聖宣）に学んで、家庭科での授業書案づくりに取り組んできていた。児童生徒が学んで面白く楽しい、教える教師にとって教えがいがある教材を追求してきていたという背景があった[3]。

(4) なぜ、実習か

　ところで、そこまでして、なぜ、実習にこだわったのであろうか。家庭科の実習体験はふだんのくらしの中で追体験しやすく、また、将来的にも生きて働く力になると考えられるからである。言い換えれば、実習がない家庭科は考えられないのである。

　柳は学校という教育組織で教えられる家庭科を強調して学校・家庭科と称する。そして、家庭科は学校教育法に定められた教科名であるとして、「衣食住などのあらゆる生活行為が、商品化によって他律的に行われているような家庭では、子どもへ伝達すべき独自の文化も伝統も存在しない。このような教育環境との間で正常な分業関係を取り戻すことは容易ではないし、またひとり学校の努力だけで可能とも思われない。それでも家庭科は、子どもに対し『消費者教育』を実施し、その成果を次の世代に期待したと同じ論理で、子どもを通して家庭からの生活についての教育要求を掘り起こし、つくり出していく努力を続ける以外にはないのである。」[4]と結んでいる（下線部は筆者）。他教科が社会生活を対象として学習者への教育を想定しているのに対して、家庭科は消費生活を対象としての教育内容を想定すべきことを強調している。一般に社会生

してみんな同じ条件にするためです。もう一つは、強烈な色を見た後の目の感覚を元に戻すためです。

『木村さん、色布を置いてごらん』

木村さんは高橋君の右肩に色布を置いた。色布は、綿ブロードで、たて50センチ、横25センチに裁ち、裁ち目はピンキング処理した。色は、明度の暗いものから明るいものへと重ねてある。

止めてある方を下にして次々めくっていきます。はじめ、黒、……焦げ茶……、ベージュ……このようにしていきます。

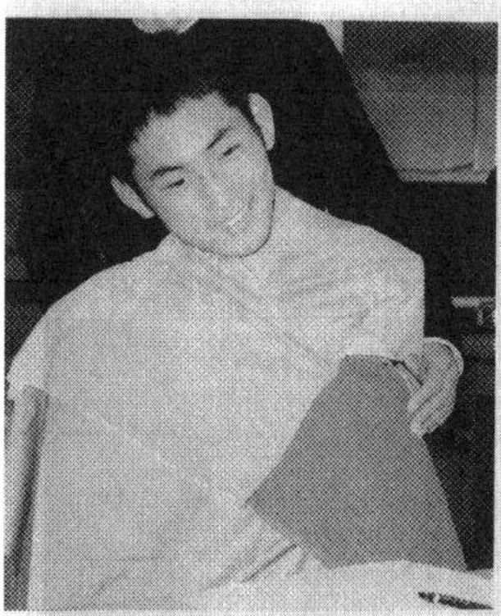

教師の声に合わせて木村さんは次々と色布をめくっていった。

プリントには、自分と班員の分を書きます。めくる係の人はちょっと忙しいよ。

準備ができたら始めます。

③　マイカラースウォッチング

「なんかはずかしいね」
「だれがするとや」

はじめまぁす。黒……焦げ茶……ベージュ……オレンジ……肌色……山吹色……黄色……黄緑……緑……水色……青……薄紫……ラスト色……赤……ワイン……ピンク……白……はい終わり。
はい交替。

「はやいね」「あ、ずれた」「わからん」「似合うよ」「強烈やねえ」
大騒ぎである。

ちょっと注意！

「似合う」とか「似合わん」とかいわんと。惑わされてしまうやんか。
自分で判断していってね。

先ほどのカラースウォッチングの繰り返しを全部で五回行った。

全員が終わりました。似合う色を見つけることができたでしょうか。結果がでたら、感想を書いてください。

生徒たちはしばらく、書き込むのに集中する。

今日みんなで観察したのは十八色だったけれど、家庭科準備室にはこの四倍ぐらいの色違いの布があります。似合う色が見つからなかった人もっと知りたい人はぜひきてください。

色の選択に当たっては、修正マンセル表色系・JIS標準色票と、日本色彩研究所表色系の色調別の分類を考慮して選んだ。

伝書板

本実践は福岡教育大学家庭科教育研究室（柳昌子）の指導を得た。

＊　『授業づくりネットワーク』1996.2　pp.118-119

図15-2-1　自分に似合う色を探そう

家庭

自分に似合う色をさがそう

1　似合う色と似合わない色があるのはなぜだろう。一人によって①②③の色が違うから。
＜自分の色は・・・？（○をつけよう）＞
　①瞳の色・・・真っ黒　1・2・3・4・5　茶色
　②髪の毛の色・・真っ黒　1・2・3・4・5　茶色
　③肌の色・・・色黒　1・2・3・4・5　色白
2　似合う色を探そう
　（手続きは省略）
以下はある生徒の実際に書き込んだ表

	A	B	C	D	E
①黒	○	△	△	△	○
②焦げ茶	△	△	△	△	△
③ベージュ	△	△	△	△	△
④オレンジ	○	△	△	△	△
⑤ピンク	○	△	△	△	△
⑥白	△	△	△	△	△
似合う色	水色	黒	青	緑黄	青

記入する記号
◎・・・大変似合う
○・・・ふつう
△・・・あり似合わない

結果
自分に一番似合った色

福岡・武蔵台高校　原口理子

授業のへそ

個性が尊重され、自己主張をする時代といわれている。しかし、流行にふり回されていては個性も流行に埋没してしまう。そこで、自分らしさを表現する一つの方法として自分に似合う色を探してみることにした。

〈高校・生活一般〉

授業の流れ

① 各自のデータをカードに書き入れる

プリント（タイトル脇）を配りますから、各自で自分の瞳の色、髪の毛の色、はだの色を鏡で見ながら書き込みます。

教師は配ったプリント（一部のみ紹介）と同じ物を拡大して模造紙に書いて黒板に張り付けた。その後、以下の指示をした。

生徒はさっそく書き入れた。

② マイカラースウォッチの説明

次に似合う色を探す準備をします。

必要な用具は、鏡、色布、グレーの布です。

まず、グレーの布を巻き付けます。それから色布を鏡に近いところに当てて5秒間観察します。それが終わったら、また、次の布にいきます。同じことを繰り返して十八色について観察します。交代して班員全員やってみます。

鏡が重要な役割を果たす。ここで使われた鏡は、幅54・5センチ、高さ43・5センチの生徒たちの上半身が写せる大きなもので、倒れにくいボックス型（幅23センチ）である。この鏡は、モデルとめくる人の両方が写るように置かれた。

「モデルにやってもらいましょう。高橋君と木村さん、前に出てきて。高橋君はモデルで、木村さんは布をめくる係です」

「木村さん、布を巻いてあげてください」

木村さんは、座っている高橋君にグレーの色布（90×110）を巻いていった。

生徒たちは一斉に笑った。

「おじぞうさんみたい！」

「高橋君、ちょっと顔をあげてごらん」

グレーの布を巻く理由は2つあります。一つは、下に着ている服の色を隠します。

図15-2-2

活という時に消費生活が含められていないことに筆者は警鐘を鳴らしている。

　その消費者教育のなかに、調理や縫いの基礎的な能力が含まれる。

　家庭科の教科書には、わかりやすいように図や写真を用いて、調理例や被服分野での製作過程の図が示されている。それを見れば、誰でもできるような気がする。しかし、実際に取り組んでみなければ、わからないことがある。調理を例にすると、日常的に調理をしている子どもたちに教えるのではないからである。それは、大学で学ぶ学生たちにも同じことが言える。必要な用具や材料について、実際に触ってみて、実際に手を動かしてみて、初めて「感じとる」ことができることがある。大根の塊はそのままでは食べることができると思えないが、薄く細く切ると、生でも美味しい食べ物になる。大根の香りは切ってみるとよくわかる。また、ざるやボールの硬さや光沢や網状のさまなど手に取ってみないと用途との関係が十分には伝わらない。一番はっきりしているのは、包丁で、よく切れる包丁はものを切るときにはとても重宝し、実際に切ってみると、とても心地が良い。しかし、不用意に扱うと、怪我をするときもある。「一人ひとつ作るサラダ」の授業のときに、小学校５年生が「うまれてはじめて包丁をふるえながら持った」[5]という感想を書いた。そんな児童のようすをも実際に包丁を持ってみると、共感できることだろう。その経験なしに教壇に立って、子どもたちに教えることは難しい。

　また、日常生活で、調理をしている学生たちにも、大学の調理実習を体験した結果、何らかの発見があることが期待できる。例えば、班を構成する仲間の手の動きのぎこちなさを見たり、逆に自らの手がスムーズに動くことを確認したりするなどを経ることによって、新しい自己・他者認識ができる。

2　実習以外の題材での授業づくり

　図15-2-2のタイトル横に紹介されている生徒が各自書き込みをするプリントが小さくて読みにくいので、補足をする。まず、１では「似合う色と似合わない色があるのはなぜだろう。……人によって①②③の色が違うから。〈自分の色は……？〉〈丸を付けよう〉で始まっている。各自の①瞳の色（真っ黒から茶色を５段階に分けてある）、②髪の毛の色（真っ黒から茶色へと５段階に分

けている）、③肌の色（色黒から色白まで５段階に分けている）を１から５までのどこにあたるか生徒各自がチェックをする。次に２では鏡で見ることができる「似合う色」について①黒から⑱白まで18色が示されるが、それぞれについて「◎大変似合う、○ふつう、△あまり似合わない」を◎、○、△で、書き入れる。最後に自分に一番似合った色を書き込む。

　これは高等学校での実践報告であるが、小学校でも十分取り組めると思われ、取り組みたいと思っていた実践である。在職中、教材の入手に失敗して、取り組めなかった。筆者にとっては「幻」の実践である。授業を受ける参加者全員が一度に映る大きさの鏡がなかなか入手できなかったのである。

　この実践にこだわるのには、いくつかの理由がある。一つは、被服領域では製作学習に時間が取られてしまう。しかし、製作対象が児童の学ぶ意欲につながりにくいという悩みがある。「似合うか似合わないか」は児童・生徒の着るものへの最大関心事と言っていいことだ。それを「色」に特化して実践化できたことは児童・生徒に歓迎され、しかも消費者として「役に立つ」情報である。発達段階によって、認識できることは異なるであろうが、「自分の思い込み」が裏切られたり、「他の人から見る似合う色」を受け止めてみたり、「やっぱりそうか」と、確認したり、と、各人の受け止め方は異なるが、楽しく授業を受けることができる上に、実用的なヒントを得ることができる。集団での学習が効果的であるのもこの授業の魅力の一つである。

　戦後初期の家庭科廃止論を受けても家庭科が生き残った理由は児童生徒や親から支持されたことによっていた[6]。また、2016年に家庭科教育学会が行った感想文調査でも高等学校家庭科を「学んでよかった」と答えが得られている[7]。この「役に立つ」や「有用性」を大切にしたいと考える。実際の生活で、私たちは衣生活では基本的に既製品を買って暮らしている。そのなかで、「どれを買うか」という選択を日常的に行なっている。家庭科ではそれについては「賢い買い物」という枠の中で考えがちである。その際の「賢さ」は子どもたちの置かれた経済的な状況に著しく影響を受ける。ところが、この実践の「似合うか似合わないか」は、検討の際に、授業を受ける児童・生徒の生活状況に全くかかわりがない。「似合うか似合わないか」にだけにポイントを絞って検討することで、授業参加者が平等に考えることができ、その結果を有効に生かすこ

とができるこの実践は画期的である。「役に立つ」上に、楽しく学ぶことができる。

また、被服領域といえば、被服製作であるという「常識」も超えることができる。

実践を支えているのは、色識別に関する知識と「標準色素票」についての情報を得ていることをあげることができる。そのほか、教材準備として、布（同じ生地で沢山の色を確保できる綿ブロードを用意）や鏡（５から６人が同時に映せる大型のモノで安定性の良いボックス型）についてよく調査し、準備できている。この実践の背景にいわゆる被服学の専門的な知識が前提となっているであろうか。むしろ、授業構想者の生活認識とアイディアの斬新さが生きていると思われた。

3　家庭科教材研究法で実際の小学校での授業を構想する

図15-2-1、2では見開き２頁のなかに「授業のへそ」、「授業の流れ」、「伝言板」の大きく３つに分けて、１単位時間の授業報告がされている。掲載誌である『授業づくりネットワーク』（1988年６月に創刊１号）では、このように、統一した形式（「あすの授業」と称していた）で、授業実践報告を各教科でするという試みを続けていた。この実践で中軸となっている「授業の流れ」では①各自のデータをカードに書き入れる、②マイカラースウォッチの説明、③マイカラースウォッチの３段階に分けて授業の進め方を記述している。そのさいに、教師の指示や子どもの反応などを分けて記述し、この実践報告を読んだ者が追試しやすいように工夫がされている。

将来、家庭科を教えようとする学生に、この実践報告を示すことで、「授業」というものを構造化して伝えることができる。授業は、どの学生もかつて体験してきているので、常識的になんとなく、「自分はできる」と思い込みやすい。しかし、それは一つの「体験」であって、一般化できるものではないことをこの「あすの授業」の取り組みが知らせてくれる。筆者はそれを家庭科教材研究法の講義の中軸とした。

(1)講義の初めに

この「あすの授業」の形式で、実際の「授業」を構想することを受講生に筆者は求めてきた。以下それについて述べる。

前年度に受講生に書いてもらった「あすの授業」形式の「これぞ、究極の家庭科の授業」の検討から講義を始める。出席者全員からの発言を組織する。前年度のレポートから検討しやすいものを選んで、印刷してある。約15報告があるが、その１つの報告に対して「この授業のいいところ」、「こうしたら、もっとよくなるところ」をグループで検討し、内容が重ならないように調整して、全員で発表するというものである。他人の書いたものへの「意見」はいいやすいようで、ここで躓く受講生はいない。家庭科の授業に受講生全員が無理にでも「対面」することを筆者は求めている。

(2)講義では「あすの授業」形式の資料で

講義の際にも「あすの授業」形式で書かれた資料を多用している[8]。さらに、講義の最後はレポートの作成である。講義で使用する『家庭科教材研究法（a〜d）テキスト』（宮教大生協印刷 65頁500円）にミシン目をつけて綴じてある原稿用紙（２枚）を使うように受講生に指示をする。「あすの授業」の書き方を示した資料があり、それに従って各人の「これぞ究極の家庭科の授業」を最終レポートとして書いてもらう。

すぐれたレポートが集まり、「宮教大の学生はさすがだ」と、思える嬉しいときであった。当時（2009年ごろ）、宮教大では小学校教員養成課程の学生でも中・高免許を取得しやすいように、教科別のシステムを取っており、中・高免許のための取得科目による「学力」が反映されてもいた。

しかし、同時に、一科目の授業改善だけでは解決できない「課題」があることに気がついていた。

例えば、家庭科で使う用具は学校によって多様である。それらを配慮した管理の方法はどこで教えたらよいのであろうか。また、調理室や被服実習室のありようもまた学校ごとにかなり異なる。それらを勘案して、家庭科室の管理についての知見をどこかで教えたい。これらは、学校・家庭科と同じような言い

方をすれば、「学校・教育学」の課題ではなかろうか。

　教職員免許法にある「教育原理」や「教育心理学」とは異なった「学校・教育学」は教職員養成大学にとって必要な学力ではないだろうか。先に、仮説実験授業に学んで、授業書案を作った体験について報告したが、リーダーだった藤岡信勝は北海道大学教育学部学校教育講座（現在は学校教育論講座）出身であった。そこでは、実際の学校での授業づくりについて研究し、数学、理科、社会科、英語など、具体的な授業への提案を数多くしていた。家庭科についての研究がなかったので、講座の研究誌『教授学の探求』に拙稿をのせてもらったこともある[9]。しかし、いわば「学校・教育学」は教育学の世界では、圧倒的な少数派である。教員養成課程の数ほど研究者が居てもおかしくないはずなのに、である。

4　小学校家庭科教育法を担当して大きな課題に気づく

(1)小学校教員養成課程での「専門」について

　先に小学校教員養成課程の教科構成について述べたが、中・高の免許構成と大きく異なっていることがある。それは専門科目数の少なさである。制度を変えて、専門科目の2単位を増やして、数単位にして、専門の内容を充実すれば、ことは解決するかと言えば、そうではなさそうである。

　それらは、科学的な知見で集積されている。しかし、現実の生活はその態様とは異なっている。

　解剖学から自然科学の問題点をついた養老孟司は、自然科学には「はじめに論理が存在する。論理によって、分子という対象が存在するようになる。しかし、形態学では、はじめに対象が存在する。論理はむしろ、対象をめぐって揺れ動く、すなわち、ここでは対象は同時に前提である。」[10]と、自然科学が万能であるという思想に疑問を投げかけている。

　また、家庭科の教科の特徴を追って柳昌子は「家庭科が目標も内容も総合的性格をもつことで成り立つ教科ならば、授業のどの部分が総合的で、それは他の教科にとって代わることができない独自な教育活動であることを明らかにしなければならない。」[11]と、まだ、研究途中ながらも、家庭科の特徴を「総合

的」というキーワードで示している。

(2) 教員養成の改革を抜本的に

　かつて、宮教大で、小学校教員養成の改革を中心的に取り組んだ横須賀薫は「文学部や理学部、あるいは芸術大学のミニチュアを脱して、教員養成教育にふさわしい科学・芸術を創造するにはどうしたらよいか。」[12]と、改革に臨んだ「視点」について上記のように述べている。そして、「教師の『資質』についての科学的研究とそれが『形成』されていくすじ道の科学的研究、そこから得られる知見によって『養成』という教育の教育内容と教育課程の編成、これらが必要なものとなっている。しかし、それは既成の学問のわく組からは認識することはできないものである。」[13]と述べている。仮説的な試みとして、教授学の新設、子どもを教える教師の「表現能力」の形成を追求して斎藤喜博、竹内敏晴の力を借りたことは有名である。しかし、その後、宮教大の改革で試行的に取り組んだ歴史はすっかり、見えなくなってしまっている。この課題の解決には抜本的な制度改革が必要である。しかし、その答えは世紀をまたいでもまだ、その芽さえ見えていない。

（中屋　紀子）

注及び参考文献
1 ）日本教育学会 大学教育研究委員会（1974）『宮城教育大学の大学改革』ほか宮城教育大学二十年史編集委員会（1987-1988）『宮城教育大学二十年史資料集』など
2 ）NPO 法人食生態学実践フォーラム（2005）『食事構成（献立）、食事作り、料理作りをシステムとしてとらえるCカード』。このカードを出版した食生態実践フォーラムのリーダーである足立己幸は東北大学農学部生活科学科で学んだことが大きく影響していると述べている。（足立己幸（2023）『共食と孤食　50年の食生態学研究から未来へ』女子栄養大学出版部、p. 15）
3 ）中屋紀子（1993）「楽しい家庭科の授業づくり（11）授業書（案）づくり秘話(1)」『技術教室』No. 489、pp. 64-69。および「同上秘話(2)」『同上誌』No. 490、pp. 66-71など
4 ）柳昌子（1984）「家庭科教育成立の社会的基盤」『生活課題と教育』pp. 55-56

5）佐山秀一（1988）「熱中！自家製サラダ」『授業づくりネットワーク』8、pp. 38-39

6）柴静子（2007）「占領下の日本における家庭科教育の成立と展開（XX1）小学校家庭科廃止論の台頭に関する再考察」『広島大学大学院教育学研究科紀要　第二部　文化教育開発関連領域』56、pp. 287-296

7）荒井紀子、藤田昌子、日景弥生、河野公子ほか（2018）「『家庭生活に関わる意識や高等学校家庭科に関する全国調査』シリーズⅠ」『日本家庭科教育学会誌』61.1、p. 39

8）「あすの授業」については、「『あすの授業』書き方マニュアル」（1994）『授業づくりネットワーク』No. 80、pp. 26-29のほか、授業づくりネットワーク編集部（1990-1993）『1時間の授業構成　すぐに使えるあすの授業アイデア50　小学校5・6年全教科』1-2、学事出版、にも掲載されている。
講義で用いた『授業づくりネットワーク』に掲載された「あすの授業」をいくつかあげる。堀越昌子（1988）「何を食べたらいいかな」6、pp. 38-39、岩元広一（1988）「実だくさんのみそしるをつくる」10、pp. 38-39、沼山淑美（1996）「食べるのがもったいないケーキずし」6、pp. 116-117、野田知子（1989）「清涼飲料水の糖分の量を測る」12、pp. 42-43、中屋紀子（1997）「玉どめだけでつくるオリジナル名札」6、pp. 32-33、菊池るみ子（1996）「手だけで編んでクリスマスリースをつくろう」12、pp. 118-119、入江聡美（1991）「マンションに間仕切りをする」7、pp. 38-39などである。

9）宮崎温美・西田真沙子・中屋紀子（1989）「授業書（案）『じゃがいも』にもとづく実験授業」『教授学の探求』7、pp. 99-136

10）養老孟司（1986）『形を読む　生物の形態をめぐって』培風館、p. 24

11）柳昌子（2022）「家庭科授業における総合──生活要素の抽出と組み合わせ──」『年報・家庭科教育研究』39、p. 33

12）横須賀薫（1976）『教師養成教育の探求』評論社、p. 50

13）同上書、p. 114

第Ⅴ部　大家研の研究を見直す
──省察と継承

第16章　家庭科における生活の科学的認識と 生活課題の教育の探究

はじめに——大学家庭科教育研究会創立50年にかかわっての 問題意識

　大学家庭科教育研究会が創立して50年が過ぎた。創立した1970年代初めは、教科教育学が60年代に「学校教育において各教科の本質に基づいて構成される学習内容を通して人間形成を行うという日本固有の学問領域として成立した」[1]時期に遅れること数年で、研究活動を始めた。教科教育学が成立した頃の60年代の家庭科に関する教科論・教科観の検討は、文部大臣告示とし「法的拘束力をもつ」と位置づけられた58年版学習指導要領の発表前後より盛んになり、60年代半ば以降は70年代の教育改革での家庭科廃止問題とも関わって教科理論構築の動きが盛んになっていた[2]。そのような動きの中で71年11月23日に発足し、我が国の家庭科研究に本格的な取り組みを示したのが、大学家庭科教育研究会と同会編（1972）『現代家庭科研究序説』の出版であった（以下、大家研及び『研究序説』と略記）。

　創立以来、大家研では「家庭科の教科理論とは」を問いかけてきた。会の設立を主導した村田泰彦（以下、村田と略称）は「仮説的教科論」を提唱し、「家庭科の理論をつくるには、理論の実践化と実践の理論化」が必要と指摘した[3]。その基底には、71年11月23日第1回定例会（以下、例会と略記）での村田は研究会設立の意図を「閉鎖的で退廃的な研究状況を内部から打破してゆくために、家庭科教育研究の理論的・質的水準をあげ、その過程で家庭科教師自身の主体性を打破してゆく」[4]と述べ、会員からの大きな期待と歓迎が寄せられた。72年6月4日には第1回総会を開催し会則を制定し、第2条には「家庭科の研究、とくに家庭科の教科理論および教授過程を、理論的・実践的に研究することを目的とする」を掲げた。

　創立一年半後に発行した研究誌『年報・家庭科教育研究』第1集の「発刊に

あたって」に、「家庭科が新設されてから25年になるが、この教科の性格は、学習指導要領が改訂されるたびに揺れ動いてきた。家庭科が普通教育の教科としてどのような教育的意味をもつのか、また、家庭科が教科教育の対象となる場合の教育内容編成視点と、ミニマムな内容をどうおさえるのか、などについては、こんにちなお不明確だといってよい」という「研究のかまえ方」があった[5]。

　以上の問題意識を前提にして、小論では、大家研の創立に尽力した村田が第1回例会で提唱した「仮説的教科論」とその後の教科理論の変遷とその今日的課題に関連して、筆者も関わった共同研究の成果を辿りながら、それらに学んだ教科理論上の課題を追究していく[6]。

1　1970年代の家庭科論と大学家庭科教育研究会

(1) 1970年代の主な家庭科教科論

　この時期の代表的な家庭科教科論は1.学習指導要領や中央教育審議会、教育課程審議会答申等の官許公認の家庭科論。2.産業教育研究連盟（産教連）の家庭科論。3.日本家庭科教育学会の教科論。4.家庭科教育研究者連盟（家教連）の教科論。5.大学家庭科教育研究会（大家研）の「仮説的教科論」。6.日本教職員組合の家庭科論（74年『日本の教育改革を求めて』、76年『教育課程改革試案』）の6類型である。80年に高木葉子（以下、高木と略称）は、家庭科教科論の存立基盤に着目し、3つに分類した[7]。3つの分類の「呼称」は高木である。型には、それぞれの主な典拠を記し、筆者は1型、2型、3型と表記した。

　1型は「科学認識に基礎をおく」。大家研.村田（1972）大学家庭科教育研究会編『研究序説』明治図書、pp. 127-137。村田（1973）「教科としての家庭科」『年報・家庭科教育研究』第1集、pp. 2-9。

　2型は「技術認識に基礎をおく」。産教連.坂本典子・植村千枝（1973）「技術的視点で家庭科を考える」『年報・家庭科教育研究』第1集、pp. 34-41。小松幸子（1975）「技術的視点で再編成する方法と内容」産教連編『子どもの発達と労働の役割』民衆社、pp. 148-151。

　3型は「総合的な教科として」。日本家庭科教育学会（1977）『家庭科教育の

構想研究』pp. 18-22。家教連. 和田典子（1973）「家庭科の教育理念」『年報・家庭科教育研究』第1集、pp. 10-17であった。以上の内、1型の大家研の研究と展開された村田提唱の理論について言及する（下線筆者）。

(2)大学家庭科教育研究会草創期の研究活動の特徴

　大家研の研究活動初期3年間の第1〜26回例会においては、当時の家庭科の教科理論の状況を把握することから出発した。その概要は、共通テーマは教科理論：5本、教育内容論：5本、教科理論構築の研究課題：家庭科教育と「生活」；5本、戦後家庭科教育課程研究；4本、文部省学習指導要領や政府諮問機関の審議会等の代表的文書等の家庭科の思想と政策；2本に関し、「研究会設立の意図、発刊にあたって」の内容を深く掘り下げていった。各報告内容は、『婦人教師』誌（明治図書）に22回、『教育』誌（国土社）に2回が2年間掲載された。このことは、当時の『家庭科教育』誌（家政教育社）が、主に文部省家庭科の動向等を多く掲載していたことに対し、家庭科のあり方や問題の所在を関係者や読者が広い視野から把握できる配慮であった。さらに、設立の意図にある「どういう風に家庭科の研究主体を作っていくか」の問題提起に関しては26回分の報告のうち、例会1−15（9・12・13除く）回は、ベテラン会員の報告・雑誌掲載で、斬新な研究視角からの問題提起で注目が集まった。26回中11回は20歳台〜30歳台代前半の若い世代の会員が担当し、研究主体の育成という計画は、若い世代に照準をあわせていた。

2．村田の提起した教科の成立について

　第1回例会で、村田は当時の家庭科教育の実情と研究状況をふまえて、「現行家庭科が教科組織の一環に位置づくための教科の目標と内容を整序する視点を明確にする」ための基本視点として、次の4点を提起した[8]。

　「①家庭科が独自の教育的価値を含む領域をもつ。②目標として態度や心がけの養成を掲げることは『教科』教育と、『教科外』教育の総体的な独自性をまぎらわしくするからやめる。③内容は科学的知識の体系と子どもの認識の系統的発展を意図して編成する。④生活現実に根ざしながらも、単にそれに適応

するだけではなくて、生活の主体的な統御と変革を志向する視点をもつ。」であった。

　この家庭科の独自の教育的価値に関し、「批判の対象としての家庭科観」を4点——「1.法令準拠的な教科観、2.教育政策的な教科観、3.家政学的な教科観（当時の家政学に対して筆者注）、4.家庭生活即応的な教科観」——挙げて検討し、「このような教科観は『教科』の成立を確立するばあいの参考資料になりえても、基本的には、批判の対象にせざるをえない」[9]と述べた。

　そして、近代学校の教科の成立に関連して、「文化価値の伝達と創造」の視点から家庭科の成立を検討し、60〜70年代にかけての自主的な家庭科研究で確かめられてきた「生活認識の形成過程の中での『科学』に力点をおく迫り方と『技術』に力点をおく迫り方」があり[10]、それぞれに研究・実践が重ねられてきたことを踏まえ、「家庭科を普通教育の科目の一環として位置づけ、家庭科は科学に対応する。その場合の科学は自然科学と社会科学を総合化したものに対応する教科として構想する」とし、家庭科研究の方向を「『技術』と『科学』の伝達と創造に対応して家庭科を構想するとすれば、「『科学』との対応関係から仮説的な見解を示してみたい」とし、「技術」については、「『技術』は本来、『技術科』（技術・家庭科ではない）、生産技術の内容と系列の学習をすべき（中略）本稿では、自然科学と社会科学を総合化した『科学』に対応する教科として位置づけようとする。特に（中略）生活資料の消費過程における生活と生命の再生産過程の『科学』として、その構造の理解や法則性の発見と適用の学習による科学的認識の育成を目ざすものとしてである。消費生活技術はこのような科学的認識の育成に必要なかぎりにおいて、そのための手段として位置づけるし、ミニマムな内容に限定せざるを得ない。」[9]と指摘した。

3　「仮説的教科論」の提唱

　村田は第1回例会で、「家庭科成立のための理論仮説」として、「科学」との対応関係に関して、家庭科の成立根拠としての科学のどの部分を対象にするかを説明した。家庭科では生活と生命の再生産過程に関わる「科学」の対象にするが、教育における「生活」とは、「教科」と「科学」と「生活」の構造的で

　発展的な関係に着目して、「生活」把握を問題にし[11]、「一般に、『生活』は、生産と消費の統一的把握によって、その本質が明確になる。『生活』は、客観的には、『生活』の生産過程における対立した2つの側面—生活資料の生産（物）と、生活資料の消費過程における生産（人）—の統一として存在するもの」[11]とし、家庭科教育においては、「『生活』を客観的に、また科学的に把握できるような認識を育てることが大切」と指摘し、そして家庭科は「生活と生命の再生産過程に関わる『科学』の対象とする」ことにより日常の生活の実際に基づいたとらえ方ができるようになると理解される。提案は『研究序説』pp.127-132でより明確になった。それは、「家庭科が公教育における教科教育の対象となるためには、すくなくとも、それが人権の実現過程と、他教科における科学、芸術などの基本の教授との関連において、国民の基礎教養を形成する教科組織の一環に位置づくこと、つまり、家庭科における教育的価値が、教科組織全体との関連において、その形式と内容からみて教科の独自性を形成するに足ることなどが論証されなければならない。それは、すぐれて教育学的検討の対象になるほどの問題を内包しているが、今日なお、未解決の状況になっている」ことであった。

　さらに、村田は「家庭科の独自性」について、75・76年の教育科学研究会生活科学と教育分科会報告で、教科の成立を文化諸領域に対応させて、教科観の要点を述べ、「第1に、教科目標を態度養成におくのでなく、到達目標を明示。第2に家庭科が支配されたり、政策的色彩—女子の特性論とか性別役割分業論など—をもつ教科にさせない配慮。第3に、技術教育は生産技術を主体にした独自の内容と学習系列をもつため、別教科として共学が適切。第4に『科学』に対応させることで自然と社会の科学を生活事象に即して総合化する学習が組織できる」[12]と説明し、家庭科が歴史的に負わされた教育政策からの解放と文化諸領域の科学に基づいて、生活の諸事象に即して学習を組織することの指摘で「科学に対応させて家庭科を構想するということは、諸科学の成果と具体的な生活の諸事象との結節点に着目して、その関係が典型的に把握できる題材を選びだして、それを実習を通して学ばせることに力点をおく」[13]と述べ、そのような視点に立つならば、「断片的で空疎な知識や、原理を軽視した方法主義を排除するような教授・学習過程を組織」すること、結果として「科学と生活

の相互関係を主体的に把握できる学力が育つならば、家庭科教育の存在価値があるといわなければならない。家庭科が教科教育として成立し、その独自性を貫くための一つの仮説的見解として提言」する[13]と結んでいた。

4　「仮説的教科論」の展開

(1)「仮説的教科論」の年代的推移

　第1回例会で提唱した「仮説的教科論」は、その後97年まで変遷しており、それらの理論を独自性・教科構想・内容構想の基本視点の枠組みで年代的推移を概観したものが表16-1である。文献資料は表16-1の注記に掲載した。

　理論の特長は教科の独自性、教科構想、教科の目標、教育内容の在り方を問い、生活把握や生活の科学的認識と生活課題に迫る研究の提案であった。

　教科論の推移は、70年代家庭科の置かれていた状況を反映し、77年には71・72年提起の延長として、「家庭科の教科理論を構成するための基本構図に関して、①家庭科成立についての仮説の設定、②家庭科の共学の研究、③家庭科における『生活』概念の検討、④家庭科における『技能』と『認識』の関係把握、⑤家庭科の教授・学習過程の研究、⑥家庭科独自の授業研究など」[14]の必要を述べた。

　この間、民間の家庭科関係者は教育課程や教科内容に関し、50～70年代の文部省家庭科の「女子特性論」による教科観を打破し、男女共学の教育内容や教材の開発を重ね、各地で授業実践によって共学を求める動きがあり、それらが74年1月26日「家庭科の男女共修をすすめる会」発足につながり、中等教育家庭科履修の問題解決を求める動きが活発になっていた。

(2)高等学校家庭科の新たな地平と男女共学時代の新たな課題

　78年高等学校学習指導要領告示（82年実施）では、70年学習指導要領告示の高校家庭一般女子4単位完全必修は変更なしであったが、「男子が選択して履修する場合の注意」が総則第7款4での明記により、男子履修の道が開け、82年実施に間に合う男女共学用家庭一般検定教科書（村田・一番ヶ瀬編、「家庭011」一橋出版）が実現できた。同時期の検定済教科書は6種であったが、「家

表16-1　1971・72年から1997年

	1971・72　村田　注1	1977　村田　注2	1981　村田　注3
教科の独自性	生命と生活の再生産過程に焦点をあわせた「科学」を、理科・社会科・保健などの教授・学習過程に対応させながらも、具体的で典型的な生活の諸事象を対象化する。	文化諸領域の「科学」と対応させて位置づける。「科学」に対応させることで自然と社会の科学を、生活事象に即して総合化する学習を組織できる。科学を生活科学とし、文化価値－教育価値－教科という一連の関係把握を重視。	生活を対象にしながらも科学と生活を結びつけるところに成立する教科。
教科構想の基本視点	家庭科は「科学」（自然科学と社会科学）に対応する教科として構想する。この場合の「科学」は生命や生活の再生産にかかわって、国民生活の再生産過程のしくみや法則性を明らかにし、その矛盾の解決と展望を系統的に認識させること。	家庭科は教授・学習過程に即してとらえなおすならば、生活の具体的な諸事象に題材を求めて、そこから学習が出発し、生活の諸事象の本質を認識させることによって、学習者が自らの生活を主体的、自立的に統御できることを意図的にめざす教科である。	すべての子どもに必要な基礎教養の教科として、いいかえれば、性別や進路を問わず学ぶべき教科として構想。必要な学力の3段階　①家事労働についての最低必要な知識と技能　②衣食住を中心とする生活についての科学的認識　③衣食住を中心とする生活文化の創造
内容構想の基本視点	具体的な生活諸事象を対象化するといっても、それらのすべてを無限定に無媒介に教育内容に編成するわけでなく、生命と生活の再生産過程のしくみや、法則性を認識させる目的にてらして、分析し、限定する。教育的に再解釈して精選された典型的な教材を、系統的に、発展的に、小・中・高を一貫して、編成する。「生活技術」は、その習得自体を目的化するものでなく、手段として位置づける。教授・学習過程の組織視点①生活事象の現象の把握②生活事象の本質の把握③課題解決の確認と展望	科学に対応させて家庭科を構想するということは、諸科学の成果と具体的な生活の諸事象との結節点に着目して、その関係が典型的に把握できる題材を選び出して、それを実習で学ばせることに力点をおく……このような視点に立つならば、断片的で空疎な知識や、原理を軽視した方法主義を排除するような教授・学習過程を組織し、……その結果として、科学と生活の相互関係を主体的に把握できる学力が育つならば、家庭科教育の存在価値があるといわなければならない。文化諸領域のひとつとしての食物文化を科学の対象にする一例……「ごはんをたく」その科学は、自然科学的には、米でんぷんの摂取の方法、それに伴う加熱の必要性、糊化の原理、風土や品種などの諸条件に応じた炊き方などを含むし、社会科学的には、米からみた食生活の問題、特に米の生産・流通・消費にみられる国民的課題、日本の伝統的な食生活体系の特色と再評価、炊飯に伴う家事労働と生産労働との関係など、を含むものである。	ひとりの生活者として自立した生き方をするうえで必要不可欠な教育内容で編成。衣食住の生活や育児の生活において自立と自律の両面から処理できる最低必要な能力は、性別や進路に関係なく、すべての子どもにつけなければならない。家事労働の教育内容の選定基準①ひとりの生活者として自立した生き方をするうえで必要不可欠な最低限度の内容②家事労働についての知識と技能のなかに、生活の科学的認識の学習へ発展できる内容を多く含むもの③衣食住を中心とした生活文化の継承と創造の意義が認識できるような内容を豊かに含むもの76～81年の5年間の東京都内小学校教師「授業計画」の授業の実際(1)食物学習教材名「大豆を使って」「卵を使って」「米を使って」(2)被服学習教材名「せんいから着るもの」：糸づくり、布づくりなどの授業の詳細を記載。

注1　村田泰彦（1971）及び村田泰彦（1972）「第1回例会報告」及び「教科教育の対象としての家庭科」『現
　2　村田泰彦編（1977）「はじめに」『現代家庭科の基礎理論』法規文化出版社、pp.1-15
　3　村田泰彦編（1981）「家庭科における学力　1教科としての家庭科」『教科教育法　小学校　家庭』日本標
　4　村田泰彦・一番ヶ瀬康子・田結庄順子・福原美江（1986）『共学家庭科の理論』光生館。第Ⅱ章1・2
　5　村田泰彦・一番ヶ瀬康子・田結庄順子・福原美江（1997）『新共学家庭科の理論』光生館。「新版の序」、
　　　章1・2・3、第Ⅷ章は福原美江が担当したとある。該当箇所は村田が pp.1-17、福原が pp.71-75。尚、
　　　始まり、以降27年間にわたり発行された。

の「仮説的教科論」の推移

1986　共学家庭科の理論　注4	1997　新共学家庭科の理論　注5
①教科を文化諸領域に対応させて考えると、家庭科は生活と諸科学（人文科学、社会科学、自然科学など）が結合し交差する領域で成立する教科。②家庭科が対象とする生活は、具体的には生活事象であり生活文化である。③家庭科の学習過程では、生活文化を時間と空間を軸として、継承させるだけでなく、そこから創造できる基礎能力を育てる。（村田）	対象とする生活は「生活の質」の改善として「私生活と幸福追求権」を新しい生活把握の視点とする。男女ともに奪い得ない権利として労働権と私生活権を行使できる生活者の育成（第Ⅰ章　村田）。生活の主体づくりや人間同士の関係づくりが困難になっている子どもが、「生活力（生命力）」を身につける（学ぶ）という点に配慮（第Ⅳ章　福原）。
小・中・高校の共学・必修の家庭科を構想する基本視点 第1は、普通教育の教育または科目として構想。 第2は、生命と生活をつくりだすための最低必要な基礎教養を基準にして家庭科を構想 ①日常生活の身辺処理行為を中心に、家事育児についての最低必要な知識と技能を学ぶ ②生活の諸科学の結合についての的確な知識を得させ、生活の主体者として、各自の生活を主体的にコントロールできる能力を育てる。 ③生活文化の継承と、生活文化の創造についての基礎能力を育てる。（村田）	子どもの生活体験の減少や、生活技能の低下、あるいは社会的・文化的につくられた性差（ジェンダー）に基づく生活の役割分業、さらには国際化・高齢化・情報化などの社会的状況の変化を視野にいれる。 視点1：社会的・文化的性差（ジェンダー）に基づく性別役割分業の撤廃をめざす教科。 視点2：一人ひとりが生活者として自立し、生活の主体者となるための生活力（生命力）を育てる教科。 視点3：互いの主体性を認め合いながらも、生活の充実をはかり、共に生きるかつ対等な関係づくりがわかる教科とする（第Ⅳ章　福原）
第1は、男女ともに、自らの能力を全面的に発揮して、人生を選択しつつ生き抜いていく生き方を学ばせる視点。 ①ひとりの生活者として、生活行為の身辺処理能力と生活管理能力を育てる内容であること、 ②性別役割分業意識を否定する内容であること、 ③人間と人間の共生と連帯の関係が認識できる内容であること、などが求められる。 第2は、生命の生産と再生産の意義とメカニズムを人間性を培うように学ばせる視点 ①男性（父性）と女性（母性）の協力と共同責任を学ばせる内容。 ②男性（父性）と女性（母性）の人間関係・人間理解の基礎能力を育てる内容などに配慮すべき。 第3は、生活の生産と再生産の意義とメカニズムを、生活者の立場から学ばせる視点。 ①生活のメカニズムを生産・流通・消費の関連で学ばせ、生活問題が認識できる内容であること。 ②家事労働の本質が理解でき、生活者の思想を形成できる内容であること。 ③生活環境における自然と人間の共生、および、地域の生活における地域の人びとと個人との連帯の関係を学ばせる内容であること、などを内容とすべき。 第4は、生活文化の継承から、すすんで生活文化を創造できるよう視点。そのためには、①生活事象の原点・原型・原材料を対象にして、それらに含まれる文化価値を内容とすること、②生活文化の継承にあたっては、学習者に生活の原体験をもたせ、生活力・生命力を培う内容を用意すること。（村田）	上記の三つの視点に基づいて、「家庭科の教育内容を構成する要素は（枠組）は前著の衣生活、食生活、住生活、保育・家族を再考して (1)ひとりの生活者として生きる、 (2)生活文化の基礎を継承し生活力を育む、 (3)生活の充実をはかり共に生きる・共に暮らすに再構成（第Ⅳ章　福原） 小・中・高校の教育内容を構想する視点は(i)ジェンダーバイアスに基づく性別役割分業を排除した教育課程で男女ともに学習する。○性別や進路に関係なく、すべての子どもに必要な生活に関する基礎教養を学ぶ内容とする。(ii)生活力と生活文化の基礎を身につけた主体的な生活者に育てること。 ○一人ひとりの身辺処理行為と生活力を育てるにあたって、自己管理、自己決定ができ、生活の主体者を育てるよう内容とする。○人びとが生活者として生きるために、職業生活と家庭生活（私生活）の調整を学ぶ内容とする。○生活者からみた生産・流通・消費・廃棄に関する生活問題や環境問題が考えられ、その問題を解決するできるような内容とする。(iii)男女や高齢者、障害者、地域や世界の人びととの共生・共存の関係をつくる力をもつよう育てること。○性、年齢、障害、人種にかかわりなく、互いに生活者として共生、共存し、関係性において生活するための方法や課題を学ぶ内容とする。○生活を共にするとき、その生活共同体における人間関係の調整ができる内容とする。○生活共同体における家事・保育・介護などについて、男女の共同責任が果たせる内容とする。（第Ⅳ章　福原）。

代家庭科研究序説』明治図書、pp.127-137

準、pp.10-19。以降、生活文化関連用語には下線で指示した。
は村田、第Ⅱ章2・3は田結庄、第Ⅱ章2は福原が分担執筆。pp.41-55
第Ⅰ章、第Ⅳ章4、第Ⅸ章は村田泰彦、第Ⅱ章は一番ヶ瀬康子、第Ⅲ章、第Ⅵ章、第Ⅶ章は田結庄順子。第Ⅳ
表16-1で概観した教科構想は、一橋出版『高等学校家庭一般検定教科書』に反映され、81検定82年使用開始に

庭011」のみが総則第7款4を考慮した編集をしていた。

　監修者の一人の一番ヶ瀬康子（以下、一番ヶ瀬と略称）は、男女共学の教科書を村田と基本原則を3つ設けて編集をしたと84年に、次のように明らかにした。

　　「①中高校生は生活者、自分の生活を考え、高められ、現実から出発できる。②自然科学中心主義であった家庭科、家政学を歴史的社会的存在として生活を念頭に置く、家庭の捉え方の見直しおよび社会福祉、社会保障との関連で社会が成り立つ。③就学前からの家庭科、家政学までを見通して、家庭科教育の在り方を考える。自立と連帯という側面から家庭を考え、主権者としての認識を深め、家庭科を学ぶことを通して社会的歴史的実践としての家事技術と家庭文化を築いていく視点を持ってこそ家庭科が男女共学として意味あるものになる。」[15]

　82年「家庭011」教科書の特長の一つは、自立概念を導入したことで、教科書「まえがき」には、「私たちが、家庭生活に関する基礎教養を身につけることは、一人の生活者として自立した生き方をするうえで、欠くことのできない条件」「家庭一般を学ぶにあたって」では、「家庭一般は女子だけがまなぶものという、狭い考えはとらずに、男女とも、ひとりの生活者として自立した生き方ができるようになるための基礎教養科目であると考えた」と記述しており、一番ヶ瀬のスウェーデン留学の知見を活かした自立概念の導入であった。

　村田は教師用指導書で「科目の性格を理解させ、生徒自身が『何を学ぶか』を自覚できるようにする①家庭一般は、生活者であれば、だれでも身につけなければならない生活に関する知識や技術を扱う。②男女の特性や将来の進路にかかわりのない基礎教育であり、『男は外（仕事）、女は家庭（家事・育児・介護）』という性別役割分業の固定化を助けるものではない。③中学校の技術・家庭の学習をさらに深め、家庭一般で身につけた知識や技術をひとり一人の人生設計にいかす」と教師が新教科書を使う場合の配慮を挙げた。

　この教科書を契機に、家庭科研究での生活の科学的認識や自立と共生、生活的自立等の研究課題が広く明らかになった。表16-1の「仮説的教科論」の教科構想や内容構想の基本視点は、戦後家庭科の自主的民間家庭科研究のなかで確定されてきた視点であり、文部省家庭科とは一線を画す研究である。

　80年代には、表16-1のように、家庭科で衣食住や育児について学ぶ過程には「そこに含まれている生活文化に教育価値を認めることを意味している（中略）生活文化の継承と創造のためには歴史的理解だけではなく、家庭生活と社会環境、自然環境とのかかわり、その地理的理解などを視野におさめる（中略）が家庭科の教育内容には求められる」[16]とした。

　86年『共学家庭科の理論』『共学家庭科の実践』は、80年代に到達した理論と実践集で4年間の共同研究で、教科理論における生活文化・生活主体・生活自立の教育的価値を位置づけ、「生活の科学的認識を育み、生活文化の継承と創造、生活課題の教育へ」と深化しており、家庭科研究史における新たな地平を拓くものとなった。その概要は表16-1に示したが、特に対象とする生活は、「具体的には生活事象であり、生活文化である」とし、「学習過程では生活文化を時間と空間を軸として、継承させるだけでなく、そこから創造できる基礎能力を育てる」は家庭科男女共学時代の新視点である[17]。

　「生活文化の継承と創造」に関しては、86年版理論編の内容構想の第1～4に位置づけ、第4に継承から創造へと位置づける生活文化については、「①生活事象の原点・原型・原材料を対象にしてそれらに含まれる文化価値を内容とする。②生活文化の継承にあたっては学習者に生活の原体験をもたせ、生活力・生命力を培う内容を用意する」と規定した。実践編では小学校の「ごはんとみそ汁―稲から米へ」「布の成り立ち」、中学校の「大豆―味噌・豆腐をつくる」、高校の「米」の授業等を展開した。

(3) 2000年代にむけた家庭科の新たな課題

　97年版では、21世紀の教育の動向を視野にいれた家庭科の生活把握に、86年版をより深めた視点が加わった。生活が少子社会・高齢社会・情報化・国際化・社会化・サービス化等の進展とともに、社会の歪みと格差の拡大が進められたことにより、人権を尊重したジェンダー平等教育の実施、社会福祉の視点の見直しとケアの充実、消費生活の時代に応じた消費者教育内容の見直し等とともに、生活の主体者となるための教育の充実等、総体としての生活文化のとらえ直しと生活をつくる視点からの「生活の質」の確保と生活者の課題と展望を明らかにすることが求められた。

　97年版の３つの視点は、表16-1の「①社会的・文化的性差（ジェンダー）に基づく役割分業の撤廃をめざす。②一人ひとりが生活者として自立し、生活の主体者となるための生活力（生命力）を育てる。③互いの主体性を認め合いながらも、生活の充実をはかり、共に生きかつ対等な関係づくりがわかる」である。生活主体としての子どもの生活実態から、教育（学習）の目標の生活力の形成と生活文化の創造は「主体づくり（自立）」「生活観・生活思想の形成」「関係づくり（共生)」を設定し、教育内容の構成要素を明らかにした。この理論は97検定98使用開始「家庭543」に反映され、教師用指導書に詳細が掲載された。

(4)「仮説的教科論」の授業実践記録

　村田は第１回例会で「仮説的教科論」は「教育内容の選定とその配列の研究……にもとづく実践的・実証的な研究を経て、しだいに確定していく。……経験科学的方法にもとづく授業研究によって、仮説が実践的に実証され、そこから仮説の修正が行われ、再び実践的な検証の手続きをふんで、教科理論が豊かになってゆく……教科理論の確立と授業研究がこのような関係にあるために、研究者と実践者との研究共同の体制が何よりも求められる。」[9)]と指摘した。

　この視点による授業実践の例は、村田編、技術教育を語る会著（1966）『家庭科教育の計画と展開』明治図書に収録の「家庭科の構想」「家庭科教育の実践」pp. 34-214の授業研究が挙げられる。同書では小学校の教科書教材「ごはん」を「からだの熱や力をつくる食物(1)――ごはんつくり――」として授業を展開していて、その結果「授業について教育内容、教材、教授行為、児童の変化」が明確化されている[18)]。

　これを契機に戦後の民間の家庭科教育実践が開発した自主教材は、多くの教師達によって追試され、20-30年後には、その一部ではあるが検定教科書に教材として採用されるなどの研究成果もある[19)]。

　70年代以降は、①村田編（1981）『教科教育法 小学校 家庭』日本標準 ②村田・一番ヶ瀬・田結庄・福原共著（1986）『共学家庭科の理論』③村田・田結庄・福原共編（1986）『共学家庭科の実践』②③は光生館 及び④村田編（1989）『新しいくらしをつくる家庭科の授業 小学校教育技術全書９』⑤村

田・渡邊信子編（1994）『男女必修高校家庭科の授業』⑥村田・福原編（1996）『中学校家庭科の授業』④⑤⑥はぎょうせい　⑦村田・一番ヶ瀬・田結庄・福原共著（1997）『新共学家庭科の理論』光生館等がある。

おわりに──家庭科の今後の課題

　家庭科の今後の課題として、小論で見てきた「仮説的教科論」の知見に基づき、現行学習指導要領の「見方・考え方」について触れておきたい。家庭科では「生活の営みに係る見方・考え方」とし「家族や家庭、衣食住、消費や環境などに係る生活事象を、協力・協働、健康・快適・安全、生活文化の継承・創造、持続可能な社会の構築等の視点で捉え、よりよい生活を営むために工夫すること」と規定し、視点の一つに「生活文化の継承・創造」が入ったが、今次改訂の主な改善事項に「伝統や文化に関する教育の充実」を挙げ、「和食や和服などの指導の充実」を扱うとあり、教材内容が限定されることへの危惧もある。

　ところで、既述してきた70年代以降の「仮説的教科論」では、教育内容に「生活文化の継承と創造」を位置づけ、教材開発等を行ってきた。生活文化の継承と創造には、表16-1で示したように、「衣食住及び育児の生活文化に含まれる文化価値を内容とし、学習者に生活の原体験をもたせて、生活力・生命力を培う教育内容を開発すること」を指摘し、「生活事象の原点・原型・原材料を対象にして」、その視点に立った授業実践はすでに多数ある。このことは家庭科の場合は生活課題と生活文化についての探究は必須の為、注視する必要がある。

（田結庄　順子）

注および引用文献
1）日本教科教育学会編（2015）『今なぜ、教科教育なのか　教科の本質を踏えた授業づくり』文渓社、p.7
2）当時の家庭科の問題点を克服するための研究と実践は、自主的な民間教育研究団体によって意欲的に取り組まれ、成果は各機関誌等に公表・蓄積された。

3 ）村田泰彦（1994）「家庭科研究の私的回顧」『大学家庭科教育研究会会報』75、
　　p. 3
4 ）保科達子（1974a）「家庭科教育研究の成果と課題―大学家庭科教育研究会の
　　あゆみ―」『年報・家庭科教育研究』2、p. 79
5 ）村田泰彦（1973）「『教科』としての家庭科」『年報・家庭科教育研究』1、p. 1
6 ）村田泰彦の「仮説的教科論」は1972、77、78、81、84、86、89、92、93、97
　　年文献、筆者の分担執筆は村田編1981、84、89、共著は86、97年文献である。
7 ）高木葉子（1980）「家庭科の教科理論」大学家庭科教育研究会編『解説・現
　　代家庭科研究』青木書店、pp. 14-19
8 ）保科達子（1974b）「ふたたび家庭科教育の問題点について―『教科』として
　　の家庭科教育」『山脇学園短期大学紀要』12、pp. 33-38
9 ）前掲 5 ）、pp. 5-9
10）村田泰彦編（1977）『現代家庭科の基礎理論』法規文化出版社、まえがき
11）村田泰彦（1972）「家庭科における『生活』の問題」『技術教育』No. 235、p. 4
12）前掲10）、p. 6
13）前掲10）、p. 7
14）村田泰彦（1978）『家庭科教育の理論』青木書店、p. 84
15）家庭科の男女共修をすすめる会（1984）『会報 '84春号』p. 6
16）村田泰彦編（1981）『教科教育法 小学校 家庭』日本標準、pp. 17-18
17）86年版『共学家庭科理論』の「まえがき」には「私たちは、若い世代に、生
　　活問題をとらえさせ、生活力と生活文化を身につけさせるような共学家庭科
　　に思いをよせて共同研究をすすめてきた。」とある。
18）中屋紀子（1989）「『炊飯』の授業― 4 つの授業の比較」『年報・家庭科教育
　　研究』16、pp. 1 - 24
19）田結庄順子編（1996）『戦後家庭科教育実践研究』梓出版社、p.27

第17章　家庭科における総合と授業

はじめに

　近年、生活を営むための知識や技能は、基礎から順を追って学び習得することが必要であるという考え方が弱まっている。インターネットを通して生活情報が容易に入手できるようになり、機器を使用すれば手指の巧緻性が問われることもなく、技能習得のための習練の必要も感じられなくなっている。すでに基礎的な知識・技能を習得し、それを素地として有している者にとっては、これらの新しい情報もその中に組み込まれて生活の改善に繋がる事になるだろう。だが素地が形成されていないまま、必要に応じて個々バラバラに入手した情報で事柄に対処していくという場合には、生活に必要な計画性も統一性もなく、どこかで歪が生じてくることが懸念される。

　第一次産業優位な時代では、大人は子どもに家業や家事、地域の共同作業に参加させながら、生産や消費生活に関わる知識や技能を、体験を通して丸ごと習得させていた。今日その機会は減少し辛うじて学校がその役割の一端を担い続けている。

　家庭科は、社会のいかなる変化に直面しても、人としての生活を営むことができるように基礎的な知識・技能を習得させようとしている。しかも教科の独自性の一つに総合的であることを掲げているように、暮らしと関わる知識については単一の科学に依拠せず、自然科学、社会科学や文化に関わり、さらに技術・技能を組み合わせた教育活動を通して実践力を育もうとしている。家庭科はこのような教科のありかたについて長年追究してきた。

　本稿ではそのもとを辿り、存続が危ぶまれた家庭科初期の1950年代から70年代に焦点を当て、そこで議論された教科理論とその中で検討された総合の考え方、及び授業における扱い方を見ていくことにする。

1　「新しい家庭科」は総合化から始まった

(1)学習指導要領における総合の捉え方

　1947年の学習指導要領家庭科編（試案）の5頁に、この教科が戦前のものと異なることを強調した次のような文がある。「家庭科の分野には、他の教科目にもまさって、教科内容を豊かに拡げ、改良し、また変化をつける特別に大きな機会が与えられている。それは、この教科内容が、従来のように、調理をしたり、着物を縫ったりすることが、じょうずにできるための手先の器用さ、熟練を基本的目的にするのでなく、この基本的目的はもっと広く家庭や家庭生活の最もよい型を求めそれを保って行くということにあるからである」。

　当時文部省の事務官であった山本キクは、新しい家庭科の性格について「家庭科の全内容に拡げてみると技術は調理、裁縫、手芸、洗たく、看護、乳幼児の扱い方、家計簿の記帳などになるが、家庭生活は、衣生活、食生活、住生活、保育・家族、家庭経済などの広範囲になり、しかもその内容が総合的な性格を持ち、さらにその全体が家庭生活として総合されなければならない性格をもっている」[1]と「技術」と「家庭生活」を分けて説明している。なおここでは両者の結びつけ方については明らかにしていない。

　現場に向けた学習指導書のなかで小林志乃は、「家庭における身近な問題を解決して行くための総合的な学習と考えてもよいのです。ですから、家庭科の基本的性格は、昔の家事裁縫より、幅もひろく、奥行きも深く、形において立体的、機動的、総合的であるということができます」[2]と述べている。

　また中学校の解説書において氏家寿子は「家庭科と呼ばれるからにはその面の生活技術は家庭経営と結びつかなければならない。否、家庭生活を運営していくことは決して理念でできるのではなくて、科学知識を日常の暮らしに生き生きと活躍させる技術が同伴しなければならない」[3]と述べ、「同伴」という言葉で知識と技術の総合を表現している。

　以上いずれも、学習内容が戦前からの生活技能の習得を引き継いでいることを前提にしつつ、新しい家庭科が家庭生活として総合的に学ぶ教科となったことを強調している。

(2)民間研究団体による検討——多様な「総合」の表現

　民間の研究団体の一つ日本教職員組合（日教組と略す）に属する家庭科の研究会は、新設された教科のあり方についてさまざまな角度から検討した。本稿で引用するのは日教組全国教育研究集会（教研集会と略す）の報告書である『日本の教育』[4]、及び集会に関する個人のノートや集会で配布された謄写版刷りの記録[5]である。後者は和田典子によるもので、国立女性教育会館（NWEC）に寄贈され、整理番号が付され閲覧が可能である。

　これらを見ると研究会では、「総合」という常套句ではなく具体的にその内容を伝えようとしていることがわかる。例えば和田の1955年第4次全国教研ノートには「ながら」という語句が頻出する。「技能を教えながら科学性を養成することが根本である」[6]、「1.技術的側面,自然科学的　2.社会的側面,社会科学的　3.主体的精神,批判的精神、三つのつながりを充分考え乍」[7]、「家庭経営、家族関係を教え乍ら実技的なものを教える」[8]、などである。

　1957年第6次教研集会から家庭科教育分科会が設けられ、その小学校分科会の報告には「指導要領に示された五つの分野およびそれぞれの分野に上げられた個々の技術が、そのまま独立して学習されるのでなく、相互に結びついて、具体的な経験の形で学習されることになる」[9]とあり、総合を「相互に結びついて」と表現している。また総合化についての話し合いの中で「経営というような媒介原理はないのか」[10]といったメモもある。

　なお家庭科が総合的であることを、「社会科学と自然科学との結節点にある」[11]とか、「『生活』と『科学』と『教育』の三者が交叉する領域に教育的価値を見出して」[12]のように、「結節点」や「交差する」の語句を用いて説明しようとしている。

(3)教員養成と関わるカリキュラム改革案のなかの総合

　70年代、教員養成に関わる家庭科のカリキュラム改革の際に議論された総合について見てみる。日本教育大学協会全国家庭科部門（教大協と略す）は、国立の教員養成大学・教育学部の家庭科（家政教育講座）に所属する教員で構成されており、家庭科に関する課題を検討するため年次総会を開催している。そ

の会員の有志が家庭科教育学研究会を結成し、1974年に「家庭科教材研究」用のテキストを出版した。その中で「家庭科の性格」として次の３点を挙げている[13]。略述すると、家庭生活は人と物とのかかわりあいによる総合的な営みであること、学習内容は家庭生活に関する知識、技術を総合して学習させること、家政学においても個々の事項を分析的に究明するとともに、家庭生活を基盤として総合的にとらえるという方向にある、ということである。

　また同じころ日本家庭科教育学会も家庭科の構想を検討しており、1977年にその成果を学会創立20周年記念誌上で発表した[14]。その中の「家庭科教育の性格」の箇所を見ると、家庭生活およびその各部面、そして目的が総合的性格をもっていること、方法と学習のしかたが総合的であること、また学問的基盤の家政学と教育学が総合科学の性格をもっていることを挙げ、家庭科が総合的な性格を有することを説明している。上記テキストも記念誌もほぼ同じ内容であり、編集代表者はいずれも岡村喜美となっている。

　大学家庭科教育研究会（大家研と略す）ではこれらを取り上げ議論した。まずテキストにおける総合について村田泰彦は、「教科の性格規定ではその文脈から判断すれば、部分・個別・要素等の機械的総和として、つまり、部分の単純な寄せ集めとしての『総合』である。（中略）本書のように、意図的であっても安易な用法からは、教科の性格も明確にならないし、授業のイメージも湧いてこないのである」[15]と批判した。

　また学会の構想について清野きみは、家政学および生活が総合的であること、理論と行動は総合されるべきであるという目標に同感しつつ、総合については、これが創造、応用、工夫にも連なること、また分析に対する概念であることに言及し、「個々の概念または判断を形成する際に、相互に矛盾する要素、事実を止揚するという弁証法的意味をもっている」としている。したがって家庭科教育で、複雑な構成体である家庭生活を総合的に把握するという家庭科の視点を「生活行動のなかに含まれている矛盾の克服にみられる創造的実践、社会的変革の実践を人間形成の主軸にするということにほかならない。ここに人間形成に転ずる総合の真の価値を見出すものである」[16]と付言している。

2　家庭科の総合性が薄れていく

　当初、家庭科の在り方として重視された総合は、学習指導要領の上で後退していく。総合的であることが家庭科の存立を脅かす要因とされたのである。堀口明子によれば、1956年改訂の際に従来の技術主義の考え方から家族関係と衣、食、住の生活様式との両面についてのあり方を目ざそうとしたが、家族関係に重点を置きすぎたりする向きもあり、教科の独自性に乏しいということで、58年の改訂では他の教科と重複しない技能の面を中心として学習させることになった[17]、と経緯を述べている。確かに指導要領の目標を見ると、前回に比べて衣食住に関する事柄が1つだったものが3つに増え、かつ目標の順番も上位を占め、要とされた家庭・家族に関するものは4つあったものが1つにまとめられ最後の4番目へと変更されている。新設時以来の、家庭を営むという仕事の理解や人間関係など生活を全体として捉えようとしたこの教科の総合性が薄れ、技能中心の教科に戻ってしまったと言える。

　なお教科設置の当初から文部省、民間情報教育局（CIE）のなかで家庭科不要論はくすぶっており、家庭科が多様な科学や文化を包摂するということは他教科でも学習できるとして「特設する必要はない」などの主張、いわゆる家庭科廃止論[18]の根拠とされていた。

　一方大学でも教員養成カリキュラムの検討過程において、教科教育担当者と被服学や食物学など「教科専門科目」の担当者の総合に対する考え方に違いがあることが分かってきた。前述した教大協では1975年頃からカリキュラム改革案が検討されており、1982年第29回総会[19]では総合化の課題が集中的に取り上げられた。そこでは総合の授業科目を特設すべきという考え方と、既存の専門領域ごとに対処するだけでよいという考え方が対立した。前者は細分化し専門化し過ぎた被服・食物関係について学際的協力体制の必要性を主張し、後者は生活を総合的にとらえるためには、生活を構成している各専門分野の充実こそがその前提となるべきであるとの意見である。第30回[20]では「生活を総合的に扱う教科である家庭科を担当するに十分な能力を養うためには、専門の個別化傾向の強い現在の大学教育を改める必要がある」という提案に対して、総合化

が優先することによって、教員の専門領域における能力の発揮や研究の深化が
保障されないなどの発言があり、ここでも議論は平行線を辿っている。1984年
第31回[21]では「総合の研究継続は必要であるが、もっと今日的な緊急課題があ
るので、この研究は個人、大学個々のレベルで行ってほしい。」などと総括さ
れ、ここで総合化の議題は打ち切られた。

　同じ頃、日本家政学会は「家政学と家庭科教育特別委員会」を設け、1984年
から大規模な調査を実施した。その結果を踏まえた「小中高校のカリキュラム
構想における内容項目の配列」に関する考察のなかに、「今回の各領域の内容
構成については、各専門領域ごとの作成であったため、境界領域にでるはずの
項目が少なかった。これで実際の授業をした場合、領域間の重なりが多く、効
率の悪い授業をすることになると考えられる。領域にこだわらず、家庭科教育
全体を考えて大所高所から内容項目を配列するならば、内容項目がすくなくて
も実の多いものになると考える」[22]とある。さらに各領域間の内容の量と程度
のアンバランスを指摘し、家政学の領域主義とも言える専門領域による縦割り
編成の是正の必要性に言及している。

　総合的な性格をもつ家庭科は、教育現場における家庭科切り崩しにも警戒せ
ざるを得なかった。1988年に「生活科」、1998年に「総合的な学習の時間」が
新設され、学校全体で総合的な能力の育成が課題となっていき、家庭科はそれ
との関わりに苦慮することになる。「総合的な学習の時間」が設置された時、
日本家庭科教育学会は「家庭科はおもしろい！　家庭科から総合学習への提案」
の小冊子[23]を発刊した。副題が「提案」となっているが、教科教育に携わる執
筆者たちの論調は、教科としての本筋を踏み外さないようにとの家庭科内部へ
向けての引き締めと警告に満ちている。

3　理論と授業をつなぐ構想のなかの総合

　1966年日教組中央教育課程研究委員会（中教研と略す）家庭科部会では、当
時の家庭科論を6つの「自主教研の側で生み出された諸構想」[24]としてまとめ
ている。この中から授業まで検討された「科学に対応する教科」と「技術に対
応する教科」における総合の捉え方を見てみる。

(1)科学に対応する教科の構想における「まとめ方」

　家庭科を「科学に対応する教科」と捉えたのは村田泰彦による仮説的教科理論である。これは日教組中央試案による「労働力再生産論の視点」の発想を引継いだものであり、1959年第8次教研集会では、家庭科の目標を人間の労働力―肉体的・精神―を再生産する、さらにいっそう高度な労働力を発達させるという路線においた。労働力再生産の法則を学習することによって現実の矛盾を発見しこれを克服する能力を与えようとする構想である。検証実践は継続されたが、理論面の追究は教研の場では行われなくなった[25]。あらゆる題材や教材を「労働」と結びつけようとするあり方に実践の側が距離を置き始めたのである[26]。とは言えその間の議論や提出された内容の系列案などから「要素の抽出や組み合わせ」など、授業づくりのための多くの示唆を得ることができる。

　その後、家庭科教育研究者連盟（家教連と略す）の試案[27]を見ると、労働力再生産を「生命と生活の生産・再生産」に変更し、さらにそれを「個の生命維持にかかわる食・衣・住」と、「あたらしい生命の生産にかかわる性愛・出産・育児」として編成していることがわかる。

(2)技術教育的視点──異なる教科を「技術」でまとめる

　中学校の技術・家庭科誕生の経緯を見ると、技術科として検討されていたものに家庭科が後付けされていることが分かる。そのため「それぞれ異質的な生産技術と家庭生活技術とをだきあわせて、一教科を構成しているため」教科の目標で使われていることばの概念が、読む人によって解釈が異なると指摘された[28]。実際、理論の面でも授業の面でも両教科の技術に対する考え方の違いは明らかであった。具体的に見てみよう。

　1958年日教組婦人部第10回研究会に提出された「被服領域における製作技術と被服教材の選定の試案」に対する質疑応答の記録[29]を見ると、「製作を教育の場にもちこむためには、工業生産とみあって配列させる必要がある。しかし被服ではこれは無理だ。たとえば生産現場での製図はJISを用いているが、被服製図ではその精密さは不要である」とか、「社会経済的・社会心理的立場をすててはどうか」などの発言が飛び交い、生産技術と家庭生活技術が異質なも

のであることを、両学科とも互いに認識していることがわかる。

　一方、実践の場でも模索が続いており、産業教育研究連盟（産教連と略す）の坂本典子らは家庭科における技術教育的視点を主張した。技術の意味について、生活資料である衣、食、住を消費の立場ばかりでなく生産も含めて考える立場をとるため、技術教育の加工学習に学んで食品加工、布加工などとして把え直すが、主要生産部門を主軸として考えられた「技術教育」とは異なる「新しい教科構造を模索している」[30]と説明している。

　1976年の『技術教室』に、技術教育的視点の典型的教材として藤村知子の「バターつくりの授業」[31]が載ったが、加工技術に重点を置くべきだという指摘を受けて修正され、それが1980年大家研編『解説』には「『技術』－主として生産技術－に対応する教科」の授業案例[32]として掲載されている。

　その後も総合と関わる授業は様々な面で困難に直面した。製作物の評価もその一つである。佐藤禎一「ぼうしつくり奮闘記」[33]は、技術分野の担当教師が家庭分野の授業を行い、製作物の評価をめぐって経験した実践報告である。木工や金工では加工部分の評価が具体的で数値化できるが、布作品の評価対象が分かり難く「ぬい目」一つをとっても、直線ぬいと曲線ぬい、形、縫製法の違いなどそれぞれに得点を決めて集計したが、結果的には「この実践は授業としても、単元としても失敗に終わった」と記している。

　教科が生き残るためとは言え、家庭科にとっても技術科にとっても両科を「技術」でまとめるのには無理があったとしか言いようがない。

4　授業における総合の追究

(1)領域あるいは題材構成の考え方

　学習指導要領では内容をいくつかにまとめ、その「まとまり」に名称が付けられている。1947年試案では「単元」、56年の小学校では家族関係・生活管理・被服・食物・住居の5分野であった。中学校の場合、51年の職業・家庭では「仕事」「技能」「技術に関する知識・理解」「家庭生活・職業生活についての社会的、経済的な知識・理解」の4類で、56年改訂版では第5群に位置付けられ、その内容は「食物」「被服」「住居」「家族」「家庭経営」の5分野となっ

た。58年技術・家庭となって女子向きに調理、被服製作、家庭機械・家庭工作に１学年では設計・製図、３学年に保育が加わっている。高校では49年の家庭一般では８つの分野にそれぞれ「目録」があり、60年から家庭経営の立場が強調され、「家庭生活と家庭経営」「計画的な経済生活」「能率的な家庭生活」「食生活の経営」「衣生活の経営」「住生活の経営」「乳幼児の保育」「家庭生活の改善向上」の８つとなった。

　現在は小中学校とも、家族・家庭生活、衣食住の生活、消費生活・環境の３つ、高校でも若干表現は異なるもののこれにホームプロジェクトと学校家庭クラブ活動を加えて４つとなっている。

　教員養成の課題を探っていた教大協でも、前述した研究会のなかで領域について検討をしている[34]。会を牽引した岡村喜美は、領域を家族・家庭生活に関すること、生活時間・家計・家事労働などに関すること、衣・食・住など物の使用・管理・調達に関することとし、領域間は相互に有機的な関連を持ちながら生活の上に再び統合されるべきものと記している。

　当時、民間の研究も領域に関してはほぼ学習指導要領に従っているのでここでは体系化の検討過程について見ていくことにした。その一例を1958年の日教組婦人部の第３回の「話しあいの要旨」[35]から見てみよう。

　体系化の考え方として、家庭科は総合教科だから領域分類は"総合配分"の建前をとる必要があるが、「本当の総合能力を養うためには、系統的な理解が先だたなければならない」、が「上からの体系化」には「下からの接近が伴わねばならない」とある。つまり「上からの体系（形）だけを考えても、その中身が吟味されずに、十年一日の如き"調理と被服教材"をつくりあげた形のなかに再配置するだけであっては、一歩の前進もないし、まったく無意味である」「このため家庭生活の要素は何か、ファンクションは何かが、まず考えられねばならない」「このため、今後の研究では、一つの素材（食物なり被服なり）をとりあげて、これを多面的に分析し、他教科との関連性も考えながら、内容を吟味していくようにしよう」ということになった。

　第４回研究会では、提出された煮物教材の試案の排列と整理について検討している。質疑応答では「よけいな教材を整理する考え方」「実験実習で基礎的なものをおさえれば、他は応用実習にまわすことができる」「調理実験の段階

で教材をおさえてしまっては、経営面の学習ができない」「個別の調理実験の
ほかに総合実験の場合も考えねば」「調理実験だけで終わってはならないが、
ここでミニマムをおさえる必要がある」などの意見が出されている[36]。組み合
わせようとする要素とそれを束ねる枠について、行きつ戻りつ検討しているこ
とが分かる。

(2) 単元や題材に組み込むもの

　題材名は同じでも主題と組み合わされる内容が異なる場合がある。それを小
学校教材の「ボタンつけ」で比較してみた。

　1966年の小笠原スモによる「とめる役目——ボタン・スナップ・ホックのは
たらき」[37]の授業計画を見ると、(1)衣服のうつりかわり、(2)からだの動きと
ボタン類、(3)衣服の構成とつけかた、からなり、技能の習得は衣服の文化や
衣服構成の学習のなかに組み込まれていることが分かる。

　一方1970年版の教科書[38]では、「良い身なりを整えるため」という目的のた
め、とれたボタンを付ける位置、丈夫さ、布の色、材質に合わせて糸の色を選
ぶことなど、技能の習得を被服管理と組み合わせている。

　そして1974年の飯野こうの場合は、ボタンをフェルトに縫い付けて腕輪を作
るという活動[39]であり、技能教材の系統化の留意点の一つとして子どもが無理
なく楽しく学習できることなど、技能の習得に「楽しく」という心情を組み込
んでおり、そのための教材開発に力をいれている。

(3) 組み合わせるタイミング——授業計画・どの段階で総合するか

　異なる科学や文化からなる基礎的な知識や技能を、授業のなかでどのように
組み合わせるか、和田は「自然科学的　社会科学的　はたらく心の姿勢をいつい
れたらよいのか」[40]など、組み合わせるタイミングの模索の様子を記している。
「まず原則的な体系が出来上がって（しゅん別）それから綜合してゆく」[41]とか、
「終わったあとでまとめに」[42]など、単元の最後の箇所で食事に現れた社会的矛
盾に気づかせる、といった位置づけである。1か月後の産教連の会合における、
「仕事から入る」「つくり上げてから社会経済的意味を考えてゆく」[43]も同様な
考え方である。

　これらを総括したのが日教組76年「教育課程改革試案」であり、家庭科の学習過程として(イ)技能の伝承と原理の感性的認識、(ロ)自然科学的な認識、(ハ)生活の現実認識、(ニ)現実の社会科学的認識、(ホ)政治的自覚、の５項目が挙げられている[44]。なおこれらは子どもの生活経験や他教科と関わるので学習の段階は固定的でないと付記されている。後に山本紀子は「私は今小(五)～中(三)までの家庭科学習の、どの領域で、どの公害をどのように取り上げそれを通して何を学ばせるかを研究している」[45]と記した。

　上記の(イ)～(ホ)までの５項目を一つの題材に組み込めばまさに家庭科の総合性を示すことになる。60年70年代にはこれらを網羅するような「地域に根ざす教育」実践や「生活課題を追求する実践」などが報告され、また追試された実践が教研集会や家教連集会を通して全国に広がっている[46]。

おわりに

　今日の消費や環境に関わる新しい生活課題はそれ自体に総合的な内容が含まれており、社会科、理科などの学習とも重なる。家庭科がそれらの教科と異なる授業を創っていくためには、家庭科が担うべき目標を吟味し、内容と方法を決めて「要素」や「素材」を抽出し、改めて組み直す、すなわち家庭科としての独自の総合のための作業を行うことが必要であろう。

　半世紀前の家庭科の総合の議論を読み直し、改めて系統性・順序性を追う学校組織の中で家庭科が果たす役割と課題の大きさを思った。

（柳　昌子）

注
1 ）山本キク（1956）「家庭科教育の構想に関する一考察（中・高等学校について）」文部省職業教育課編『産業教育』５月号、p. 17
2 ）小林志乃編（1957）『学習指導新書（8）現場の家庭科』東洋館出版社、p. 3
3 ）氏家寿子（1958）「生活技術の面からみた問題」細谷俊夫編『中学校　技術・家庭科の新教育課程』（p. 100）国土社
4 ）日本教職員組合編『日本の教育』第５次より第20次（1956－1971）
5 ）和田ノートは、NWECの整理番号（s6-54）「家庭科教育研究③ 戸山高校

（1958.1-1960.10）」、（s6-55）「第4次全国教研ノート　戸山高校（1953-1957）」、及び（s6-91）「家教研 No.1（1957-1958.11）」である。注では、和田（記入年）「引用箇所の標題」、出所の『家庭科教育研究③』『第4次教研』『家教研 No.1』を記載する。また集会で配布され文書は『集会記録』と記す。

6）和田（1955）「教研発表会　都教連1954.11　まとめ」『第4次教研』、p.5

7）同上「1955.1.30-2.2」p.8

8）和田（1957）「教研集会　都教連 32.11.6（水）」『第4次教研』p.13

9）日本教職員組合編（1957）『日本の教育』6、一ツ橋書房、p.271

10）和田（1957）「11月25日　於埼玉」『第4次教研』p.17

11）和田（1957）「日教組家庭科教育懇談会速記　小中高の連絡会」同上 p.20

12）村田泰彦（1975）「家庭科における生活・科学・教育——三つの実践報告にかかわって——」教育科学研究会編集『教育』10 No.321、p.54

13）家庭科教育学研究会（1974）『小学校家庭科教育の研究　総論編』学芸図書、p.15

14）日本家庭科教育学会編（1977）『家庭科教育の構想研究』pp.22-23

15）村田泰彦（1975）「第5講　家庭科教育の構想と理論の分析(1)——家庭科教育学研究会編『小学校家庭科の研究・総論編』（1974年）の批判的検討によせて——」大家研『年報・家庭科教育研究』3、p.65（以降、『年報』と略す）

16）清野きみ（1975）「第6講　家庭科教育の構想と理論の分析(2)——日本家庭科教育学会家庭科教育構想　研究要員会中間報告書を対象として——」（同上）p.89

17）堀口明子（1960）『家庭科の系統的指導計画』明治図書出版、p.15

18）高木葉子（1977）「小学校家庭科の廃止論をめぐって」『年報』5、pp.19-31

19）日本教育大学協会（1982）『昭和57年度　第二部会　家庭科部門　第29回報告書』pp.20-26

20）同上（1983）『昭和58年度　第30回総会報告書』pp.38-44

21）同上（1984）『昭和59年度　第31回総会報告書』p.55

22）日本家政学会編（1988）『新時代への家庭科教育』東京書籍、p.179

23）日本家庭科教育学会編（1999）『家庭科はおもしろい！　家庭科から総合学習への提案』ドメス出版

24）日教組編（1966）『家庭科教育　国民のための教育の実践研究』pp.37-60

25）中屋紀子・田結庄順子・柳昌子・牧野カツコ・吉原崇恵（2017）「1950-60年代における家庭科の教科理論——『労働力再生産論』の出現・展開・衰退の過程を追って——」『年報』38、pp.1-22

26）日教組婦人部・教文部（1961）「家庭科教育の教授過程——家庭科研究会二

年度の継続研究」1961.1（榎本稲子の記述より）『集会記録』p. 13

27）和田典子（1979）「婦人と教育・文化——高校家庭科」日本婦人団体連合会編『婦人白書1979』（pp. 245-250）草土文化

28）細谷俊夫編（1958）『中学校 技術・家庭科の新教育課程』（p. 71）国土社

29）日教組婦人部（1958）「『家庭科のあり方』について〈その五〉——主として"被服領域における製作技術"をめぐって——」『集会記録』pp. 5-6

30）坂本典子・植村千枝（1976）「技術教育的観点で家庭科を考える〈家庭科の教科理論・その五〉」『年報』1、pp. 25-30

31）藤村知子（1976）「バターつくりの授業」『技術教室』287、pp. 5-13

32）大家研編（1980）『解説 現代家庭科研究』（pp. 166-174）、青木書店

33）佐藤禎一（1981）「ほうしつくり奮闘記（その8）」『技術教室』348、pp. 57-62

34）家庭科教育学研究会編（1974）『小学校家庭科教育の研究 各論編』学芸図書

35）日教組婦人部（1958）「第三回研究会『昭和33年5月"家庭科のあり方"について〈その二〉（4月17日）』教育会館」『集会記録』pp. 2-3

36）同上「第四回研究会」「五月八日」pp. 10-11

37）小笠原スモ（1966）「衣服学習の計画」村田泰彦編・技術教育を語る会著『家庭科教育の計画と展開』（pp. 46-52）明治図書

38）武田一郎・吉松藤子（1970）『小学校家庭科5』家庭5040、開隆堂出版

39）家庭科教育研究者連盟編（1974）『民主的家庭科教育の創造』明治図書出版、p. 33

40）和田（1955）「8月26日（木）（拡大常任委員会）」『第4次教研』p. 2

41）和田（1958）「3月27日 日教組研究会」『家教研 No. 1』

42）和田（1959）「10.14 中央教 東京都教研試案」『家庭科教育研究③』

43）和田（1959）「11.9（月）産教連」同上、p. 16

44）日教組編（1976）『教育課程改革試案』一ツ橋書房

45）山本紀子（1977）「家庭科で公害をどこで、どう教材化するか」家教連編『家庭科の授業 自主編成の手がかり』（pp. 143-158）民衆社

46）田結庄順子編（1996）『戦後家庭科教育実践研究』梓出版社、pp. 382-391

第18章　男女共学家庭科をめぐる大学家庭科教育研究会の活動の諸相

はじめに

　「男女共学の家庭科」は、第二次世界大戦後の教育改革において、民主主義と男女平等の理念のもとに構想されたが、小学校では男女異なる教材配列、中学校及び高等学校では女子が選ぶことが前提とされるなどの矛盾を内包して成立している。その後、家庭科教育は、長い間、教科存廃や女子必修化との間で、教科の枠組みや教育内容が揺れ動くことになる。その中で、家庭科教育に関わる人々の授業実践と議論の積み重ねと、社会運動や国際的動向などのもと、1989年版学習指導要領で中等家庭科教育の履修形態が男女同一となり、ようやく戦後に掲げられた構想の実現に向けて、大きく踏み出したのである[注1]。

　その転換期の1993年に、大学家庭科教育研究会（以下、通称の「大家研」と記す）が刊行した『男女共学家庭科研究の展開』（法律文化社）の「あとがき」には、次期学習指導要領改訂を見据えて、「家庭科が教科としての弱さを克服するための課題の１つは、共学の意義と必然性について理論的にも、実践的にも確立することであろう」と記されている[1]。それから30年を経て、男女共学家庭科は当たり前のこととなっているものの、当時の編集者たちが呼びかけた教科理論の構築、及び理論と授業実践の往還という課題は続いている。

　そこで本稿では、その課題を追究し続けている大学家庭科教育研究会の活動を、男女共学家庭科を軸に紐解き、これからの家庭科教育研究への示唆を得ることを試みていく。まず、大家研の設立から1993年までの活動について先行研究を基に概観し、次に大家研活動の中核である定例研究会、及び大家研設立の契機となり、かつ「画期的で本格的な家庭科教育研究書」[2]である『現代家庭科研究序説』（明治図書出版、1972年）の分析を手がかりに、男女共学家庭科の実現をめぐる大家研の活動の諸相の一端を論じていく。

1　大家研の源流と初期の研究活動の特徴

(1)大家研の発足——家庭科教育の改革と教科理論構築を目指して

　大家研は、1971年11月23日「教員養成大学・学部の家庭科教育学担当者を中心に、教育学、家政学、経済学、婦人問題などの各分野の研究者、小・中・高等学校の教育現場の家庭科教員が、家庭科教育の現状を改革するため」に創設されている[3]。創立日に開催された第１回研究会では、大家研創設の中心である村田泰彦（以下、村田と記す）が、運営方針の第一に「家庭科教育の理論的側面を可能なかぎり掘りさげて研究し、大学における家庭科教育のあり方に、あたらしい視点と内容でこたえていく。そうすることによって、小・中・高等学校における家庭科教育に寄与していくことになる。」と提案している[4]。このように、大家研は大学の教員養成における家庭科教育を刷新し、ひいては学校現場を変えていくことを目指し発足したのである。

　では、なぜ既存の研究団体があるにもかかわらず「大学人を中心とした当研究会を発足させたのか」[2]という問いを立てた研究——大家研初期からの会員である田結庄順子・中屋紀子・牧野カツコ・柳昌子・吉原崇恵（五十音順、以下「五人組」と記す）による研究——では、研究団体と大家研の創設者たちとの交流の積み重ねが「大家研の源流」であると論じている[2]。具体的には、産業教育研究連盟、日本教職員組合・全国教育研究集会家庭科教育分科会、家庭科教育研究者連盟（以下家教連）などと、特に大家研の創立者・村田と和田典子（以下、和田と記す）が、教科理論化を志向した授業実践や議論に深く関わっていたことが源流となっていたのである[2]。尚、その交流を図示した「大家研発足に係わった団体、および人的交流の状況」[2]に全国家庭科教育協会[注2]などとの連関も布置し、当時の教育界の複雑な関係性を詳細に論じている。

　また、村田が民間団体での指導助言や大学での教職経験から「家庭科教育研究の必要性を強く感じ、研究会の組織化へのエネルギーとした」こと、和田が家庭科教育研究者連盟にて「実践の蓄積を集約できる場にいたが、家庭科実践の理論化を求めていた」ことも、同じ論考で明らかにされている[2]。さらに、

日本家庭科教育学会に投稿した若手研究者の論文の査読のプロセスに関わる問題に端を発し、村田が「有志の研究会を組織することを企図した」ことが明らかにされている[5]。

　このような五人組の先行研究に鑑みると、『年報』第1集に掲載されている村田による第1講前文——「閉塞的で退廃的な研究状況を内部から打開してゆくために、家庭科教育研究の理論的・質的水準をあげ、その過程で家庭科教師自身の主体を変革してゆく」[6]にフロントランナーの思いが集約されている。

(2) 理論構築の対話を目指す研究運営——定例研究会と研究課題

　第1回研究会から7か月後に開催された第1回総会では、「『序説』の執筆者による継続研究を発展させて、大学における家庭科研究の立ちおくれを克服するために」定例会方式の研究会を原則第4日曜日午後に開催することとなったことが報告されている[7]。その研究会では、「家庭科の教科理論の基本問題について報告者による報告と質疑応答によってすすめられた」と記されている[7]。

　このように、研究会は創立時から明確な活動様式を持っていたが、その目的は、翌年（1972年）に制定された会則第2条に「家庭科教育の研究、とくに家庭科の教科理論および教授過程を、理論的・実践的に研究すること」と示されている。また、第3条には、この目的を達成するために研究活動——①研究会の開催、②家庭科教育に関する調査と共同研究、③機関紙の編集・発行、④研究成果の出版、⑤内外の研究者および研究団体との交流——を行うことが掲げられている。

　これらの研究活動に焦点をあてた最初の先行研究は、発足時の運営委員の一人である保科達子（以下、保科と記す）が第2回目の総会を前に、研究会の成果と課題を省察した論考[8]であろう。発足時、村田・和田はじめ会員や外部が強く求めたものは「家庭科教育そのものの理論化」と「家庭科教育研究の理論水準の向上」である[8]。そのため、保科は、まず、研究会での研究課題が、発足時に村田によって提案され、その後の討議で、「1 家庭科の教科理論、2 家庭科の領域別教育内容、3 家庭科教育と「生活」、4 家庭科教育の歴史的理解」に加筆修正されたことを記している[8]。そして、これらの研究課題を計画的に研究会で報告・討論し、その内容を会報で報告共有し、議論を踏まえて論考を

『年報』や他の雑誌へ投稿・掲載していくこと、しかもその研究課題や研究会の在り方そのものを討議によって決定し、さらに研究会を継続する過程で、その計画も柔軟に修正していくという特徴を詳細に記述している[8]。尚、研究課題の概念や重要な用語の共通理解が課題であることも提起している[8]。

　また、創設時会員のひとりである福原美江（以下、福原と記す）は、研究会第40回の節目に例会テーマを整理し、研究課題を時系列に沿って図示し、10テーマが時には重なりながら論じられていたことを明らかにしている[9]。

　一方、近年の五人組の論考では、「研究への情熱を会の運営の隅々まで行き渡らせた創設者村田泰彦の組織力」を解明している。その中で、今も学べることとして、①議論の時間確保、②欠席者にも臨場感あるまとめを配布、③「論」に満たない「提案」や意見を大切に丁寧に議論、④参加者の意見を大切にして会を運営、⑤若手研究者も発言しやすい雰囲気作りなどを挙げている[2]。

　ここまで見てきたように、初期の活動は、「現場の授業実践の成果を、大家研で総括し理論化し、生成された仮説を実践の場で検証し、その成果を還流する」[8]という独自の研究方法を確立し、理論と授業実践の往還を計画的に追究していたのである。それは、共同研究において会員の参加の度合いと研究内容をより高めていくものであり、何よりも、計画的かつ柔軟性に富む対話の場をつくりだす研究運営は、自主的な研究会にとって示唆に富むものである。

2　大家研の男女共学家庭科をめぐる活動の変遷

(1) 共学家庭科の実践を推進した1980年代——30周年誌の先行研究から

　ここでは、大家研発足30年の節目に、活動を年代別に省察した記念誌『市民が育つ家庭科』（ドメス出版、2004年）の論考を手がかりに、男女共学家庭科が実現するまでの活動の特徴を概観していく。

　1970年代担当の大塚洋子（以下、大塚と記す）は、当時の家庭科の現状——高校の女子必修化と男女共修運動——の中で、「家庭科男女共学必修」に関する報告がすでに2編あることに注目している。そして、定例研究会や『年報』の分析を踏まえて、大家研が「『家庭科は男女共学で行ってこそ、その存在価

値がある』との立場から、『男女共学の家庭科の理論的支柱になるべく』力を傾注してきた」ことが、1980年代以降の「男女共学推進の本格化への嚆矢となっているということができよう」と述べている[10]。

菊地るみ子は、1980年代の定例会と『年報』を分析し、①「教科理論の検討」では中屋紀子と朴木佳緒留[注3]（以下朴木と記す）による「家庭科成立時におけるジェンダー・バイヤスの存在の指摘」、②「共学家庭科への志向」では和田による情報提供・問題提起や実践報告は共学が中心、③「授業論の検討」は「共学が前提」となっていることを明らかにしている[11]。そして、現場では共学が難航する状況において、大家研が「男女共学の教育実践への取り組みを一貫して進展させてきた」と論じている[11]。

1990年代担当の甲斐純子は、「共学家庭科の理論と実践」と「教育改革と新たな家庭科教科理論の構築」の２本の柱を論じ、20周年記念誌『男女共学家庭科研究の展開』は、『序説』と同様に「時代をみつめつつ時代を超えた新しい家庭科の意義を示唆する啓蒙の書となった」と評している[12]。尚、甲斐は、院生の頃を述懐し、「男女別学家庭科全盛期」に大家研が保守的な教授陣から「アンチの旗頭と目され」ている状況の中で、「『序説』をドキドキしながら陰で回し読みした記憶」を記している[12]。

そして、30年間を総括した大塚は「1970年代は、教科としての理論的基礎の確立に力を注いだ時期、80年代は、理論から実際へ、特に男女共学家庭科の推進に力を注いだ時期、90年代は、少子高齢化や産業システムの変化や労働政策変化などの社会変化への対応を模索している時期」とまとめている[10]。30周年誌の先行研究から、大家研の年代別の男女共学家庭科の活動では、1980年代にその推進に注力し、特に教育実践に重点を置いていたのである。

(2)定例研究会のテーマの特徴と男女共学家庭科

30周年誌の大家研の活動の分析は、『年報』と定例研究会を分析の対象としていたが、筆者は、大家研設立50年の節目に、あらためて定例研究会の「テーマ」の分析を試みた[13]。定例研究会――第１期1971～81年（第１～67回）、第２期1981～94年（第68～102回）――のテーマの分析結果は、表18-1の通り「A 家庭科教育の原理」、「B 家庭科教育をめぐる制度・組織」、「C 家庭科の内容

表18-1　大学家庭科教育研究会 定例研究会「テーマ」の分類一覧

「テーマ」のカテゴリー		出現回数			「テーマ」のカテゴリー		出現回数		
		1期	2期	計			1期	2期	計
A 家庭科教育の原理	教育理念・教科理論	8	1	9	C 家庭科教育の内容論と教育方法	家族・地域の家庭問題	8	2	10
	歴史的理解・思想、生活課題	4	3	7		教育内容分析と再編成の視点	7		7
	生活研究	4	2	6		食領域	3	2	5
	労働教育視点と家事労働	4	1	5		生活経営（家計・生活時間）	3	2	5
	家庭科成立の理論的根拠	4		4		住居領域	3		3
	技術教育的視点	4		4		家庭科における地域	2		2
	家庭科における男女共学、特性	2	9	11		教育方法	2		2
	独自性・系統性	2		2		衣領域	1		1
	生活教育視点		2	2		保育領域	1		1
	教材論・教材研究		2	2		ジェンダー・セクシャリティ		1	1
	共生・連帯		1	1	D 家庭科教育の研究	研究の視点と現状・問題点	7		7
B 家庭科教育をめぐる制度・組織	教育課程・自主編成	12	3	15		教科書分析（系統性、家族）	7	1	8
	研究組織の理論の批判的検討	9		9		生活調査・家事労働		3	3
	政策	4		4		男女共学実践の省察		3	3
	社会問題・現代的課題	3	2	5		諸外国の家庭科教育		2	2
	家政学会との関係	2	2	4	E 大学教育と授業研究	授業研究の理論と方法	8	4	12
	日教組の家庭科教育研究	2	1	3		教員養成・カリキュラム	5	2	7
	教育現場の問題		1	1		教材研究の教育方法	3		3
						大学改革・教育養成改革		2	2
					F 創立記念本出版の活動			6	6

注）表18-1は、『年報』第40集の表１の一部を加筆して掲載

論と教育方法」、「Ｄ 家庭科教育の研究」、「Ｅ 大学教育と授業研究」、「Ｆ 創立記念本出版の活動」の６つのカテゴリーが抽出された[13]。カテゴリーの出現数から研究会の動向をとらえると、「Ａ 家庭科教育の原理」は第１期、２期共に最も多く、合計53件である。しかも、第２期は21件とＢ〜Ｆの１桁に比べ突出している。このことから、定例研究会では、発足時の研究課題の１つ「家庭科の教科理論」への関心が最も高く、かつ継承されていたと言えるであろう。また、第１期は、Ａ及びＢ、Ｃの出現数はほぼ同数の30前後であり、家庭科教育を多様な視点から検討していることが見えてくる。

　一方、Ａのサブカテゴリーの中で、「家庭科における男女共学、特性」が合計11件で、「家庭科教育の原理」の中で最も多い。Ｂの「教育課程・自主編成」やＥの「授業研究」に次いで、高い件数である。また、第２期の男女共学に関

しては、Aの他にCの「ジェンダー・セクシャリティ」、Dの「男女共学実践
の省察」と合計13件である。この結果から、男女共学家庭科に関する1994年ま
での大家研の活動は、「教科理論の確立」への関心が最も高く、第2期には授
業実践やジェンダー・セクシャリティも加わり、多面的になったと言えるであ
ろう。

　尚、先行研究では1980年代は特に教育実践に重点が置かれていたとの指摘が
あるが、本稿では、教育実践から仮説的に教科理論を模索している場合は、教
科理論と判断した。例えば、第66回定例研究会「私の共修家庭実践」（佐藤慶
子）は、「会報」38号に〈実践報告〉と記されている。しかし、その内容は、
高校の男女共修が「現場で意図的に研究・実践され始めた」背景を別学や国連
の動向などを踏まえ報告し、男女共学の理論的根拠を検討している。そして、
報告者の勤務先の定時制高校4年次「家庭一般」のカリキュラムを、授業構想
の視点や具体的な題材に含まれる教育内容（社会的課題と文化的価値を含む）
と指導方法を織り交ぜて、共学の意義を論じている。

　このように、大家研の定例研究会のテーマ分析によって、発足時から男女共
学実現への転換点までの期間、最も議論の俎上に上った「家庭科教育の原理」
の中で、男女共学家庭科への関心が高いことが明らかになった。

3　『序説』における男女共学家庭科をめぐる複眼的な議論

　近年の先行研究において、『序説』出版企画の段階で、村田は当時の教育学
上の諸問題として、「教授・学習過程」や「指導要領の拘束性」などと共に
「男女共学」を内容予定に列挙していたことが明らかになっている[5]。そこで、
ここでは、男女共学家庭科を軸にして『序説』を分析した研究[13]を基に、『序
説』の特徴を概説する。

〈教科研究の問題としての論点の提起〉

　題名に男女共学を付している唯一の章「Ⅱ部　家庭科の問題状況」の「三
家庭科教育における別学と共学」（執筆者は若手研究者の柳昌子）では、まず、
共学とは「男女が同じ学校・同じ学級に収容され、同じ教育課程によって教育
を受けることを意味する」と述べてから、共学を原則とする教育制度において

家庭科が実質的に女子教科となっている根拠を探っていく[14]。男女別学の根拠とされる「教育的配慮」の学校段階別の実態を踏まえて、別学が多様化政策や労働力政策の手段となり、家庭科の「性による教育的配慮」は「女子を家庭に位置付ける」ための「政治的配慮」であることを解き明かしていく[14]。さらに、教育における性差別を権利概念からとらえ直し、「男女別学は、権利侵害の上に成り立っている」と指摘し、「男女共学の主張は、差別に対するたたかいであるとともに、教科研究の問題である」[14]ことを提起している。

　尚、五人組による「『序説』の特徴」の論考では、柳が福岡教研家庭科教育分科会の助言者であったことに言及し、「われわれは性による特性や将来の役割の違いを根拠に格差ある教育を課せられることに反対し、多面的な能力の開花を熱望する」という柳の主張を引用して、「男女共学家庭科への期待がこめられている」と示している[2]。

　このように、柳は、『序説』において、男女共学家庭科は「教科研究の問題」であることを、複数の論点——教育の機会均等、「政治的配慮」としての女子教育の問題、性差別と教育を受ける権利——と共に提起している。

〈歴史的・社会的文脈における女子教育問題〉

　節などの見出しに女子教育に関連する文言を記載している章は、次の2章である。「Ⅰ　家庭科教育の歴史的理解」の「2　戦前の家事・裁縫科教育」では、坂本智惠子が、明治の「学制」は男女の共通教育の理念を掲げていたものの、やがて「男女特性に応じた教育」へ方針転換することに着目する[15]。その転換に伴い、女子向け教科の家事・裁縫科が成立し、家族国家観と結びついた良妻賢母主義教育が形成され、1890年頃までに「戦前の女子教育」が確立したと論じる[15]。そして、明治から昭和の戦時下までの家事・裁縫科教育が、「国家目的の遂行に従順にしたがい、自らの活動を良妻賢母たることに限定し、苦しい生活に忍耐強く耐えぬく女性をそだてるものにとどまった」と指摘している[6]。

　「Ⅱ　家庭科教育の問題状況」の「1　家庭づくり政策と婦人問題」では、橋本宏子が戦前の女子教育と家父長的家族制や「日本資本主義」などの諸関係が、戦後どのように展開しているかを、婦人問題に焦点をあてて検討している[16]。戦後、「婦人解放」は著しく進展したものの、産業構造の変化に伴う核家族化など社会変化を背景に、「婦人」は「高度成長」政策では低賃金労働者の役割

を、家庭づくり政策では主婦役割を期待されていると論じている[16]。しかしながら、女性たちは社会参加の過程で、社会でも家庭でも新しい「地位」を確立しつつあり、家庭科教育は「新しい男女平等の教育をめざし、国民諸階層の力によって、変革されていかねばならない」と提唱している[16]。

　これら2編は、家庭科教育を戦前の家事・裁縫科教育との連続でとらえる歴史的文脈における「女子教育」と、社会的変化と諸政策との諸関係から捉える「婦人問題」として、男女共学家庭科を論じている。その中に、新たな女性像、男女平等への変革を見出している。

〈共学家庭科をめぐる多様な視点からの問題把握〉

　本文に男女共学に関連する内容が記載されている章は、10編が見出されたが、紙幅の関係で、「Ⅴ　諸外国の家庭科教育」他は割愛する。

　「Ⅰ　家庭科教育の歴史的理解」の「3　戦後の家庭科教育」では、山口寛子が、戦後の家庭科教育誕生の矛盾やその後の変質を概説する中で、女子教育や男女共学に関する政策と現場の議論や変化を論じている[17]。そして、家庭科廃止論や家庭科の主婦準備教育へ傾斜していく状況の中で、日教組に設置された研究会が現場の教師と研究者の共同研究の場となり、その議論から「多様かつ広範な領域にわたる構想」が生まれたこと自体が家庭科教育の特色であること、その提案の中に男女共学の視点から深めようとする立場にも言及している[17]。

　「Ⅱ　家庭科教育の問題状況」では、和田が「2　家庭科教育の現状と問題点」と題して、教師や子ども・父母のすがたを通して現場の問題点を提示し、中学校技術・家庭科の男女2系列と高校の女子必修制が、多様化構想の要と位置付けられていくしくみと「家庭科課程」の矛盾を解き明かしている[18]。

　「Ⅲ　家庭科教育と生活の問題」では、山手秀子が、「2　家庭科と家事労働」において、社会変化を背景として、「家庭科における家事技術が、生活者のそれでなく、主婦の役割としての家事であること、家庭経営が、男女の性的分業観の伝統にたっての、防衛と守備の方法を教えるものであることが、教科を立ち遅れさせたのである」と指摘し、「男女が、生活者としての能力を育てる教育を均等に受けるのが、これからの家庭科教育でなければならない」と主張している[19]。

　「Ⅳ　家庭科教育における教授・学習過程」では、村田が「1　教科教育の対象

としての家庭科」において、第Ⅰ部で明らかになった戦前の家事・裁縫科が女子の就学率向上や家族国家の維持強化の手段として機能したことが、戦後の女子の「特性」論に組み込まれ、家庭科が「政治的配慮」から存続させられる側面を鋭く指摘している[20]。

　このように、章や節の見出しに男女共学や女子教育に関わる文言がない論考においても、共学家庭科をめぐり、多様な視点からの問題把握及び議論を展開していることが明らかになった。つまり、大家研の原点である『序説』は、男女共学家庭科を多様なアプローチから複眼的に論じている。それらは、①出版構想の段階から、男女共学を教育学上の問題として捉え、歴史的・社会的文脈に引き据えて議論し、②社会変化を背景に女子特性論が強調され、高校家庭科が再編されていく中で、女子への「政治的配慮」の提起と「主婦の役割としての家事」であることが家庭科を立ち遅らせていることを指摘し、③家庭科は男女が生活者としての能力を育てる新たな男女平等の教育となることを提唱してきたことなどである。

おわりに——実践コミュニティからの再考

　本稿は、大家研の50周年にあたり、大家研発足から男女共学家庭科の転換期までの大学家庭科教育研究会の活動を、男女共学家庭科を軸に紐解いてきた。その結果、定例研究会のテーマの分析から、1980年代、男女共学を推進していたことを確認するとともに、1970年代から1994年までの期間、最も議論の俎上に上ったのは「家庭科教育の原理」であり、その中では男女共学家庭科が最も多いテーマであったことが明らかになった。一方、『序説』の多くの論考が、それぞれの視点で男女共学に言及していることが明らかになった。つまり、1970年代、大家研は発足前夜から、男女共学を教科研究の議論の俎上に載せていたのである。これらのことから、『序説』執筆者には「男女共学が教科研究の問題」であるという共通理解があり、各主題において歴史的・社会的にあるいは実践の場から論じていたのである。

　このような大家研の活動の特徴を、エティエンヌ・ウェンガー（Etienne Wenger）らの "Communities of Practice"（以下、「実践コミュニティ」と訳

出する）概念を手がかりに考察したい。実践コミュニティとは、「あるテーマに関する関心や問題、熱意などを共有し、その分野の知識や技能を、持続的な相互交流を通じて深めていく人々の集団」であり、社会参加としての学習に焦点を置く理論である[21]。大家研は、制度的に学問として立ち上がってきた当時の家庭科教育学を担った大学教員らが、家庭科教育研究と教師教育の必要性と課題を共有し、その課題を『序説』執筆の過程でより明確にしてコミュニティを立ち上げ、毎月、教科存在の根拠を理論と授業実践から考察し、教科理論の検討を重ねてきた。そして、研究会創設者の村田・和田はじめ運営委員会のメンバーが中心となって、研究課題を計画的に定例研究会で議論し、そのプロセスを言語化、論文化し、その理論を実践化するという、独自の研究スタイルを構築し継続してきたのである。それは、まさにウェンガーらが見出した知識や価値を創造する実践コミュニティの「実践」であったと言えよう。

　家庭科の実践コミュニティの先行研究には、男性が家庭科教師を目指した「男の会」の研究がある[22]。中高の家庭科を学んでいない男性たちのコミュニティで創造される知識は、生活知と生活者の主体を構築し、家庭科教員養成課程のジェンダーバリアを乗り越えるための装置となる[22]が、それらの共有はコミュニティ内に留まるものである。

　一方、大家研の中心的なメンバーは大学関係者（家庭科教育学担当者や院生）であり、大学の家庭科教育研究と家庭科教師の主体を変革することを目指していたことからも、大家研で創造された知識は、メンバーの共有にとどまらず、仲間や論考・書籍などを通して、実践コミュニティの境界を越えて共有されたと考えられる。当時、『序説』が再版を５刷まで重ねたことからも、その後の五人組の知見——『序説』は、当時の「家庭科教育学研究に一つの理論的根拠あるいは方向性を与えた。特に、国立大学の教員養成現場に与えた衝撃は大きかった。」[23]ことからも、大家研が創造した知識は、別学/共学の実践コミュニティ間の対立を越えて、関係者に大きな影響を及ぼしたのである。そして、『序説』が提起した男女共学の教科論——女子教育としての問題を歴史的社会的に脱構築し、主婦的役割の家事労働のとらえ方そのものの転換をはかり、家庭科は男女が生活者としての能力を育てる教育、生活を主体的に創造することを人間として学習する教科である——は、日本の家庭科教育の礎のひとつとな

っていると考えられる。今後の課題は、大家研の活動に散見する「ウェルビーイングの実現」の実践と理論化を基に、さらなる里程標を提起することである。

（小高　さほみ）

注
1）一般的に1989年版学習指導要領にて、中等家庭科教育は「男女共学」となったと語られるが、朴木は「主婦養成の考え」が払拭されていないことを問題視し、1999年版学習指導要領で「理念の上でも男女平等高校家庭科を成り立たせる基盤ができた」と論じている。出典：朴木佳緒留（1999）「学校における男女平等教育——教育機会均等と家庭科——」『国立婦人教育会館研究紀要』第3号、pp. 23-32
2）五人組の論考では、「全国家庭科教育協会は高等学校女子必修運動を取り組む母体となっていたが、他方、幅広い家庭科関連情報を提供していた」ことと、協会の機関誌『家庭科』に、和田典子や保科達子はじめ、産教連の清原道寿、教育科学研究の羽仁説子、家教連の飯野こうなどが執筆していることも示されている[2]。
3）朴木は、戦後初期家庭科のいわゆる「三否定の原則」（戦前の家事と裁縫の合科ではなく、技能教科でも女子用教科でもない）のひとつである「女子教育ではない」という言説を歴史的文脈から再考し、「女子に履修を強制しない」ことであり、「教育内容の問題も含めて『女子用』ないし『女子向き』を否定したわけではなかった」と論じている。ただし、当時「男女とも同じ教科を同じ時間数だけ学ぶという原則」が「確認されていたというその事実の方を評価する」と提起している。出典：朴木佳緒留（1988）「戦後初期家庭科における男女の教育の機会均等—— CIE 文書による家庭科成立過程研究を通して——」『大家研年報』15、pp. 1-16

引用・参考文献
1）柳昌子・田結庄順子（1993）「あとがき」大学家庭科教育研究会編（以下「大家研」と記す）『男女共学家庭科研究の展開』法律文化社、pp. 261-262
2）中屋紀子・田結庄順子・柳昌子・牧野カツコ・吉原崇恵（2015）「大学家庭科教育研究会の発足とその背景」『年報・家庭科教育研究』（以下『年報』と記す）36、pp.17-30
3）吉原崇恵（2000）「6 大学家庭科教育研究会」日本家庭科教育学会編著『家庭科教育50年——新たなる軌跡に向けて——』建帛社、pp. 237-238
4）大家研事務局（1971）『会報』1、p. 1

5 ）中屋紀子・田結庄順子・柳昌子・牧野カツコ・吉原崇恵（2017）「大学家庭科教育研究会の発足とその背景：補遺」『年報』37、pp. 19-26

6 ）村田泰彦（1976）「『教科』としての家庭科」『年報』 1 、pp. 1-7

7 ）大家研事務局（1972）『会報』 3 、p. 2

8 ）保科達子（1974）「家庭科教育研究の成果と課題――大学家庭科教育研究会のあゆみ――」『年報』 2 、pp. 79-86

9 ）福原美江（1976）「大学家庭科教育研究会のあゆみ」『年報』 4 、pp. 148-157

10）大塚洋子（2004）「大学家庭科教育研究会30年の研究活動とその成果（1）1970年代」大家研編『市民が育つ家庭科』ドメス出版、pp. 214-217

11）菊地るみ子（2004）「大学家庭科教育研究会30年の研究活動とその成果（2）1980年代」大家研編『市民が育つ家庭科』ドメス出版、pp. 218-222

12）甲斐純子（2004）「第 3 章　大学家庭科教育研究会30年の研究活動とその成果（3）1990年代」大家研編『市民が育つ家庭科』ドメス出版、pp. 223-227

13）小高さほみ（2023）「大学家庭科教育研究会における男女共学家庭科をめぐる実践をとらえ直す」『年報』40、pp. 121-132

14）柳昌子（1972）「3 家庭科における別学と共学」大家研編『現代家庭科研究序説』明治図書出版、pp. 66-78（以下『序説』と略称する）

15）坂本智恵子（1972）「2 戦前の家事・裁縫科教育」『序説』pp. 12-26

16）橋本宏子（1972）「1 家庭づくり政策と婦人問題」『序説』pp. 41-53

17）山口寛子（1972）「3 戦後の家庭科教育」『序説』pp. 27-40

18）和田典子（1972）「2 家庭科教育の現状と問題点」『序説』pp. 54-66

19）山手秀子（1972）「2 家庭科と家事労働」『序説』pp. 92-104

20）村田泰彦（1972）「1 教科教育の対象としての家庭科」『序説』pp. 127-137

21）エティエンヌ・ウェンガー、リチャード・マクダーモット、ウィリアム・M・スナイダー共著、野村恭彦監修、櫻井祐子訳（2002）『コミュニティ・オブ・プラクティス：ナレッジ社会の新たな知識形態の実践』翔泳社

22）小高さほみ（2010）『教師の成長と実践コミュニティ』風間書房

23）田結庄順子・中屋紀子・柳昌子・牧野カツコ・吉原崇恵（2017）「大学家庭科教育研究会の発足から80年代半ばまでの展開期における研究活動」『年報』37、pp. 1-18

おわりに

　大学家庭科教育研究会（大家研）の定例研究会（例会）において、50周年記念書籍刊行が話題となったのは2019年12月のことである。それから上梓まで4年の歳月をかけたのは、これまで大家研の書籍の多くが採用してきたプロセス（例会報告後に『年報・家庭科教育研究』投稿）を踏襲したゆえである。本書では、まずアンケート調査を行い、例会にて書籍の柱立てや刊行計画などを議論し、総会での決議を経て執筆希望を募った。執筆希望者の多くが、計画的な例会にて研究発表し、その概要を「会報」にて報告し、議論を踏まえた研究結果を『年報・家庭科教育研究』に投稿し、記念誌原稿の執筆に着手したのである。2023年9月に原稿を提出した後、読み合わせ会にて意見交換し、論考の推敲を重ねて最終原稿提出に至った。

　ただし、例会は50年のあゆみにはない方法となった。折しも記念書籍刊行の準備を始めた2020年、COVID-19のパンデミックが起こり、対面に代わってオンライン交流を手探りで始めたのである。自宅や職場から参加できることもあり、すべてオンライン開催となった。インターネット画面上には、大家研入会時期が1971年から2023年までの幅広い世代が集い、交流の工夫や心遣いのもと、家庭科教育の理論と実践をめぐって、自主的な研究会ならではの自由闊達な空間が広がっていた。

　一方、書名は、研究発表の終盤、「ウェルビーイング、理論」をキーワードとする題名の検討が始まり、提案や意見募集を経て、例会にて複数の原案の議論を重ねて決定した。この書名と本書の知見は、大家研初の書籍である『現代家庭科研究序説』（1972）冒頭の「家庭科教育研究の展望を示すことで最初の里程標を据える」との志を鑑みると、21世紀のウェルビーイングの実現を目指す社会における里程標となることを願う。そして、本書が、大家研を立ち上げ、家庭科教育の理論化と改革を目指したフロントランナーと、21世紀の家庭科教育を担う世代とをつなぎ、新たな家庭科教育研究の一助となれば幸いである。

　　2024年3月　　　　　　　　　　編集委員会一同（文責　小高さほみ）

索　　引

ウェルビーイング実現の主体を育む家庭科教育の理論

2024 年 3 月 31 日　第 1 刷発行
定価：本体 2800 円＋税

編　者　大学家庭科教育研究会
発行者　佐久間光恵
発行所　株式会社 ドメス出版
　　　　東京都文京区白山 3-2-4　〒 112-0001
　　　　振替　0180-2-48766
　　　　電話　03-3811-5615
　　　　FAX　03-3811-5635
　　　　http://www.domesu.co.jp

印刷・製本　株式会社 太平印刷社
Ⓒ 大学家庭科教育研究会 2024 Printed in Japan
落丁・乱丁の場合はおとりかえいたします
ISBN 978-4-8107-0867-7　C0037

大学家庭科教育研究会編	市民社会をひらく家庭科	2900 円
大学家庭科教育研究会編	市民が育つ家庭科 子どもが変わる／地域が変わる／学校が変わる	3000 円
日本家庭科教育学会編	生活をつくる家庭科 第 1 巻 個人・家族・社会をつなぐ生活スキル	1000 円
日本家庭科教育学会編	生活をつくる家庭科 第 2 巻 安全・安心な暮らしとウェルビーイング	1000 円
日本家庭科教育学会編	生活をつくる家庭科 第 3 巻 実践的なシティズンシップ教育の創造	1000 円
日本家庭科教育学会編	家庭科からひろがる食の学び	780 円
日本家庭科教育学会 東北地区会 望月一枝・日景弥生　編著 長澤由喜子	東日本大震災と家庭科	2000 円
高校家庭科教科書検討会編	求められる家庭科の変革 高校家庭科教科書の検討から	1700 円
小川裕子・伊深祥子 飯野由香利・金子京子	住まい方を見つめ直す 活動を組み込んだ協同学習 小・中・高等学校家庭科住生活の授業	1800 円
荒井紀子編著	新版 生活主体を育む 探究する力をつける家庭科	2400 円
家庭科の男女共修 をすすめる会編	家庭科、男も女も！ こうして拓いた共修への道	2500 円
鶴田敦子・佐藤慶子 高木直　編著	家庭科の授業をよむ 小・中・高等学校の実践から	1600 円

＊価格は本体価格です